독자 평가단의 후기

영어면접을 준비하는 취업 준비생, 현직 인사관리자, 경력 사원 등 다양한 분야에 있는 독자들을 먼저 만나 '*영어면접, You're Hired!*'에 대한 의견을 들었습니다.

인사관리자로서 느꼈던 지원자에 대한 아쉬움과 면접 Tip들

지금까지 다년간 인사업무를 하는 동안 나는 수백, 수천 명의 지원자를 검토하고, 면접하고, 또 이들의 성패를 관찰할 수 있었다. 그 과정에서, 본인의 실력과는 상관없이 취업 관련 사이트에 소개된 모범 답안을 외워오는 지원자나, 앞으로 자신이 하고 싶은 일과 꿈조차 설득력 있게 설명하지 못하는 지원자들을 보면서 참 안타까웠다.

이 책은 내가 인사관리자로서 면접 수행 시 지원자들에게 느꼈던 아쉬움, 즉 조금만 면접에 대한 준비가 더 되었어도 본인의 다른 약점을 커버하고 좋은 결과를 얻을 수도 있었을 텐데…. 하는 많은 실용적인 tip들을 소개하고 있다. 특히, 면접을 중시하는 최근의 추세를 볼 때, 면접 그 순간의 전략과 태도가 당락의 성패를 가를 수 있다는 점을 일깨워 준다. 또한 책 속에 예시된 다양한 질문들은 지원자들이 면접에서 직면할 수 있는 **여러 영어면접 상황을 미리 준비하고 연습할 수 있는 실용적인 가이드**가 될 것이다. 다만, 독자들이 면접 기술과 전략을 연마하기에 앞서, 본인의 실력과 인성에서 우러나오는 기본 자질을 충실히 연마해야 한다는 사실을 잊지 않았으면 한다.

– 신동금(외국계 은행 인사부장)

면접관의 귀에 익숙한 비즈니스 어휘와 영어표현

무엇보다 **영어의 전략과 답변내용이 마음에 든다.** 나는 현지에서 취업을 위해 원어민들 매니저와의 인터뷰 경험이 많았는데, **면접은 결국 커뮤니케이션이라는 점에서 이 책의 구체적인 전략설명에 매우 동감한다.** 이 책의 구성이나 답변은 쉬운 단어이지만 영어로 업무를 하는 사람들이 자주 사용하는 예문으로 되어 있다. 이 점이 중요한 것은 면접관의 귀에 익숙한 용어들이기 때문에 더욱 어필하기 쉽다는 점이 개인적으로 마음에 들었다. 구성 면에서는 기본적인 면접 문법을 익히고 내 상황에 맞는 어휘로 변형해서 답변을 만들 수 있어서 짧은 기간에 단순암기식이 아니라 실전에서 다양한 질문들에 대비해 말을 하는 대화식의 영어면접을 준비하도록 도움을 주는 책이다.

― 박현선(시애틀, Allymarketing 마케팅매니저)

명쾌한 예문들, 나의 역량을 전달하는 영어면접 길잡이

영어면접을 앞두고 제일 걱정되는 점은 표현력이다. 면접은 나의 인생관과 가치관을 면접관에게 있는 그대로 보여주는 게 관건이다. 우리말로도 표현하기 힘든 이 과정을 영어로 대신한다면, 과연 자연스러운 표현이 가능할까? 일상에서 영어를 쓰는 경우가 드문 내게는 힘든 일이다. 익숙하지 않은 영어로 핵심을 전달할 수 있을지도 영어면접의 걸림돌 중 하나다. 짧은 시간 안에 나를 각인시키려면 핵심을 간단명료하게 전달해야 한다. 영어가 몸에 배지 않으면 실전에서 이 같은 일은 쉽지 않다.

영어면접으로 진행되는 한 시민단체의 인턴 모집에 지원했다. 영어를 반드시 필요로 하는 곳이면서 동시에 시민단체인 만큼 인생관과 가치관을 명확히 드러내야 하는 곳이다. 나를 설명하는 데 있어 '*영어면접, You're Hired!*'는 길잡이가 됐다. 다양한 표현은 나를 설명하는 방식을 취사선택할 수 있도록 도왔고, 명쾌한 예문은 핵심을 전달하는 힘을 더했다. 풍부한 영어 표현을 배울 수 있어 다른 기업의 영어면접에서도 큰 도움이 될 것 같다.

― 김대영(건국대학교)

다양한 영어수준의 예문, 실력에 맞춰 영어표현을 고를 수 있다.

면접에 대해 쓴 글들을 수차례 봐왔지만 말 그대로 '뜬구름을 잡는' 느낌이었다. '당신의 의견을 구체적으로 말하라.' 등 추상적이고 모호한 조언들은 도움이 되기보다는 취업에 대한 두려움만 증폭시킬 뿐이었다. 그러나 '*영어면접, You're Hired!*'는 면접관들이 원하는 바를 조목조목 알려주어 질문의 의도를 파

악하는 스킬을 제공해주었다. 영어로 된 예시문장들 또한 쉽게 응용해서 쓸 수 있는 단어와 문장들로 구성되어 있기 때문에 어렵지 않게 익힐 수 있다. 무엇보다 좋았던 것은 예시문장이 한 번만 나오는 것에 그치는 것이 아니라, 같은 의미의 문장이라도 다양한 표현들을 예시로 제시해주었다는 점이다. 각자가 구사할 수 있는 영어 실력에 맞춰 적절한 표현을 고를 수 있기 때문에 영어를 못하는 사람이라도 쉽게 이 책을 접하고 영어면접을 준비할 수 있을 것으로 생각한다. 이 책에 있는 표현들만 꼼꼼히 읽고 익혀둔다면 영어면접이 두렵다거나 어렵지 않을 것 같다.

– 박정은(동국대학교)

중학교 수준의 쉬운 기본 문형과 나의 경험으로 기업인재상에 대한 면접준비

금융계 공기업에 취직하려고 보니, 영어면접이 있다는 소리를 들었다. 그때부터 눈앞이 완전히 캄캄해졌다. 듣거나 읽을 수는 있어도 막상 입으로 내뱉으려면 한 마디도 나오지 않는 상황이 자주 있지 않은가? 게다가 그게 면접관 앞이라면 더더욱 심해질 것이다. 그런 면에서 '*영어면접, You're Hired!*'는 문

장이 전혀 어렵지 않다. 중학교 수준의 문법사항을 다듬어서 활용할 뿐이며, 무엇보다도 면접관의 질문을 철저히 파악하여, 틀에 맞춰진 답변이 아니라 내 경험을 이끌어내는 답변을 할 수 있도록 지도해준다. 아무런 맥락 없이 "저는 도전정신이 있습니다."라고 답변하기보다는 "저는 몸짓 발짓으로 외국인 대상의 설문조사에 도전했습니다."가 훨씬 낫지 않은가?

– 임미영(한양대학교)

긴장상태에서도 자신감 있게 영어로 말하는 색다른 노하우

 영어 자체에 대한 어려움이 있는 것이 사실이나 그와는 별개로 치더라도 영어면접은 어렵다. 흔히 영어 공부한다고 열심히 하는 토익, 토플만으로는 완전히 해결할 수 없는 영역이라는 느낌이 들기 때문이다. 익숙하지 않은 영어라는 언어를, 처음 가는 회사에서 극도의 긴장상태에서 구사하기란 정말 어려운 일이다. 비단 영어가 아니라 모국어로 대화하더라도 처음으로 회사를 방문하는 취업준비생은 어려움을 겪게 마련이다. 생활 영어, 시험 영어와 달리 회사에서 사용하는 영어 역시도 많이 다르다. 안 그래도 어렵게 느껴지는 영어인데 이러한 환경을 처음 접하는 사람들에게 영어면접이란 더더욱 어렵게 다가온다. 이런 상황 속에서 이 책이 도움되는 점은 역시 **회사의 여러 상황에 대한 설명력이 생긴다는 점**이다. 물론 이외에도 도움이 되는 부분이 많은 것은 사실이다. **나의 포부라거나 나의 장점, 감명 깊게 읽은 책 등은 토플의 스피킹 영역에서도 종종 출제되는 형태의 문제**이기도 하다.

– 정래승(한국외국어대학교)

단지 영어면접뿐만 아니라 영어와 면접에 대한 두 마리 토끼를 잡다!

'*영어면접, You're Hired!*'는 면접 대비라는 목표를 이루기에 최적화된 책이다. 각 상황별로 적절한 표현들을 실제 면접에서 사용할 만한 예문들과 함께 제시해주고 있어서 스터디나 혼자 연습하기에 모두 잘 맞을 것 같다. 특히 일반적으로 잘 쓰이지 않는 비즈니스적 표현들이 많아 큰 도움이 될 것으로 생각한다. 뿐만 아니라, 단순히 영어 표현을 전달하는 데서 그치지 않고 **영어면접 자체에 대비할 수 있도록 면접 시 필요한 태도, 나의 강점 찾기 등을 실어놓아 면접 전에 전반적으로 참고할 수 있을 것**이다. 영어와 면접이라는 두 가지 포인트를 잘 잡았다고 생각한다.

– 김윤서(서울대학교)

You're Hired!

면접이란 한 마디로 '조직에서 성공할 것 같은 사람'을 뽑는 일이다. 따라서 '이 사람은 왠지 성공할 것 같다….'라는 느낌을 주면 되는데, 여기에는 두 가지가 필요하다. 하나는 스스로 그렇게 생각하는 데서 나오는 오라(aura), 즉 자신감, 그리고 상대를 파악해서 상대가 원하는 카드를 내놓을 수 있는 분석과 전달력 이다.

인터뷰어를 오래 했던 지인들 혹은 내가 실무자로서 면접을 진행했을 때 느낀 점은 다들 비슷하다. 이력서의 스펙만큼 자신감 있게 스스로를 selling하는 지 원자가 드물다는 것이다. 면접만큼 껄끄러운 자리도 없겠지만 어려운 자리, 윗 사람 앞에서도 자신을 자연스럽게 표현하는 내공이 있다면 성공은 이미 당신에 게 와 있다.

무엇보다 면접은 잠재적 상사와의 첫 협상의 자리이다. 입사 후에도 상사와의 대화는 일반 대화와 달라야 한다. 영어면접을 앞둔 독자가 미래의 상사 앞에서 자신을 똑소리 나게 표현하는 화법, 쉬운 문법과 지원업무에 따라 바로 인용할 수 있는 다양한 예문들을 기획했다. 그리고 내가 대학 시절 취업을 두고 느꼈던 막연함에 대해, 누군가가 미리 귀띔해줬더라면 고민하지 않고 쉽게 접근했을 조 언과 시간이 지나 인터뷰어로서 느꼈던 이야기가 가볍게 있다.

마지막으로 현직 원어민 매니저들의 조언을 담기 위해 옥스퍼드 비즈니스 스쿨 의 동문들이 함께 참여했다. 졸업 후 흩어져 바쁜 와중에도 참여해준 동문 친구 들 Julianne Kissack과 Benny Hung에게 깊은 고마움을 전한다.

마지막으로 해리포터가 9와 3/4의 플랫폼에 서 있던 기분으로
자신의 미래에 대해 최고의 것을 기대하고 이루길 바라며

Aram Kim

안녕하세요.

한국 독자 분들에게 이 책의 추천의 글을 쓰게 되어 진심으로 기쁩니다. 저는 IBM Japan에서 인사부 상무를 맡고 있습니다. Aran 저자가 IBM Korea에서 일본으로 글로벌 프로젝트의 팀원으로 지원하기 위해 해외 파견근무를 오면서 알게 되었습니다.

Aran의 도쿄 근무기간 동안 언어적, 문화적 차이에도 불구하고, 인간적으로 또한 전문가로서, 고객과 현지 직원들과 함께 일을 진행하는 그녀를 보면서 상당히 감동을 받았습니다. 그녀는 프로페셔널로서 동료와 고객들에게 많은 존경을 받았습니다. 특히, 저희 일본 팀을 지원하면서 일본의 주요 고객들인 Coca Cola, Mitsubishi, McDonalds 등의 기업에서 주요 영어 프레젠테이션을 성공적으로 수행하였습니다.

조직 안에서 함께 업무를 고민하고 기획하고 실행하면서, 서로의 인간적인 장점을 알게 되고 마음속에 오래 남는 친구를 만나는 것은, 일에서의 성공만큼 값진 일입니다. Aran은 겸손하고 유쾌한 친구이고, 글로벌 기업에서 전문가로서 영어로 업무를 수행했습니다. 저는 이 책에 그녀의 성품과 재치, 그리고 Oxford MBA에서의 유학, 실무진으로서의 경험이 담겨 있으리라 생각합니다. 이제 새로운 시작을 향해 출발하는 여러분께 많은 도움이 되리라 생각하며 기쁘게 이 책을 추천하고자 합니다.

인사부 상무, IBM Japan

Yuho Golob

A LETTER OF RECOMMENDATION

I am very pleased to write this letter of recommendation for Aran. I have worked as a manager and a director for IBM Japan for 17 years. When I was in Strategic Outsourcing Business, Aran worked for two years in Tokyo in order to support our global projects as an assignee from IBM Korea.

During her staying in Japan, I was particularly impressed by her ability to work well as a team player with customers and employees, despite the cultural and language differences. She was highly respected, as both a person and a professional, by colleagues, employees and customers alike. She made lots of excellent business presentation in front of our most valued customers such as Coca Cola, Mitsubishi and McDonalds in English and got excellent feedback.

It is a rare pleasure to make a true friend at work. Aran and I developed such a friendship while spending lots of time together planning and executing business goals, especially during many all-night work sessions at the office. Aran is a conscientious, humble and delightful friend as well as an expert of professional experience. I have no doubt that this book will showcase her great wit and personality as well as her global experiences at Oxford's MBA program and in the international business world. I would like to recommend this book anyone starting his or her new career.

HR Director, IBM Japan

Contents

● Part 2. 영어면접에서 자주 묻는 질문들

● Part 4. 공무원 영어면접 전략

Contents

Contents

English Interview

자신감을 위한 9가지 이야기

Part 1

면접에 나서기 전

01 Interview
인터뷰, 서로 만나서 보는 일

We don't see things as they are, we see them as we are.
우리는 있는 그대로가 아니라 우리의 입장에서 사물을 본다.
—아나이스 닌

면접(面接) + interview = 얼굴을 마주 대고 들여다보다

'面接'과 'interview'가 합쳐지면 '얼굴을 마주 대고 상대를 들여다보다'라는 뜻이 된다. 면접은 서류상으로는 판단할 수 없는 업무수행능력과 사람됨을 얼굴을 대하고 확인하는 일이다. 무엇보다 면접은 나의 잠재적인 상사를 처음 대면하는 '인간적 만남'이다. 따라서 인간적인 매력이 있어야 한다. 둘째, 상대가 회사간부라는 특수상황에 대한 '전략적인 만남'이다. 상대의 관심에 초점을 맞춰 내가 왜 이 일에 최상의 적임자인지 전략적으로 확신을 주어야 한다. 이것이 내가 생각하는 면접의 정의이다.

한편, 위키피디아의 사전적 정의는 단순하지만 핵심을 찌르는 묘미가 있다.

> 위키피디아의 면접이란
>
> An interview is a conversation between two people where questions are asked by the interviewer to obtain information from the interviewee.
>
> 인터뷰란 면접관이 상대방에게 **정보**를 얻기 위해 물어보는 **질문들**로 행해지는 두 사람 간의 **대화**이다.

첫째, 인터뷰는 두 사람 간의 대화이다.

따라서 대화의 rule을 지켜야 한다. 상대방의 말을 집중해서 듣고, 정돈된 대답을 하고 말꼬리를 흐리지 않는 것……등등, 우리가 아는 그것들을 지켜야 한다. 그러나 외우는 것은 말리고 싶다. 외우는 것으로 면접준비를 하게 되면 실전에서 대화의 흐름과 요점을 놓치게 된다. 특히 상대방과의 eye contact도 현저하게 줄어든다. 눈빛으로 전할 수 있는 말보다 중요한 메시지를 모두 바닥에 흘리게 된다. 나는 유창하게 외웠지만, 면접관은 나에 대한 흥미와 신뢰를 잃게 된다. 모국어가 아닌 영어면접도 마찬가지이다.

둘째, 인터뷰에는 상사의 질문이 있다.

면접관들은 조직의 간부들이다. 이들의 질문에는 의도가 이미 정해져 있다. 그 의도를 제대로 파악하라. 예를 들면, 면접에서 내가 생각하는 나의 장점이 그들이 원하는 역량이 아니라면 엄격히 말해 의미가 없다.

실제 있었던 예로, 영어업무를 위한 직원채용을 하는데 지원자가 자신의 일어실력을 강조하는 경우를 본 적이 있다. 이것은 상대방의 의도를 파악한 답이 아니다. 지원업무에 대한 사전준비가 부족했다는 의미이다. 자신의 일어실력이 영어보다 높더라도 상대는 영어에 관심이 있다. 가능한 영어실력을 강조하고, 추가로 일어를 잘하는, 그래서 외국어에 다양한 경험과 능력이 있는 것으로 답변했어야 한다. 혹은 금융업계의 면접에서 '나는 상당히 창의적이지만 꼼꼼하지는 않다.'라고 말한다면, 이 사람이 숫자를 관리하는 업무를 제대로 할지 면접관은 내심 고민을 시작할 것이다.

셋째, 나에 대한 구체적이고 결정적인 정보로써 면접관의 결정을 도와라.

'무슨 일이든지 시키는 대로 다 하겠다.' 혹은 '최선을 다하겠다.'라는 답은 면접관에게 크게 영향을 줄 수 없다. 자신을 차별화하는 결정적인 정보가 없기 때문이다. 회사가 원하는 강점을 내가 가지고 있다는 구체적인 정보와 증거를 면접관에게 제공하고 그들의 결정을 도와야 한다. 특히, 전자의 답변은 한 분야의 전문가로서 클 수 있는 가능성과 의지가 없다고 스스로 말하는 것과도 같다.

개인 사정이나 경제적인 이유를 들어 이 job이 필요하다는 것을 강조하는 것도 절박하기는 하나, 결정적인 정보가 아니다. 면접은 비즈니스 현장이라는 사실을 잊은, 성숙하지 못한 인상을 줄 수 있다. 열정(passion)과 절박함(desperation)은 다르다. 열정은 보이되 절박하게 보이지 마라.

**" 어떤 이유에서든
자신을 세상에 쉽게 내놓지 마라. "**

不知彼 不知己 每戰必敗 (부지피 부지기 매전필패)
적도 모르고 나도 모르면 싸울 때마다 진다.
—손자

Real Intention
속마음

Screening한다.

사람을 관리하는 팀장이 되면 직원을 뽑는 상대적으
로 짧은 시간 안에 머릿속으로 많은 검열을 하게 된
다. 직관이라고도 한다. 본인이 의식을 하든 안 하든
경험의 축적에서 나오는 본능적인 screening이다. 경
력사원이라면 과거 일했던 직원과 비교해서 어떤 장
단점이 있는지, 현재의 팀 분위기에 도움이 될지를,
신입이라면 조직에서 원하는 근성과 강점을 가졌는
지, 3, 4년 뒤 제 몫을 할 만큼 자기 성장에 대한 비
전과 의지가 있는지, 힘들게 뽑았는데 쉽게 그만두지
는 않을지 등등 확인하고 싶은 사항들을 내심 숨기고

있다. 가끔은 주소도 본다. 출퇴근 시간이 너무 소요되면 야근이 많을 때 업무에 지장이
있기 때문이다. 직접 묻는 수도 있고 사람의 성향에 따라서는 다른 질문으로 유도해서
추측하기도 한다.

이런 팀장의 속사정들을 안다면, 자기소개부터가 그들의 관심사에 초점을 맞춰 정비되
어 있어야 한다. 자상한 부모님 밑에서 자랐고, 위로 책임감이 강한 형이 둘이 있고, 동
물을 좋아하는 것은 그들의 관심 밖일 확률이 매우 높다. 짧은 면접시간 동안 그들의 꺼
내놓지 않는 속내를 내 쪽에서 해결해 주어야 한다. 상사의 관심사를 파악해서 3분 안
의 답변에 시원하게 해결해 주는 것, 이것이 면접을 포함한 모든 대화의 진수이다.

왜 적극적으로 보여야 할까?

팀장들은 새 직원을 들이는 일에 신중할 수밖에 없다. 왜냐하면 조직에 오래 있다 보면 사람은 쉽게 바뀌지 않는다는 것을 몸소 체험으로 알게 된다. 기술은 가르칠 수 있어도 일에 대한 근성과 태도는 쉽게 안 된다. 설령 가능하다 하더라도 많은 정신에너지가 소모되어서 피하고 싶다. 신입사원이라고 해서 예외는 아니다. 처음은 잘하려는 의지로 활활 불타더라도 몇 달이 지나 익숙해지면 본래의 습성이 나오는 게 인간이다. 일시적으로는 가능할지라도 궁극적으로 남에 의해서 될 일이 아니다.

Jim Collins의 《Good to Great》라는 책을 보면 'getting the right people on the bus'라는 표현이 나온다. 처음부터 조직의 목적과 이익에 기여할 열정과 의지가 분명한 사람을 승객으로 태워야만 '조직'이라는 버스는 목적지까지 순행할 수 있다는 뜻이다. 원하지 않는 직원을 데리고 10개월간 힘들게 훈련하고 감독하기보다는, 차라리 직원을 다시 뽑는 것이 모든 면에서 효율적이다. 그들은 면접을 통해 자신들의 이 철학을 실행한다.

팀장들이 적극적인 직원을 원하는 가장 솔직한 이유는 팀의 성과는 결국 리더인 팀장의 성과가 된다는 것이다. 팀원들이 스스로 동기를 부여하기 때문에 관리가 전혀 필요하지 않은 팀에서 매니저는 아이러니하게도 가장 강한 리더십을 보일 수 있다. 그들은 새 팀원을 들이는 일에 신경을 세우고 예민할 수밖에 없다.

같은 공간에 있고 싶은 사람으로 보여라.

자칫 새로 들어온 한 사람이 자신이 이루어냈다고 믿는 팀 전체 분위기를 해치는 경우가 있다. 반대로 잘 뽑은 팀원 하나, 열 직원 안 부러운 때도 있다. 특히, 실무경험이 없는 신입사원은 면접관의 입장에서 보면 판단할 만한 결과물이 없는 사람들이다. 눈에 '보이지 않는 가능성'을 평가해야 한다. 이 '가능성'이란 바꾸어 말하면 상사의 '개인적인 사람에 대한 호감도'이다. 지극히 주관적일 수밖에 없다. 인간은 주관적인 느낌에 따라 먼저 결정하고 후에 논리로 합리화한다고 하지 않던가? 같은 공간에서 하루에 8~10시간 이상 얼굴을 보고 일해야 할 사람이다. 같은 공간에 있고 싶은 사람으로 보여라.

예전 어느 TV 프로그램에서 '가장 같이 일하고 싶은 동료는?'이라는 질문에 회사원들의 1위 답변은 '얼짱 몸짱인 동료'였다. 다음으로 '회사에서 가장 자주하는 거짓말은?'의 질문은 '좋은 아침입니다'라는 아침 인사가 1위였다. 처음에는 의외의 답이라서 배를 잡고 웃었는데, 다시 생각해보니 절

묘하게 맞는 답이다. 같은 공간에 있고 싶은 사람으로 보여라. 호감을 보이는 외모와 옷차림, 분위기, 시선, 자세, 언어, 말의 속도, 미소 등을 훈련하라.

나에게 호감을 주는 직원은 장차 고객에게도 호감을 줄 수 있는 사람이다. 이로써 조직에 득이 되기 때문에 객관적인 이유를 말하라면, 이 또한 충분히 객관적인 근거가 된다.

미소로 호감을 사라, 상사들은 외롭다.

마지막으로 미소로서 그들을 대하라. 면접관을 할 정도면 조직에서는 매니저그룹에 속하는 사람들이다. 조직생활에서는 윗자리로 올라갈수록 주위에 다가오는 직원들은 줄어들기 마련이다. 무의식적으로 그들은 자기에게 호의적일 것 같은 사람에게 무척 호감을 느끼게 된다. 오랜 친구와 해후한 것처럼 기쁜 마음으로 멋진 미소를 보여라. 웃음처럼 상대방과의 벽을 쉽게 녹이고 나를 돋보이게 하기도 드물다.

<blockquote>
❝ 웃음은 결코 실패하지 않는 법이다. ❞
</blockquote>

Hey! Can you
See What
I really
think?

내 속 보이니?

Types
그들의 유형

그들의 직책을 마음에 둬라.

사람들은 크게 4가지; 분석형, 우호형, 성취형, 표출형으로 나뉠 수 있고, 이에 따라 접근을 달리하면 설득도 그만큼 쉽다는 글을 읽은 적이 있다. 짧은 시간 안에 상대를 파악할 수 있다면 더 바랄 것이 없겠지만, 면접관을 판단하기는 만만치 않다. 나는 질문을 받는 입장이고 상대는 자신의 이야기를 하지 않기 때문에, 내 쪽에서 판단할 근거가 별로 없다. 이 경우, 면접관의 직책을 유념하라. 자리가 사람을 만든다고, 정말 그렇다. 맡은 직책에 의해서 사람들은 비슷한 성향과 관심을 두게 된다.

> 예로 유학시절 학교의 컨설턴트와 모의면접을 한 적이 있다. 비즈니스 스쿨은 지원한 회사로부터 받은 interview invitation을 학교에 보내면, 그 분야의 전문가와 모의면접을 볼 수 있도록 해준다. 현업에서 면접을 진행한 경험은 많지만, 전문가들에게 컨설팅을 받는 것도 비싼 수업료를 만회할 기회라서 신청을 했다. 학교에서 정해준 첫 모의 면접관은 자신의 배경을 알려주지 않고 바로 면접을 진행하였는데, 석사과정 중 재무 이론과 분석에 대해 많이 물었다. 두 번째 면접관은 내가 근무했던 조직의 문제점과 조직문화에 대해 구체적으로 질문했다. 그리고 종이를 한 장 내밀면서 글로벌 조직도와 내가 속한 조직, 그리고 전체 reporting 라인을 그려보라고 하였다. 인터뷰 당일, 정작 외국인 매니저의 첫 질문은 'Tell me about your last project.'였다. 그 매니저는 자신이 찾고 있는 skill과 experience를 내가 가졌는지가 최대 관심사였다. 자신이 진행하는 프로젝트와 관련된 실무에 대해 자세히 확인했다. 이 질문 하나로 20분이 넘게 소요되었다.

첫 모의 면접관은 유럽에서 투자분석 전문가로 오래 일한 분이었고, 두 번째 모의 면접관은 인사부 전무 출신이고, 세 번째는 현장에서 프로젝트를 진행하고 있는 실무자이다. 만일, 반대로 내가 그 외국인 매니저였더라면, 역시 비슷한 유형의 인터뷰를 진행했을 것이다. 상대가 신입사원이라면 배우려는 의지와 비전, 대학 시절 충분한 경험을 쌓았는지, 팀에 잘 적응할 수 있을지를, 경력사원이라면 팀의 프로젝트를 별다른 교육 없이 수행할 기술이 있는지를 먼저 확인하고, 인간적인 품성과 예상 급여를 물었을 것이다.

질문의 힘, 그들이 똑똑해 보일 기회를 줘라.

이처럼 면접관의 직책과 개인경력에 따라 면접질문과 스타일, 원하는 직원이 다르다. 따라서 누구와 면접을 하는지, 그들의 직책과 소속부서를 고려해가면서 답변을 하는 것이 좋다. 상대가 HR 간부인지, 직속상사가 될 사람인지 아니면 Technical officer인지 말이다.

모든 면접의 마지막은 Any Question?을 묻게 되어 있다. 그들의 직책에 따라 질문하라. 상대가 HR 간부라면 조직의 문화나 교육프로그램, 회사의 명성에 관련된 나의 관심 등을, 직속상사라면 빠른 시일 안에 유능한 손발이 되겠다는 의지와 함께 비전과 성과에 관련된 질문을 하라.

세상에서 가장 똑똑한 놈은 내가 잘 아는 것을 물어보는 자이고, 가장 미운 놈이 내가 모르는 것을 그것도 초면에 자세히 물어보는 자이다. 질문으로 상대가 나보다 고수이며 똑똑하게 보일 기회를 줘라. 그들은 마음속으로 매우 흐뭇한 미소를 지을 것이다.

> " 신기하게도 사람들은
> 같은 모자를 쓰면 비슷한 생각을 하게 된다. "

What They Are Looking for
그들이 원하는 것

상대가 원하는 것을 말하다.

어떤 협상이든지 '나' 위주로 생각하고 말하면 그 협상은 이루어지기 어렵다. 면접도 나와 고용주와의 첫 협상이다. '나'라는 자산(asset)을 상대방에게 파는 협상이기 때문에 그들이 원하는 것을 내가 가지고 있음을 정확하게 전해야 한다.

그들은 지원자들에게 무엇을 가장 원할까? 다음은 The National Association of Colleges and Employers (NACE)[1]라는 기관에서 300명의 HR 간부들을 대상으로 조사한 대졸 취업 준비생들에게 바라는 가장 중요한 skill과 자격조건에 대한 survey 결과이다. 외국기관의 조사라서 순위는 다를 수 있지만, 장담하건대 이 조사에 나온 강점과 역량들은 모든 회사간부가 직원을 선발하는 데 제일 먼저 확인하고 싶은 항목이다.

참고로 대한상공회의소에서 국내 100대 기업의 인사담당자를 대상으로 실시한 산업별 인재상은 Part 5에서 영어표현과 함께 나의 무엇을 selling할지를 자세하게 다루었다.

신입 편

면접에서 나는 무엇을 selling할 것인가?

전략적으로 지원하는 job이 어떤 업무인지, 이 industry에서는 어떤 강점이 필요한 업무인지를 사전에 파악하고, 자신의 강점과 경험들을 연결해야 한다. 또한 그 구체적인 경험이 증거로 제시되어야 한다. 예를 들어, 나의 성실함과 근면성을 면접에서 내세우려면 이를 증명할 경험도 같이 이야기해야 상대방에게 신뢰를 줄 수 있다.

다른 조사를 보더라도 가장 높은 점수를 얻었던 항목은 의사소통능력(communication

---

1) The National Association of Colleges and Employers(NACE)는 1956년 대학생, 고용주들을 위해 펜실베니아에 세워진 비영리 기관이다. 2000개의 대학교 그리고 3000개 이상의 HR담당자와 연계되어 현재 5200개의 대학생 취업 서비스 관련자들이 이 기관의 멤버로 가입되어 있다. (위키피디아에서)

skills)이다. 회사간부들이 이렇게 의사소통능력을 중요하게 생각하는 이유는 간단하다. 이 능력을 가진 사람이 세상에는 드물기 때문이다. 누구나 전화를 받을 수는 있지만, 성난 고객을 누그러뜨릴 수 있는 직원은 그다지 많지 않다.

한 가지 재미있는 결과는 GPA가 높아야 한다는 조사 항목 중 낮은 순위에 있다. 어느 정도 이상이 되면 괜찮다가 그들의 보편적인 생각이다. 면접에서 학점을 보는 이유는 대학에서 배운 지식이 실무에 도움이 되기 때문이 아니다. 그보다는 강한 책임감과 목표를 위해 '열정을 다할 수 있는 능력'을 지원자가 아직 학생신분이기 때문에 GPA로 가늠하는 것이다. 따라서 학점이 안 좋은 이유를 묻는다면, 다른 경험을 들어 책임감 있는 사람임을 설명하고 그들을 안심시켜라.

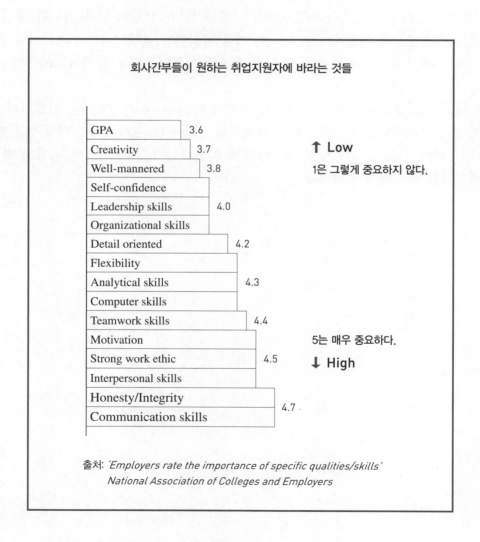

회사간부들이 원하는 취업지원자에 바라는 것들

GPA	3.6
Creativity	3.7
Well-mannered	3.8
Self-confidence	
Leadership skills	4.0
Organizational skills	
Detail oriented	4.2
Flexibility	
Analytical skills	4.3
Computer skills	
Teamwork skills	4.4
Motivation	
Strong work ethic	4.5
Interpersonal skills	
Honesty/Integrity	
Communication skills	4.7

↑ Low
1은 그렇게 중요하지 않다.

5는 매우 중요하다.
↓ High

출처: 'Employers rate the importance of specific qualities/skills'
National Association of Colleges and Employers

경력사원 편

원하는 회사에 들어가는 비결, 그들이 원하는 것을 말하라.

경력사원의 채용은, 직속상사가 면접할 확률이 높다. 당신이 면접요청을 받은 가장 큰 이유는 이력서를 통해서 팀에서 원하는 경험과 skill을 발견했기 때문이다. 면접에서 확인하고자 하는 사안은 대략 4가지로 정리할 수 있다.

첫째, 팀에서 원하는 skill과 직접적인 실무경험이 있는가?
둘째, 왜 이직하려는가? 이전 직장에서 어떤 문제가 있었는가?
셋째, 팀 분위기에 잘 어울릴 수 있는 사람인가?
넷째, 추가로 팀에서 기대하는 역할이 있다. 예를 들면, 상사의 일부 업무를 대신 수행할 senior로서의 역할 등이다. 만일, 지금 지원하는 직책이 인사, 프로젝트 관리의 role이 포함된다면 관련 경험과 어떤 성과를 이루었는지도 함께 selling한다.

본인의 이력서를 놓고 관련된 실무경험을 어떤 탄탄한 story로 전할지를 검토한다. 실무에 대한 질문은 구체적으로 묻는다. 프로젝트의 처음부터 마지막까지 머릿속에 떠올려보라. 프로젝트의 목적, 어려웠던 점, 어떻게 해결했는가, 비즈니스에 미치는 결과 등 나의 영웅담을 진솔하게 정비하라.

03 Yourself
나를 어떻게 데리고 세상에 나갈까?

> 하늘에 계신 아버지처럼 너희도 완벽한 사람이 되라.
> —성경

나에 대한 분석과 장점노트 만들기

철저하게 자신을 분석한 노트를 만들어라. 간만에 책장을 정리하다 보면 오랫동안 잊고 있었던 중요한 물건을 발견하는 때가 있다. 자신의 경험과 생각들도 마찬가지이다. 면접을 앞두고 자신의 강점, 조직에 나가서 어떻게 이들을 잘 살릴 것인지, 어떤 약점을 보완할 것인지를 미리 검토하는 시간을 가졌으면 한다.

첫째, 자신의 장점을 정확히 파악하면 원하는 성공적인 career에 근접할 수 있다. 아직 실전 경험이 부족해서 어떤 career를 원하는지 막연할 때는, 나의 강점을 살릴 수 있는 것을 선택하라. 마케팅, 인사, 기획, 영업 등 특정 부서의 업무성격이 맞으면 해볼 만하다. 강점을 훈련하는 데 좋은 장(場)이 되기 때문이다. 일에 대한 경험과 안목이 생기면서 실무경험을 가지고 다른 industry로 옮겨갈 수 있다.

둘째, 노트에 글로 적어보면 의외로 나를 정확하게 발견할 수 있다. 낯선 사람을 대하는 일에 스트레스를 많이 받는다면 적어도 영업직은 내 길이 아니기 쉽다. 하지만 신기하게도 부딪쳐 봄으로써 생각지도 못한 강점을 발견하거나 혹은 약점이 장점으로 변하는 경우도 많다. 스스로에 대한 모호함을 정리하고, 무엇을 행동할 것인지 결정하는 훈련을 해라.

셋째, 분석노트를 만들면서 나의 경험과 장단점을 구체적인 예와 함께 정리해보면 면접관의 의외의 질문에 답변을 놓치고 후회하는 일이 없다. '아, 그때 일을 말할 걸…' 하는 일이 없어진다.

넷째, 나를 제대로 파악하기 시작하면서 첫 직장이 완전하게 나에게 맞아야 하는 것에 절박하기보다는 자신의 장점을 살리고 훈련할 만한 곳에서 먼저 내공을 쌓겠다는 마음의 여유가 생길 것이다. 마지막으로 자신의 약점에 대해 생각해보라. 입사 후, 가장 먼저 발목을 잡는 것이 바로 나의 약점이다. 이 약점을 개선하기 전까지는 계속 같은 문제를 만나서 씨름해야 한다. 세상을 살면서 몇 가지 단점은 고치지 않고 그대로 살아가는 사치는 누려도 된다. 하지만 프로페셔널로서 성장하는 데 해가 된다면 빨리 고치는 편이 낫다. 약점을 극복하고 실행하는 사람만이 기회를 내 것으로 만들게 된다.

“ 이들의 시작은 평이했으나,
어느새 거목(巨木)으로 되어 있는 자신을 만나게 된다. **”**

Personal SWOT Analysis

SWOT Analysis라는 분석방법이 생소할지 모르겠지만, 생각을 정리하는 데 유용하다. 이것은 스탠퍼드대학의 Albert Humphrey가 만든 분석기술인데 기업, 프로젝트, 팀 등을 강점(Strengths), 약점(Weakness), 기회(Opportunities)와 위협(Threats)이라는 4가지 측면에서 그 가치를 분석하는 방법이다. 현재도 비즈니스에서 자주 사용된다.

오늘은 백지 한 장을 올려놓고 세상에서 가장 중요한 나를 위해 SWOT을 사용해보자. 글로 꺼내어 적어보면 의외로 막연했던 것들이 분명해진다.

면접을 위한 Personal SWOT Analysis의 목적은 자신의 경험과 역량, 단점을 수면 위로 모두 펼쳐놓고 자신이 진짜 무엇을 원하는지를 분명히 하고, 또 면접에서는 무엇을 selling할지를 정하기 위함이다. 이 작업을 하면서 아래 질문들에 대해 스스로 답할 수 있어야 한다.

- 나의 강점은 무엇인가?

- 나는 어떻게 일하는가?

- 나는 어디에 속하고 싶은가?

- 나는 일에서 무엇을 이루려고 하는가?

- 나는 대학에서 무엇을 했나?

- 나에게 가장 큰 영향을 준 경험은 무엇인가?

- 나는 실패에서 무엇을 배웠나?

나의 Career를 위한 SWOT 분석

Strengths · 내가 가진 성격의 강점과 장점은? · 주변 사람들이 말하는 나의 장점은? · 내가 받은 업무 관련 교육은? · 이룬 것들, 자랑스러운 나의 업적들은? · 인턴, 업무경험, 일한 기간과 성과는? · 전문적 기술들(Computer 등) · 나는 어떤 환경에서 흥미와 열정을 갖는가? · 내가 믿는 가치, 원칙, 믿음 · 아직 경험 부족으로 검증되지 않은 강점들	**Weakness** · 내 성격의 단점은? 친구, 상사, 동료가 말하는 나의 단점은? · 나를 제한하는 것은 무엇인가? · 성격상 자신 없고 피하고 싶은 일은? · 사회인으로서 고쳐야 할 나쁜 습관들
Opportunities · 나의 목표를 도와줄 수 있는 resource (책, 인터넷, 동아리, 교육, 학원, 선배 등) · 나에게 도움이 되는 job기회들	**Threats** · 의지, 시간 부족 · 외부환경, 경제적 상황에서 오는 문제들 · 무수한 경쟁자 · 면접, 영어 등 기술 부족

예를 들어, 위에 적은 장점들로

● 나는 세련되었다.

● 나는 좋은 목소리와 인상을 갖고 있다.

● 나를 믿어주는 친구가 많다.

● 나는 어떤 일도 성공시킬 수 있는 자신감이 있다.

등등 많지만, 이 중 면접에서 내놓는 나의 강점카드는 지원하는 업무의 성격,
산업이 요구하는 skill과 연관되어야 한다. 다음의 16가지 예를 보자.

면접에서 사용할 강점카드

Communication skills
대화기술

Strong work ethic
강한 직업의식, 직업 윤리

Detail oriented
세심한 주의

Honesty / Integrity
정직과 성실

Interpersonal skills
사람을 다루는 기술

Leadership
리더십

Patience
인내, 끈기

Optimistic
긍정적인

TEAMWORK
팀워크

Analytical skills
분석능력

CREATIVITY
창의력

Motivated
동기부여, 의욕

Responsibility
책임감

Flexibility
변화에 대한 적응력

Future oriented
미래에 대한 비전

Computer skills
컴퓨터 기술

나의 Unique Selling Point 만들기: 경험의 재구성

Step 1. 나에 대한 분석으로부터 독보적인 Selling Point를 정리하라.

자신과 메시지를 정리하지 않은 채 시작하는 남과의 대화는 그 끝이 어둡다. 지원하는 업무가 요구하는 것, 그리고 이에 대해 나의 무엇을 내세울지 비장의 카드를 전략적으로 사전에 준비해라. 이 작업을 미리 해놓는다면 면접에서 우왕좌왕할 일이 없다.

팀에서 원하는 역량이란 그 업무를 힘을 덜 들이고 완벽하게 해내는 데 필요한 자질을 말한다. 예를 들면, 연구나 기획하는 팀에 지원한다면 성실함이나 세심한 업무처리, 상품개발 관련 팀이라면 창의성, 고객을 대하는 업무라면 사람친화력과 반듯한 예절 등이 그 예이다. IT 업계의 software 개발업무에 지원하면서 '저의 최대 장점은 예절이 바릅니다.'라고 한다면, 번지수가 틀렸다. 이 업무와 연결해서 생각해보면 impact가 크지 않다. 그러나 영업팀에 지원하는 경우라면 아주 적합한 사람이다.

면접에서는 지원하는 업무에 직접 연관된 나의 강점을 Selling Point로 해야 한다.

Step 2. 나의 Selling Point를 증명할 경험에 대해 Story를 정리해라.

경력사원이라면 이전 업무경험을, 신입사원이라면 인턴경험, 아르바이트 경험, 교육, 자원봉사 등이 해당된다. 이 경험들은 상황(Situation), 업무 역할(Task), 내가 수행한 것(Action), 그 결과(Result)의 4가지 사항을 정리해라. 이 경험들은 지원회사의 업무에서 요구되는 역량과 기술에 맞춰 정리되어야 한다.

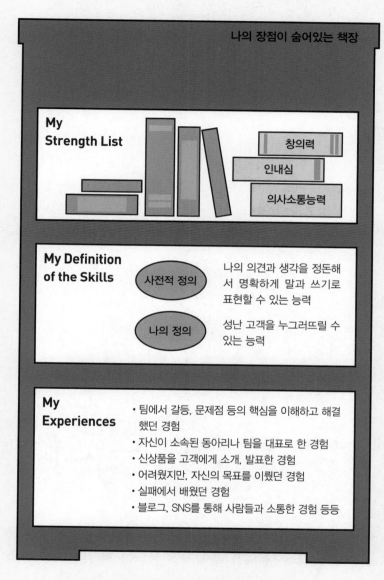

나의 장점이 숨어있는 책장

My Strength List

창의력

인내심

의사소통능력

My Definition of the Skills

사전적 정의 — 나의 의견과 생각을 정돈해서 명확하게 말과 쓰기로 표현할 수 있는 능력

나의 정의 — 성난 고객을 누그러뜨릴 수 있는 능력

My Experiences

• 팀에서 갈등, 문제점 등의 핵심을 이해하고 해결했던 경험
• 자신이 소속된 동아리나 팀을 대표로 한 경험
• 신상품을 고객에게 소개, 발표한 경험
• 어려웠지만, 자신의 목표를 이뤘던 경험
• 실패에서 배웠던 경험
• 블로그, SNS를 통해 사람들과 소통한 경험 등등

1.
대학, 직장 경험을 전반적으로 떠올리며 내가 이룬 업적과 장점들을 체계적으로 나열한다.

2.
이 중 지원하는 업무와 관련된 skill들과 나의 강점들을 연결한다.
이 강점에 대해서 자신이 생각하는 정의를 생각해보라. 예를 들어, 나는 'communication skills란 성난 고객을 누그러뜨릴 수 있는 능력'이라고 생각한다.

3.
위 정의에 대한 실례를 4가지 사항으로 적는다.
– Situation 당시의 상황
– Task 나의 역할, 업무
– Action 취한 행동
– Result 성공적인 결과, 교훈

04 Uncertainty
모르는 것에 대한 불안

Fear always springs from ignorance.
두려움은 항상 무지에서 생긴다.
—에머슨

세상의 모든 Job, 어떻게 알까?

나는 무엇을 업(業)으로 하면서 살아야 할까? 경험이 없는 직장에 대한 그림이 막연할 수밖에 없다. 무엇을 해야 할지 모르는 이유는 나 자신에 대해서, 내가 가려는 곳에 대한 정보의 부재가 원인이다. 스스로 정보를 찾아서 나의 무지를 채우는 수밖에 없다.

취업을 결정했다면, 두 가지를 추천하고 싶다.

첫째, 평소 관심 있는 회사들의 기업 조직도를 살펴라. 기업의 목적, 경영철학 등이 software적 요소라면, 조직도는 기업이 운영되는 튼튼한 틀과도 같다. 조직도는 네모 박스와 수직으로 연결된 선이 있는데, 네모 박스들은 그 회사의 주요 업무와 수장(director)의 이름, 그리고 선은 각 부서 간의 관계를 나타낸다.

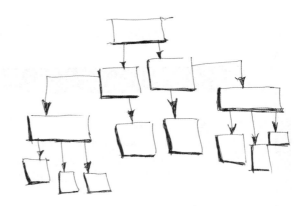

기업의 조직도가 바뀔 때마다 이를 분석하는 경제기사들도 많다. 이 기사들을 참조하면 기업이라는 막연했던 곳에 대한 큰 설계도가 보인다. 물론 처음은 어렵다. 그러나 입사 후에도 조직도는 회사의 운용과 조직 내부 권력의 흐름을 이해하는 데 필수이다. 같은 업계(industry)의 기업 간에 어떤 차이가 있는지, 어떤 업무들을 그룹을 지어 하나의 부서로 정의하는지, 이를 보면 기업운영의 큰 흐름을 이해할 수 있게 된다.

English Interview

두 번째, sample job description 사이트, 외국 head hunter 회사 등에서 올리는 job description과 친해져라. 이 사이트에는 직책이라고 불리는 세상의 모든 job이 무슨 일을 하는지 상세하게 기술되어 있다. 한국 기업들의 직책명과 약간 다를 수도 있지만, 업무내용은 무시해도 될 만큼 비슷하다. Job description을 보면 어떤 직책의 A라는 직장인의 한 해 목표, 한 달 스케줄 그리고 하루 일과가 눈에 그려질 것이다. 지원업무에 대해 확실한 그림이 있다면, 면접에서 무엇을 이야기할지, 어디에 초점을 맞춰야 할지 분명히 할 수 있다.

❝ 세상 일이란 게 알수록 쉽게 건널 수 있다. ❞

Sample Job Description

다음의 Marketing Manager Assistant라는 직책을 job description 사이트에서 어떻게 기술했는지 보자.

Marketing Assistant Job Description

A Marketing assistant's job entails assisting and implementing all marketing strategies by developing various elements essential for the growth of a company. They mainly focus in planning and market research to develop their marketing strategies. ··· 생략 ··· Marketing assistant role is to support and manage the business efficiently.

Duties and Responsibilities

1. Completing sales-related and marketing administrative projects that include running marketing and sales reports, conducting research on company and other assignments in database.
2. Assisting in writing and editing sales and marketing materials, which include articles, presentations, white papers, and collateral.
3. Maintaining project tracking spread sheets and business line marketing calendars.
4. Serving as liaison between advertising agencies and the company, print suppliers, freelance talent, and various marketing services.
5. Updating company headlines and news in the corporate website.

··· 생략 ···

'마케팅 어시스턴트'라는 직책은?

– 회사의 성장을 위해 마케팅 전략을 개발하고 수행한다.
– 마케팅 전략개발을 위한 planning과 시장조사를 주요 업무로 한다.
– 마케팅 어시스턴트는 MM(Marketing Manager) 밑에서 이들의 업무를 보조한다.

무슨 일을 하는가?

– DM 발송, 세미나, 온라인 마케팅 등의 마케팅 행사들과 이후에 sales가 얼마나 올랐는지에 대한 보고서 작성, 고객 데이터 분석과 시장조사를 한다.
– Brochure(간행물)와 행사, 외부미디어 기사 등의 마케팅, 발표 자료에 들어갈 내용 구상 및 writing을 지원한다.
– 프로젝트 진행의 일정을 확인한다.
– 광고 에이전시, 회사 각 관련 부서, 기타 마케팅 행사나 광고물을 제공하는 업체 사이에 전화 등 연락을 담당한다.
– 회사 웹사이트의 헤드라인과 뉴스를 업데이트한다.

Job Description에 따라 그려 보는
마케팅 어시스턴트의 업무일지 예

1년 목표: 회사에서 올해 밀고 있는 신상품, '바쁜 도둑고양이를 위한 간식 시리얼'을 대외적으로 시장과 고객에게 인식시킨다.

1월 계획: 이번 분기 행사를 3개 진행하고 있다. 이 행사들은 시리즈 형식으로 서로 연관성 있다. 일정, 내용, 세미나 장소, 관련된 광고 에이전시, 행사장을 섭외한다. 동시에 회사고객 DB에서 추출한 도둑고양이의 고객 특성을 정리, 영업팀에 보고한다.

1주 계획: 첫 번째 행사에 대한 초대장과 행사 일정표 만들기, 인쇄업체에 요청, 중간 미팅 일자를 각 협력업체와 결정한다. 초대장과 행사의 콘텐츠를 MM과 협의, 이번 주까지 회사 웹사이트에 업데이트한다.

오늘 할 일:

오전 – 지난주 행사 결과로 조사된 소비자의 요구사항을 분석, 상품개발팀에 이메일, 담당 팀과 이번 주 회의일정을 잡는다.

오후 – 다음 행사 초청장 DM 발송을 위한 리스트를 영업팀에게 받아 예상 인쇄부수를 협력업체에 전달한다.

Hey, I'm a Marketing Manager Assistant!

따라서 이 직책을 수행하는 데 필요한 주요 skill들은 다음과 같다.
- 동시에 여러 프로젝트 일정관리, 진행하는 기획력과 프로젝트 관리
- 초대장 등의 contents, 행사 내용을 만드는 창의성
- 협력회사, 사내 팀과 미팅에서 전달, 의견을 취합하는 Communication skill
- 행사 결과, 회사 데이터를 보고 정리, 분석할 수 있는 Analysis skill
- 설문지, 초청장, 보고서를 만들기 위한 Computer skill

면접에서는 위 예를 염두에 두고 자신의 핵심 역량을 selling해야 한다.

05 **Analysis**
분석은 무사의 칼날처럼

지원회사에 대한 조사리스트

취업면접을 준비하면서 아래 항목들을 확인해야 한다.

- Products or Services 제품 서비스 및 사업영역
- Mission Statement or Goals 기업 웹사이트에 있는 비즈니스의 목적
- Customer 주요 고객
- Current Issues 비즈니스 확장, 신상품 혹은 전략에 관한 최근 뉴스나 기사들
- Sales 최근 3년간의 매출과 순이익
- Management Style 경영진과 관리스타일
- Organizational Culture 사내 복장, 창의적 혹은 진취적인 분위기
- Distribution Channel 온라인, 오프라인 판매경로
- Organizational Structure 조직도
- Industry 이 업계의 특성과 최근 동향 관련 뉴스

지원자는 그 기업과의 면접이 처음이지만, 면접관은 회사 웹사이트에 있는 같은 내용을 매번 지원자들에게서 듣고 있을 수도 있다. 혹은 이것도 제대로 읽지 못하고 들어오는 지원자도 믿기 어렵겠지만 많다. 면접관을 압도시킬 만큼은 아니더라도, 지원하는 기업에 대한 사전 조사가 이 기업에 몸을 담고 싶은 자신의 열정을 가장 잘 나타낼 수 있다는 점, 기억하자.

남다른 조사를 추가하라.

Offline으로 가보라.

회사 웹사이트를 포함한 인터넷은 방대한 정보를 얻을 수 있지만, 단점이라면 수동적인 정보가 많다. 기업에서 매체를 통해 보여주고 싶은 이미지만을 보여주기 때문에 일반적 내용이 많다. 즉, '최고의 기술과 최상의 서비스를 제공하는…'으로 요약된다. 물론 지원하는 기업의 웹사이트, 뉴스 기사로부터 가능한 많은 사전조사를 해야 한다. 이외 자신만의 차별화를 면접에서 보여주고 싶다면 offline으로 가보라. 지원회사의 가까운 영업지점, 판매장 등 offline store에 직접 가서 매장분위기, 구매자가 많은 브랜드 중에서 회사 상품을 어떻게 결정하는지를 관찰해 보라. 점원에게도 이 상품은 경쟁사의 다른 상품에 비해 어떤 점이 좋은지 직접 묻고 들어보라. 구매자에게 왜 타상품이 아닌 지원회사의 상품을 선택했는지 간단한 인터뷰를 해보는 것도 신선한 방법이다.

회사의 상품 Brochure를 보라.

신입사원이라면 직접 사용해보거나 좋아하는 기호상품, 예를 들어 라면, 커피, 음료수나 휴대폰 등은 친숙한데, 은행이나 금융, 투자서비스를 제공하는 기업은 생소할 수 있다. 만일 생소한 기업에 지원한다면, 영업점에 가서 brochure(간행물)를 보면 큰 도움이 된다. 영업점에 구비되어 있는 회사의 brochure가 바로 이 목적으로 만들어진 제작물이다. 단순히 몇 장의 종이로 보이지만, brochure는 소비자의 마음을 사기 위해 전문인력들이 기획해서 만들어낸 최종 산물이다. 이를 읽어보면 타깃고객층에 따라서 상품을 어떻게 분류하고 어떤 서비스를 selling하는지 쉽게 알 수 있다. 또 영업점에는 고객상담을 해주는 직원들이 있기 때문에 상품에 대한 궁금증을 확인할 수도 있다. 그리고 이와 같은 준비와 조사에서 느낀 점을 면접에서 답한다면 자신의 열정을 말이 아니라 행동으로 상대에게 보여줄 수 있다.

> **❝ 할 것이 너무 많은가?
> 열정은 쉽지 않다. ❞**

06 Strategy
전략, 할 것과 하지 말 것을 분명히 하는 일

The essence of strategy is choosing what not to do.
전략의 본질은 무엇을 안 할지를 정하는 것이다.
—마이클 포터

Do's
해야 할 것을
정하고, 하라.

1. Be Your Best Self. 강한 생각이 강한 사람을 만든다.
   면접실에 들어가기 직전에 나를 도울 문구를 미리 챙겨라. 내 몸
   에 군주의 에너지가 넘친다고 생각하라. 면접은 이때 이미 시작
   된다.

2. 자신의 무엇을 selling해야 할지 분명하게 정하고, 그것을 팔아라.

3. 꼭 이 job에 합격한다는 신념을 갖고 마지막까지 임하라.
   이 느낌은 상대방에게 반드시 전달된다.

4. 이력서 내용을 정독해서 알고 있고, 면접 시 답변에서도 일치해야 한다.

5. 이력서 여분을 가지고 가라. 실제 필요할 때가 있다.
   이 태도만으로도 면접관에게 준비성과 세심한 인상을 줄 수 있다.

6. 여러 명의 면접관 중 한 명이 질문을 하더라도 내가 답변할 때는 모든 면
   접관과 eye contact을 하면서 답을 하라.
   질문은 한두 사람만이 하더라도 나머지 면접관들도 지원자를 똑
   같이 평가하고, 이들의 평균을 내어서 합격 여부를 결정한다. 따
   라서 모두 내 편으로 포함해야 한다.

7. 질문을 정확히 이해하지 못했을 경우, 다시 확인하라.

추측으로 엉뚱한 답변을 하는 것보다는 다시 질문을 확인하는 태도가 훨씬 자신감 있어 보인다. 이 점을 보려고 일부러 장황하게 물어보기도 한다.

8. 모르면 모른다고 솔직하게 말하라. 혹은 생각할 시간을 달라고 하라.

9. 답변에 확신을 갖고 하라.

긴장하는 것과 확신이 없는 것은 전혀 다른 이야기이다. 긴장과 관계없이 확신은 내가 믿는 대로 전달된다.

10. 마지막으로 긍정적인 자세를 일관하라.

말로 표현할 수 없을 만큼 중요하다.

Don't's

하지 말 것을 정하고,
하지 마라.

1. 하늘이 무너져도 늦지 마라.

정말 무너졌거든 전화로 회사에 알려라.

2. 쉽게 농담하지 마라.

유머와 세련되지 않은 농담은 다르다. 면접관은 이 지원자가 향후 주요 고객 앞에 나갈 수 있을지를 판단한다. 의젓하게 행동한다.

3. 외워가지 마라.

대신 외우는 수준 이상으로 훈련해서 종합예술을 연기해라.

4. 질문 안 하는 것을 절대로 하지 마라.

질문이 없다는 것은 지원업무에 흥미가 없다는 뜻이고, 인상적이지 않은 후보로 남게 된다.

5. 나의 아킬레스건은 내가 먼저 언급하지 않는다.

비즈니스 세계에서 자기 약점은 먼저 내보이지 않는 법이다. 상대방이 나의 약점을 문제로 여기지 않는데, 스스로 끌어들일 필요가 없다. 면접관이 필요하면 그 부분은 별도로 질문할 것이다. 그때 준비된 답을 하라. "I am glad that you asked that question. The reason why I haven't found a job before now is that ~." (그 질문을 해주셔서 감사합니다. 제가 일을 찾지 못했던 이유는 ~입니다.)

6. 'You Know, Um, like, You know what I mean, something like that, Uh…'을 사용하지 마라.

7. 부정적인 이야기는 하지 않는다.

나쁜 상사와의 문제로 이직하려고 하지만, 면접에서 하는 이야기가 아니다. 상대는 열심히 집중해서 듣고, 이 지원자가 자신의 조직에서 똑같은 문제를 만들 것이라고 상상한다.

8. 월급, 보너스, 연금, 휴가 일수는 면접에서 묻지 마라.

Job offer를 받은 다음에 확인하면 된다.

9. 거짓말하지 않는다.

정직함은 나의 소중한 자산(asset)이다. 면접관은 지원자의 도덕성과 정직함을 중요하게 본다. 거짓증언, 생각보다 쉽게 알아챈다.

10. Pause를 두려워하지 마라.

약간의 pause는 사람을 신중하게 보인다. 생각이 정리되지 않은 상태에서 답변에 너무 성급할 필요가 없다.

11. 말끝을 흐리지 하라.

상사들이 진심으로 싫어한다.

07 Confidence
면접의 비결, 의젓한 영기를 뿜어라

You have to expect things of yourself before you do them.
어떤 일을 하기에 앞서 스스로 그 일에 대한 기대를 가져야 한다.
—마이클 조던

스스로에 대한 최고의 이미지를 가지고 연습하라.

면접의 성공비결은 '이 사람은 조직에서 성공할 것 같다'는 인상을 주면 된다. 그리고 그것은 스스로 그렇게 생각하는 데서부터 시작된다. 자신감을 품은 사람은 들어올 때부터 주변 공기와 걸음걸이가 다르며, 신기하게도 상대방은 그것을 감지한다. 사실 입장하는 그 짧은 순간부터 면접이 시작된다. 이때 이미 절반이 끝나는 경우도 있다.

업무상 The Current Model과 To-Be Model의 비즈니스 프로세스 분석을 수행한 적이 있는데, 이는 현재에서 최상이 되었을 때를 가상으로 정의하고, 그것을 실현하는 데 필요한 변화를 정해서 만들어내는 것이다. 설명이 장황했지만 요점은 간단하다. 어떤 것이 될 것인가를 명확하게 먼저 그리고, 그 모습이 되도록 실행하는 것이다.

입사하기 전, 나의 To-Be Model, '내가 가진 기본 자질에서 최상의 나는 어떤 사람인가?'를 고민하고 정의하라. 나는 어떤 이미지로 동료, 고객, 상사에게 어떤 명성을 쌓고 싶은지, 어떤 사람으로 기억되고 싶은지, 그 이미지를 기억하면서 직장생활을 준비하라. 많은 사람이 role model을 이야기하지만, 자신이 이미 가진 달란트(Talent)를 최대 발휘했을 때 어떤 모습이 되는지를 알고 실행하는 것이 role model을 찾기 위해 분투하는 것보다 더 중요한 사안이라고 생각한다.

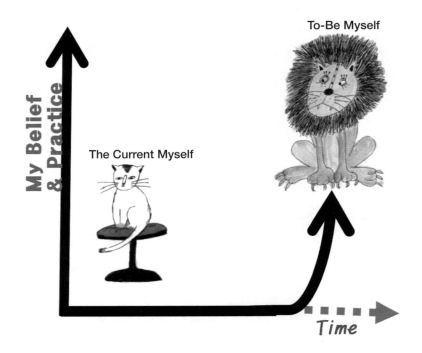

'현재의 나(The Current Myself)'와 '최고의 이미지의 자신(To-Be Myself)'은 어떤 사람인지 깊게 생각하고 명확하게 그려라. 아리스토텔레스의 말대로 '자신이 원하는 능력을 가장 쉽게 얻는 방법은 이미 갖고 있다고 생각하는 것이다.' 그 최고의 이미지를 가지고 말하고 면접에 임하는 연습을 한다. 신중하게 생각하라. 그 이미지가 앞으로 면접에 데리고 갈 '나'이며, 앞으로 조직생활에서 만나는 자신이기 때문이다.

The Current Myself

- 내가 고양이인지 쥐인지 일단 외모부터 자신이 없다. 동네 서열이 쥐 바로 밑이다.
- 뭔가가 되고 싶은데 잘 모르겠다. 꿈꾸는 게 두렵다.
- 나는 걱정에 몰입하다가 눈앞의 쥐도 발이 미끄러져서 놓친다.
- 단점이 상당히 있는데 구체적이지 않다.
- 긴장을 잘한다. 긴장한다고 느끼면 바로 기절한다.
- 급한 일에도 집중이 안 된다. 고양이 세수하듯 한다.

To-Be Myself

- 나를 만났던 프랑스의 소설가 샤토브리앙은 이렇게 말했다.[2] "위대한 인물이란 그 눈빛만으로도 덕을 느낄 수 있다. 그는 빛나고 있었다."
- 나는 눈앞의 사냥감에 모든 노력을 다한다. 한 마리의 토끼를 잡기 위해, 아프리카 초원에 서서 바람의 높이와 움직임을 재고 온종일 몸을 낮추고 기다린다.
- 나는 눈앞의 사냥감에 대해 잡는 생각만 한다. 걱정은 마음을 어지럽히고, 집중력을 떨어뜨리니 초원에서 최대의 적이다.
- 나도 단점이 많다. 나를 뒤에서 보면 강아지와 비슷한 형상이고, 겁도 많다. 하지만 누구 앞에서든 당당하고 침착하게 보이는 법을 연습했다. 상황을 지배하도록 꾸준히 갈기를 기르고 닦고 연습한다.
- 그리하여 나는 사자처럼 보이는 법을 익혔다. 그리고 사자라고 불린다.

---

2) 원래는 프랑스의 소설가 샤토브리앙이 무명시절 조지 워싱턴을 우연히 보고 한 말이다. "그는 눈부실 정도로 빛나고 있었다. 반면 나는 무명의 존재였다. 그럼에도 불구하고 그의 눈빛이 내게 쏟아졌을 때, 나는 하늘을 날아오르는 듯한 기분이었다. 그 기억은 아직도 나를 따뜻하게 감싸준다. 위대한 인물이란 그 눈빛만으로도 덕을 느낄 수 있는 법이다."

Nervousness
긴장은 두려움의 대상이 아니라 관리대상이다

The brave man is not he who does not feel afraid, but he who conquers that fear.
용감한 자는 두려움이 없는 사람이 아니라, 그 두려움을 정복하고 행동하는 사람이다.
―넬슨 만델라

고수들의 긴장하는 법

첫째, 자신의 긴장에 예민하지 않은 내공이 있어야 한다. 아마추어는 스스로 긴장했다고 감지하면 상황에 바로 무장 해제 돼버리기 쉽다. 여기서 고수와 다르다. 고수는 내심 심장이 터질 정도로 긴장하더라도 밖으로 수행하는 performance, 즉 행동, 말, 자세, 표정을 자신의 컨트롤 안에 두고 해야 할 행동을 정상적으로 수행한다. 따라서 긴장이란 '두려움'의 대상이 아니라 철저한 '관리대상'인 것이다.

둘째, 실전에서 긴장을 감당할 수 있는 내공은 평소 자기훈련과 준비에서 나온다. 일상에서 사소한 행동, 호흡, 불필요한 감정들을 컨트롤할 수 있어야 한다. 오늘 관리가 안되는 산만한 두뇌작용이 면접 날이 되었다고 갑자기 제대로 작동하지는 않는다.

셋째, 면접에 들어가기 전, 긴장을 관리하는 '이성적인 자아'가 내 안에 있다는 것을 믿으면 큰 도움이 된다. 긴장은 집중력을 현저하게 떨어뜨리고 말을 장황하게 만든다. 이때 심리학자들은 조언한다. 심호흡해서 뇌에 산소 공급을 하라. 깊게 호흡을 하면서 '나는 그렇게 약한 사람이 아니다, 내 안에 나보다 이성적인 힘이 있다.'라고 되뇌면 좋은 시작을 할 수 있다. 그리고 좋은 시작은 정상모드로 신속하게 자신을 인도한다.

넷째, 나를 불안하게 보이는 것을 찾아내서 이를 제거하라. 자신을 거울에 비춰보고 단기간에 고칠 수 있는 것들은 바로 고친다. 긴장 시 말이 너무 빠르거나 흐트러진 자세와 걸음걸이, 불필요한 동작 등이 여기에 포함된다. 자신감 있는 척을 하라. 그 정도만 해도 상대에게는 자신 있게 보인다. 그러다 보면 어느 날 그만큼의 자신감을 갖게 된다.

> " 마지막으로 모든 사람은 70%가 물로 되어 있다.
> 그냥 물로 봐라. "

Talk Smart
면접에서 군계일학이 되는 말하기

> 말에는 하여야 할 순서가 있는 것이다.
> —주역

나의 말에 색깔을 입히다.

어떤 남다른 생각과 철학을 갖는가에 따라 그 사람의 격(格)이 달라 보인다. 자신을 상대방에게 인상 깊게 남기려면 자신만의 색깔을 성숙하게 드러내야 한다. 자신의 selling point를 정리할 때, 사전적 정의를 그대로 인용하기보다는, 자신만의 경험과 생각을 담아서 그 의미를 다시 정의한다. 이때 그 업무에서 가장 필요한 skill과 qualification에 중점을 둔다.

예) **화장품 회사의 연구직에 지원하는 A군**
- 이 업무는 상품개발을 위해 끊임없이 실험하고 연구하는 역량 필요
- A군은 자신의 Selling Point는 인내심으로 정함
- A군이 정의한 인내심이란?
  더 나은 상품을 만들기 위해 실수에서 배우고 결과를 이루어내는 정신력

---

1. 나는 인내심이 강한 사람입니다.
2. 실수에서 배우고 결과에 도달할 때까지 배운 것을 시도하는 능력이 있습니다. ←

자신의 색깔로 '인내'라는 selling point를 재정의한다.

---

1. I am a patient person.
2. I have the ability to learn from past mistakes and to apply the lessons until I achieve results.

다른 지원자들이 내가 하려는 답변을 할 때

그룹 면접의 경우, 다른 지원자의 답변도 잘 들어야 한다. 자신의 순서만 기다리다가 앞 사람과 같은 답변을 한다면, 능숙하지 못한 communicator로 보일 수 있다. 공교롭게도 앞서 답변한 지원자가 내가 준비한 것과 같은 답을 하는 경우가 있다. 이때 두 가지 방법을 생각해 볼 수 있다.

첫째, 앞사람 답변에 자신의 답을 추가한다. 앞사람이 말한 것을 포용하면서 나의 답을 전개한다.

질문: What do you know about this company?

> 1. 귀사에 대해 저도 앞서 다른 지원자들이 말한 것과 같은 정보를 알고 있습니다.
> 2. 덧붙여 한 가지를 더 말씀드리고 싶습니다. ← ---------------------------------- 추가한다.
> 3. 저는 몇몇 직원들로부터 귀사는 훌륭한 직원훈련프로그램이 있다고 들었습니다.

1. I found similar information to what the other candidates have presented.
2. Additionally, I would like to add one more point about your company.
3. I have heard from some of your employees that your company has great training programs.

둘째, 앞사람의 답변 이외 추가로 떠오르지 않을 때, 한 가지를 강조한다.

> 1. 다른 지원자들이 전반적으로 설명하였기에,
> 2. 저는 귀사의 혁신적인 자동차 상품에 대해 강조하고 싶습니다. ← -------------------- 강조한다.

1. Since other applicants provide overall information about your company,
2. I would like to stress your innovative automobile products.

(Talk Smart의 구체적인 상황과 영어답변 예는 Chapter 12, Part 3, 5를 참조)

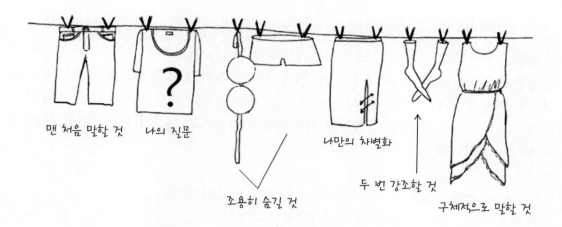

맨 처음 말할 것 나의 질문 조용히 숨길 것 나만의 차별화 두 번 강조할 것 구체적으로 말할 것

Behavioral question은 STAR를 기억하라.

Behavioral question이란 특정 상황에서 지원자가 취했던 과거 행동에 대한 질문이다. 이 질문을 통해 지원자가 장차 업무에서 일어나는 문제를 어떻게 해결할지 예상한다. 대개 아래 문장들로 시작된다.

Give me an example of···

Tell me about a time when you can···

Describe a situation in which···

Behavioral question은 지원하는 job이 어떤 일을 하는지 사전에 조사하면 예상할 수 있다.

답은 STAR의 순서로 대답하라.

1. Situation: 당시 정황을 정리, Who, Why, What, Where, What and How
2. Task: 내가 맡은 임무, 역할을 한 문장으로 표현
3. Action: 나의 조치나 행동
4. Result: 나의 action으로 얻은 결과, 지원하는 job에서 필요로 하는 강점

(영어 표현은 Chapter 19, 상황대처에 대한 질문 편 참조)

나를 논리적으로 보이는 Framework의 힘

면접뿐만이 아니라 입사 후에도 윗사람 앞 혹은 중요한 자리에서 나의 말을 정돈해 줄 반듯한 틀(Framework)을 갖고 있으면, 말을 바닥에 흘리지 않고 깔끔하게 담아서 논리적으로 전할 수 있다. 예상 질문들을 펼쳐 놓고 유형을 분류해서 어떤 순서로 답을 할지 미리 정한다. 이 훈련은 향후 회사의 미팅에서 논리적으로 자신의 의사표현을 하는 데도 상당히 도움이 된다.

What, How, Why, Who로 시작하는 질문은 결론을 먼저 말한다.
흔히 묻는 classic한 질문들은 위 의문사들로 시작한다.
이 질문들은 〈결론 – 증거와 이유 – 결론을 강조〉하는 순서로 말한다.

예) **Why should we hire you?**
1. 저는 이 업무에 적임자입니다. 왜냐하면…
2. 요구사항이 많은 비즈니스환경에서 프로젝트 관리 역량을 익혔습니다.
3. 저의 이러한 기술은 어떤 조직에서도 이득이 될 것이며, 이것이 저를 고용하셔야 하는 이유입니다.

1. 결론
2. 결론의 근거
3. 결론을 다시 강조

1. I am the right person for this position because…
2. I've developed project management skills under demanding business environments.
3. I believe my skills are essential to your organization and this is why you should hire me.

"난 내가 좋아."

01 **Strengths** 나의 강점
02 **Weakness** 나의 약점
03 **Experiences** 나의 경험
04 **Career Goals** 커리어 목표
05 **My Questions** 나의 질문
06 **Philosophy** 일 철학

07 **Expressions I have to say**
　　꼭 사용할 멋진 표현들
08 **What I know about the company**
　　지원회사에 대한 조사
09 **Why I am applying for** 지원동기
 + 매우 난감한

01 나의 강점

My strength is _____.

- my positive attitude towards work
- my ability to communicate with others effectively
- my strong responsibility for my assigned work

　지원회사와 업무에서 필요한 역량 강조
　(*Chapter P & Part 5, 6 참조)

02 나의 약점

My weakness is that _____.

- I should have fixed deadlines
- I am less confident in speaking in public

　지원업무 수행과 관계없는 단점
　(*Chapter 10 참조)

03 나의 경험

Through _____,
I learned _____.

- my sport activities at college/
　how to work with others as a team
- overseas volunteer work/
　how to interact with different cultures

Through my previous work experience,
I developed _____.

- communication skills for resolving conflicts
- the ability to work under deadline pressure

　자신의 무엇을 selling할지 정하고 구체적
　경험을 정리 (*Chapter 1, 11 & Part 6 참조)

Part 1

04 나의 장래목표

My ultimate goal is _____.
- being a real expert in marketing
- being a professional in PR

↳ 내 인생목표가 이 기업에도 득이 되는지 점검,
아니면 오답 (*Chapter 12, 13 참조)

05 면접관에게 물을 질문들

To an HR manager (인사담당자)
- What personal characteristics do you
  value most for working at your company?

To a supervisor (실무진 혹은 직속상사)
- What is your vision for your department
  over the next three years?

↳ 반드시 사전에 질문을 준비하고 질문할 것
(*Chapter 17 참조)

06 나의 일, 성공철학, 동기부여

My philosophy toward work is
_____.
- to become the best at my work
- to achieve constant success

↳ '어떻게 일을 잘할 것인가?'라는 질문을 스스로
묻고 그 답을 짧게 정리 (*Chapter 3, 11 참조)

07 꼭 사용할 표현

- I am eager to learn new things and
  become a true professional.
- I hope you can give me the chance to
  prove myself at your organization.

↳ 나의 열정을 강하게 appeal하는 표현,
못 알아들었을 때 등, 꼭 사용할 표현
(*Chapter 11, 31 참조)

08 지원회사에 대한 나의 조사

- Your company has built a worldwide
  reputation for ~
- Your company produces a wide range of
  products, including ~

↳ 산업영역, 매출, 주력상품, 고객 등 사전조사
정리(*Part 1-6, Chapter 11 참조)

09 지원동기

I learned that this company _____.
- is one of the best companies to work for
  as a future marketer

I am passionate about _____.
- creating innovative products for our
  customers

**For these reasons, I am eager to work
at your company.**

↳ 회사에 관한 조사내용과 자신의 역량,
열정을 함께 표현 (*Chapter 11 참조)

+ 당황 질문들

- 야근, 이직사유, 예상급여
- 나의 경험부족, 고용이유
- 다른 회사 지원 여부
- 갈등해결, 상황질문들(~했던 때)
- 그림설명

↳ 반드시 사전에 질문을 준비하고 질문할 것
(*Part 7: Type 3, Part 3 참조)

English
Interview

Part 2

영어면접에서
자주 묻는 질문들

Tell Me About Yourself.

Chapter 01

Tell me about yourself.
자기소개를 해보세요.

66

자칫하면 처음부터 산으로 간다.

99

01 Tell Me About Yourself.
자기소개를 해보세요.

시간을 정해주지 않으면 3분 정도
간략하게, 초면인 사람과의 첫 10분이
가장 긴장되는 법, 많이 연습하시길.

질문의도

자기소개는 신입사원에게 특히 묻는 첫 질문이다. 자기소개를 통해 확인하고 싶은 것은
대략 3가지, 지원자의 적성과 성격(personality), 준비 정도(preparation), 자신을 표
현하는 대화기술(communication skill)이다. 이 답변을 통해 얻은 개요로 그 뒤에 이
어지는 질문들의 톤(tone)을 조정하기 때문에, 면접관을 도와주는 질문이기도 하다.

답변전략

자기소개는 나의 역사를 말하는 것이 아니라, 면접관의 관심사항만을 프로페셔널하게
요약해서 말한다. 전공, 학력, 관련된 업무 경험, 자신의 강점, 긍정적 성격, 커리어 목
표 중 3~4가지 정도를 골라서 지원하는 job에 해당하는 내용만 말하라.

학력,
전공
성격
일과
관련된
신념
지원계기
기술과
경험
업무경력,
최근 상황

신입은 지원동기와 열정을 강조, 경력은 지원업무가 필요로 하는 업무경력, 기술과 훌
륭한 업무습관(work habit)을 강조한다.

즉, 면접에서 자기소개는 "Briefly show me why you are the best candidate."의 뜻이다.
왜 다른 후보자들이 아니라 나를 우선으로 뽑아야 하는가의 짧은 스냅샷을 보여주는 것
을 목적으로 하라.

Job Interview에서 자기소개를 위한 My Profile

Educational Background

My Value, Belief, Philosophy, Principle

How I become Apply for the job

My Experiences Relevant to The Job

Personality

CURRENT POSITION

STRENGTHS

Skills
(Stick to job-focused skills)

WORK HISTORY

Interest, Career Goals

첫 소개부터 프로페셔널로서 달려라.

Educational Background

졸업한 경우

대학에서 ~전공을 하였습니다.

> I majored in 전공 at 대학 University.
>
> I have a degree in 전공 from 대학 University.

대학에서 ~과 ~을 복수전공하였습니다.

> I double majored in 전공1 and 전공2 at 대학 University.
>
> I majored in both 전공1 and 전공2 at 대학 University.

현재 학생일 경우

대학에서 ~전공을 하고 있습니다.

> I am a 전공 major at 대학 University.
>
> I am majoring in 전공 at 대학 University.

대학에서 ~과 ~을 복수전공하고 있습니다.

> I am double majoring in 전공1 and 전공2 at 대학 University.
>
> I am majoring in both 전공1 and 전공2 at 대학 University.

Examples ◉ MP3_001

졸업한 경우

대학에서 ~전공을 하였습니다.

I majored in* computer science at E University.

I have a degree in* computer science from E University.

저는 E대학에서 컴퓨터 공학을 전공했습니다.

* majored in 전공 at 대학교: ~대학에서 ~을 전공했다 / have a degree in 전공 from 대학교: ~대학에서 ~을 전공했다

대학에서 ~과 ~을 복수전공하였습니다.

I double majored in education and sociology at D University.

I majored in both education and sociology at D University.

저는 D대학에서 교육학과 사회학을 복수전공하였습니다.

현재 학생일 경우

대학에서 ~전공을 하고 있습니다.

I am an education major* at E University.

I am majoring in* education at E University.

저는 E대학에서 교육학을 전공하고 있습니다.

* major: ① 전공 ② 전공하는 학생 / be majoring in 전공 at 대학교: ~을 전공하고 있다

대학에서 ~과 ~을 복수전공하고 있습니다.

I am double majoring in education and sociology at D University.

I am majoring in both education and sociology at D University.

저는 D대학에서 교육학과 사회학을 복수전공하고 있습니다.

Philosophy of Life, Belief

짧은 시간에 한 사람을 파악하는 데는 그 사람이 믿고 있는 신념이 큰 도움이 된다. 인생관은 별도의 질문으로도 자주 묻는다. 여기서는 인생철학을, 일에 대한 철학은 Chapter 3에서 다루었으니 참고하시길.

Chapter 3에서 다루었으니 참고하시길.

Key Expressions

My philosophy of life is _____.
제 인생철학은 ~입니다.

My personal belief on life is _____.
제 인생에 대한 신념은 ~입니다.

Examples MP3_002

My philosophy of life is "Habit is second nature." So, I try to maintain good habits at work while correcting bad habits.
제 인생철학은 "습관이란 제2의 천성이다"입니다. 그래서 저는 업무에서 나쁜 습관은 고치고 좋은 습관을 유지하려고 합니다.

My philosophy of life is "Keep your promise." I never postpone my work to the next day.
제 인생철학은 "약속을 지킨다"입니다. 저는 절대 제 업무를 다음 날로 미루지 않습니다.

My personal belief on life is that I will only succeed when I am passionate about what I am doing.
저는 '오직 내가 하는 일에 열정이 있을 때 성공할 수 있다'는 신념을 가지고 있습니다.

My personal belief on life is "Respect yourself and others will respect you."
제 인생에 대한 신념은 "자신을 존경하라, 그러면 다른 사람도 너를 존경할 것이다"입니다.

My personal belief on life is "Attitude is everything."
제 인생에 대한 신념은 "모든 것은 상황을 대하는 태도에 달려있다"입니다.

Interest & Career Goals

Key Expressions

I have a strong(genuine) interest in _____.
저는 ~분야에 강한(진심으로) 흥미를 갖고 있습니다.

I am really passionate about ~ing _____.
저는 ~에 대해 열정을 갖고 있습니다.

I've always been interested in _____.
저는 항상 ~분야에 흥미를 갖고 있었습니다. (일정 기간 지속적인 관심)

I am interested in all aspects of _____, especially _____.
저는 ~의 모든 분야에 관심이 있습니다만, 특별히 ~에 관심이 있습니다.

Examples ⦿ MP3_003

I have a strong interest in the fashion business.
저는 패션산업에 강한 흥미를 갖고 있습니다.

I have a genuine interest in improving the lives of others.
저는 사람들의 생활을 향상시키는 데 진심으로 흥미를 갖고 있습니다.

I am really passionate about developing innovative products.
저는 혁신적인 상품개발에 열정을 갖고 있습니다.

I've always been interested in understanding consumers' buying behavior.
저는 항상 고객의 소비 행동을 이해하는 데 흥미를 갖고 있었습니다.

I am interested in all aspects of web design, especially computer graphics.
저는 웹 디자인 모든 분야에 흥미가 있습니다만, 특별히 컴퓨터 그래픽에 관심이 있습니다.

I am interested in all aspects of application development, especially security programs.
저는 애플리케이션 개발의 모든 분야에 흥미가 있습니다만, 특별히 보안프로그램에 관심이 있습니다.

전공과 커리어 목표를 한 문장으로 표현하는 예

Key Expressions

단문과 복문 사이? 말을 잘하는 사람은 한 문단에 7개의 단문과 1개의 복문을 사용한다는 통계가 있다. 그렇게까지는 아니더라도 적절한 문장 연결과 단문, 복문의 조합이 유창한 영어로 들린다. 자신의 전공과 커리어 목표를 한 문장으로 쉽게 연결해서 표현해본다.

현재 학생일 경우

I am a 전공 major with a strong passion to work in the 산업 industry.
저는 ~산업에서 일하기를 강하게 열망하는 ~전공자입니다.

I am a 전공 major with a strong desire to develop my career in the 산업 industry.
저는 ~산업에서 경력을 개발하기를 강하게 열망하는 ~전공자입니다.

졸업한 경우

I am a 전공 graduate, looking to build my career in the 산업 industry.
저는 ~산업에서 경력을 개발하고자 하는 ~을 전공한 사람입니다.

I am a 전공 graduate with a strong passion to work in the 산업 industry.
저는 ~산업에서 일하기를 강하게 열망하는 ~을 전공한 사람입니다.

Examples   MP3_004

현재 학생일 경우

I am a computer science major* with a strong passion to work in the IT industry.

저는 IT산업에서 일하기를 강하게 열망하고 컴퓨터 공학을 전공합니다.

* major: (특정 분야를) 전공하는 학생

I am an economics major with a strong desire to develop my career in the fashion industry.

저는 패션산업에서 제 경력을 개발하기를 강하게 열망하고 경제학을 전공합니다.

졸업한 경우

I am an economics graduate*, looking to build my career in the fashion industry.

저는 패션산업에서 제 경력을 쌓고자 하는 경제학 전공자입니다.

* graduate: 대학 졸업자

I am a computer science graduate with a strong passion to work in the distribution industry.

저는 유통업에서 일하기를 열망하는 컴퓨터 공학 전공자입니다.

Relevant Experiences

신입 편

~하는 기회가 있었습니다.

I had a chance to _____.

저는 ~하는 기회가 있었습니다.

I had an opportunity to _____.

저는 ~하는 기회가 있었습니다.

과거 경험을 통해 ~(나의 관심분야)을 알게 되었습니다.

Because of that experience, I learned that _____.

그 경험 덕분에 제가 ~을 알게 되었습니다.

I have always been interested in _____, and my interest in _____ developed greatly during _____.

저는 항상 ~에 흥미가 있었는데, ~에 대한 관심은 ~동안에 더욱 커졌습니다.

그 이후로 저의 ~(관심, 경험, 학업)의 대부분은 이 산업에 집중되었습니다.

Ever since, most of my _____ and _____ have centered around this industry.

그 이후로 저의 ~와 ~는 이 산업에 집중되었습니다.

Examples ● MP3_005

~하는 기회가 있었습니다.

I had a chance to interact with customers face to face.

저는 고객들을 직접 대하는 기회가 있었습니다.

I had a chance to work with people from other cultures during my volunteer work.

저는 자원봉사를 하는 동안 다른 문화의 사람들과 함께 일하는 기회가 있었습니다.

I had an opportunity to deal with customer concerns at a call center* when I worked part time.

제가 콜 센터에서 아르바이트를 할 때 고객의 문제를 다루는 기회가 있었습니다.

* call center: 전화로 고객에게 응대하는 창구

과거 경험을 통해 ~(나의 관심분야)을 알게 되었습니다.

Because of that experience, I learned that I have a passion for product development.

그 경험 덕분에, 제가 상품개발에 대한 열정이 있음을 알게 되었습니다.

Because of that experience, I learned that I have a passion for creating innovative products.

그 경험 덕분에, 제가 혁신적인 상품개발에 대해 열정이 있음을 알게 되었습니다.

I have always been interested in helping with people's issues, and my interest in customer service developed greatly during a summer part time job.

저는 사람들의 문제를 도와주는 것에 항상 흥미가 있었는데, 여름 아르바이트를 하면서 고객 서비스에 대한 흥미가 훨씬 커졌습니다.

그 이후로 저의 ~(관심, 경험, 학업)의 대부분은 이 산업에 집중되었습니다.

Ever since, most of my experience and study have centered around this industry.

그 이후로 저의 경험과 학업은 이 산업에 집중되었습니다.

Ever since, most of my interest and career goals have centered around this industry.

그 이후로 저의 관심과 커리어 목표는 이 산업에 집중되었습니다.

경력 편

경력사원은 자신의 업무경험을 지원하는 job의 요구와 연결한다.

저의 ~과 ~을 적용할 수 있는 업무에 관심이 있습니다.

I am especially looking for a position where I can apply my 전문경험, 강점 혹은 기술.

저는 특별히 ~을 적용할 수 있는 일을 찾고 있습니다.

I am especially interested in a position where I can apply my 전문경험, 강점 혹은 기술.

특별히 저의 ~을 적용할 수 있는 일에 관심이 있습니다.

저는 ~업계(산업)에서 ~년 차의 경력을 갖고 있습니다.

I have worked in the 산업 industry for 연차 years.

저는 ~산업에서 ~년 차입니다.

I have worked in the 산업 industry for 연차 years, specializing in 전문분야.

저는 ~을 전문분야로 ~산업에서 ~년 근무했습니다.

I have 연차 years of experience (as a 직책) in the 산업 industry.

저는 ~업계에서 (~로서) ~년의 업무경력을 갖고 있습니다.

나는 ~의 업무경력을 갖고 있습니다.

My background includes everything from 업무의 예 to 업무의 예.

제 업무경력은 ~에서 ~까지 전반적인 모든 것을 포함합니다.

I have a strong background in 업무 혹은 소속된 산업.

저는 ~분야에 훌륭한 경력을 갖고 있습니다.

Examples ● MP3_006

저의 ~과 ~을 적용할 수 있는 업무에 관심이 있습니다.

I am especially looking for a job where I can apply my work experience.

특별히 저의 실무경험을 적용할 수 있는 직책을 찾고 있습니다.

I am especially looking for a position where I can apply my experience in application development

특별히 제 애플리케이션 개발의 경험을 적용할 수 있는 직책을 찾고 있습니다.

I am especially interested in a position where I can apply my project management skills.

특별히 제 프로젝트 관리기술을 적용할 수 있는 직책에 관심이 있습니다.

저는 ~업계(산업)에서 ~년 차의 경력을 갖고 있습니다.

I've worked in IT (Information Technology) **for 5 years.**

저는 IT 업계에 5년간 종사했습니다.

I have worked in IT **for 6 years, specializing in** security software development.

저는 보안 소프트웨어 개발을 전문으로 IT 업계에 6년간 근무했습니다.

I have 6 **years of** sales **experience in the** banking **industry.**

저는 은행업계에서 6년의 영업경력을 갖고 있습니다.

I have 7 **years of experience as a** manager **in the** hotel **industry.**

저는 호텔업계에서 매니저로서 7년의 경력을 갖고 있습니다.

나는 ~의 업무경력을 갖고 있습니다.

마케팅과 광고 업무의 예

My background includes everything from understanding and developing marketing concepts **to** designing promotional advertisements for clients.

제 업무경력은 마케팅 컨셉의 이해 및 개발과 고객을 위한 광고 디자인까지를 전반적으로 포괄하고 있습니다.

IT 업무의 예

My background includes everything from understanding clients' requirements and designing, **to** implementing IT solutions.

제 업무경력은 고객요구를 이해, 디자인부터 IT 솔루션을 구축하는 것까지의 모두를 전반적으로 포괄하고 있습니다.

My background includes everything from developing employee training programs and staffing, **to** creating compensation plans.

제 업무경력은 직원교육 프로그램 개발, 인력채용부터 보수체계를 만드는 것까지의 전반적인 것을 포괄하고 있습니다.

I have a strong background in sales and business development.

저는 영업과 사업 개발 분야에 훌륭한 경력을 갖고 있습니다.

I have a strong background in all aspects of software development.

저는 소프트웨어 개발의 전반적인 부분에 대해 훌륭한 경력을 갖고 있습니다.

I have a strong background in computer science, with both a degree and good training in the field.

대학 학위와 현장에서 훌륭한 훈련과 함께, 컴퓨터 공학 분야에 훌륭한 경력을 갖고 있습니다.

영어로 유통업은?
Retail vs. Distribution

Retail과 Distribution을 유통업이라고 같게 해석하는 경우가 있다. 그러나 누구에게 유통하는가에 따라 영어단어는 다르다.
Retailers는 직접 최종 소비자에게 상품을 판다. Distributors는 도매로 Retailers에게 물건을 대량 판매하는 산업이다. 즉, Manufactures → Distributors → Retailers → Customers로 유통된다. 따라서 지원회사의 유통 대상에 따라 다른 영어단어를 선택해야 한다.

Skills

자기소개를 해보세요

My skills include knowledge of _____ and _____ skills.
저는 ~에 대한 지식과 기술을 가지고 있습니다.

I am good at all aspects of _____.
저는 ~의 전반적인 부분에 대해 잘합니다.

I am strong* in all aspects of _____.
저는 ~의 모든 면에 능숙합니다.
* strong: 우수한, 역량이 있는 Ex) She is ~ in English. 그녀는 영어에 능숙하다.

I have expertise* in _____ and experience in _____.
저는 ~분야의 전문지식과 ~경험이 있습니다.
* expertise: 직업상의 전문지식

I have a good understanding of _____.
~에 대해 잘 알고 있습니다.

Examples ● MP3_007

My skills include knowledge of programming languages and good communication skills.
저는 프로그래밍 언어에 대한 지식과 훌륭한 의사소통 기술을 가지고 있습니다.

I am good at all aspects of Power Point and Excel.
저는 파워포인트와 엑셀에 대해 전반적으로 능숙하게 다룰 수 있습니다.

I am strong in all aspects of software development.
저는 소프트웨어 개발의 모든 부분에 걸쳐 훌륭한 경력을 갖고 있습니다.

I have expertise in insurance products and experience in sales.
저는 보험상품에 대한 전문지식과 영업경력을 갖고 있습니다.

I have a good understanding of web design and development.

저는 웹 디자인과 개발에 대해 잘 알고 있습니다.

I have a good understanding of the FMCG* industry.

저는 소비재 산업에 대해 충실한 이해를 하고 있습니다.

Fast moving consumer goods (FMCG)은 빠르게 판매되며 크기가 작고, 가격이 저렴한 소비재를 말한다. 쉽게 말해 슈퍼마켓에서 파는 물건들, 과자, 음료수, 라면, 기저귀 등이 해당한다. 대표적인 글로벌 FMCG 회사는 코카콜라, P&G, 펩시, Nestle, Unilever, L'Oreal 등

Greetings

Examples ● MP3_008

자기소개와 덧붙이는 짧고 정중한 인사

I am very glad to be here for this interview.

이 인터뷰의 기회를 얻게 되어 진심으로 기쁩니다.

I would love to hear more about your company through this interview.

이 인터뷰를 통해 저는 귀사에 대해 더 많은 것을 듣고 싶습니다.

Answer Sample 1

신입 편: 긍정적인 성격, 철학과 열정을 강조한 예

I am a computer science major at E University. My belief on life is that I will only succeed when I am passionate about what I am doing. I have always been interested in computer science, and my interest in IT developed greatly during a summer intern program. Ever since, most of my experience and study have centered around this industry. I am really passionate about building my career in the IT business, and I would love to hear more about this company.

저는 E대학에서 컴퓨터 공학을 전공하고 있습니다. 저는 오직 내가 하는 일에 열정이 있을 때 나는 성공할 수 있다는 신념을 가지고 있습니다. 컴퓨터 공학에 항상 흥미가 있었는데, 여름 인턴십 동안 IT 분야에 대한 관심이 더욱 커졌습니다. 그 이후로, 제 경험과 학업 대부분은 IT 산업에 집중되었습니다. 진심으로 IT 산업에서 경력을 쌓기를 열망하며, (이 인터뷰를 통해) 귀사에 대해 더 많은 것을 알고 싶습니다.

Tip. 신입에게 열정만한 자산(asset)이 없다. 기업이 신입을 채용하는 것은 그들만이 가진 열정 때문이다. 인생철학, 신념과 지원 계기를 동원하여 나의 열정을 selling한다.

Answer Sample 2

신입 편: 일에 대한 신념, 관련 경험과 지원동기를 강조한 예

I am an education graduate with a strong passion to work in the retail industry. My philosophy towards work is that "The quality of my work represents who I am." This makes me very task oriented. Since I was a college freshman, I've had a job every summer at retail stores. I had a chance to interact with consumers face to face. Because of that experience, I learned that I have a passion for understanding how a brand can affect consumers' buying behaviors. I am really passionate about developing my career in marketing.

저는 유통산업에서 일하기를 열망하는 교육학 졸업생입니다. 저의 일에 대한 철학은 "내가 해내는 일의 수준이 내가 누구인가를 대변한다"이며, 이는 제가 업무 중심이 될 수 있도록 영향을 주었습니다. 대학 1학년 이래, 저는 매 여름 소매업체에서 일을 했습니다. 그래서 손님을 직접 대하는 기회를 가질 수 있었습니다. 이 경험을 통해, 하나의 브랜드가 어떻게 소비자의 구매결정에 영향을 주는지 흥미를 갖게 되었습니다. 저는 마케팅에서 커리어를 쌓기 열망합니다.

Tip. 일에 대한 철학은 나의 프로 근성을 보여 줄 수 있다. 위 예처럼 전공이 지원분야와 다를 때, 답변 준비는 하되, 먼저 말할 필요는 없다. 중요하게 생각하지 않는 상사도 많고, 필요하면 별도로 묻는다.

Answer Sample 3

신입 편: 긍정적인 성격, 철학과 열정을 강조한 예

I am a history major at S University. During my college days, I often traveled abroad to experience different cultures. Because of that experience, I learned that how the food of one's culture can improve the image of its country. I am passionate about creating a product that represents Korean wisdom about food. My strength is that I take my responsibility seriously. I am really looking forward to working at an energetic company like yours.

S대학에서 역사를 전공하고 있습니다. 대학시절, 저는 타 문화를 경험하기 위해 자주 해외여행을 했습니다. 이 경험 덕분에, 한 문화의 음식은 어떻게 그 나라의 이미지를 향상시키는가를 알게 되었습니다. 음식에 대한 한국의 지혜를 대표하는 상품을 만드는 것에 열정을 갖고 있습니다. 저의 강점은 업무에 대한 책임을 진지하게 받아들이는 점입니다. 저는 진심으로 귀사와 같이 에너지가 넘치는 회사에서 일하기를 바랍니다.

Tip. 면접관에게 다음 질문의 힌트를 줘라. 면접관은 이 답을 듣고 다음 질문으로 여행한 나라 중에서 어느 나라가 인상 깊었는지를 묻기 쉽다. 즉, 자기소개에 한 답변내용은 구체적인 예를 준비한다.

Answer Sample 4

경력 편: 지원업무에 대한 학력, 화려한 업무경력을 강조한 예

I am currently a Marketing Manager at B company. I have a strong background in marketing both educationally and professionally. I have a bachelor's degree in consumer science from Y University. I have worked in the advertising industry for 5 years, specializing in sports marketing. My background includes everything from understanding, developing marketing concepts, to designing promotional advertisements for clients. I am especially looking for a Marketing Manager position at your company where I can apply my professional experience. I would love to hear more about this opportunity.

저는 현재 B사의 마케팅 매니저로 근무하고 있습니다. 저는 마케팅 분야에 훌륭한 학력과 업무경험을 모두 갖고 있습니다. 저는 Y대학에서 소비자 과학을 전공했고, 광고업에서 스포츠 마케팅을 전문으로 하여 5년간의 경력을 쌓았습니다. 제 업무경험은 마케팅 컨셉을 이해하고 개발하는 것에서부터 고객을 위한 광고기획까지의 전반적인 것을 포함하고 있습니다. 특별히 제 업무경험을 적용할 수 있는, 귀사의 마케팅 매니저 직에 관심이 있습니다. 이번 채용에 대해 더 많은 것을 알고 싶습니다.

Tip. 경력사원은 지원업무와 무관한 경험은 생략할 수 있다. 대신에 관련된 업무와 핵심 역량을 구체적으로 강조한다.

Answer Sample 5

I am currently a Sales Specialist at B Insurance Company. I have 7 years of professional experience in the insurance industry. My personal belief on life is "Respect yourself and others will respect you." This belief gives me self confidence when dealing with clients. My strengths are my commitment to clients and good communication skills. This has resulted in increased sales for the companies I have worked for. I am especially interested in a Sales Manager position at your company where I can apply my sales experience. I would love to hear more about this opportunity.

현재 B 보험회사에서 영업전문가로서 근무하고 있습니다. 보험산업에서 7년의 경력을 갖고 있습니다. 제 인생에 대한 신념은 "자신을 존경하라, 그러면 다른 사람도 너를 존경할 것이다"입니다. 이러한 신념은 고객을 대할 때 자신감을 갖도록 합니다. 제 강점은 고객에 대한 헌신과 훌륭한 의사소통능력입니다. 이는 제가 근무한 회사들의 영업이윤 증가를 가져왔습니다. 저의 실무경험을 적용할 수 있는 귀사의 영업매니저 직책에 특별히 관심이 있습니다. 이번 채용에 대해 더 많은 것을 듣고 싶습니다.

Tip. 경력사원은 고민할 것이 없다. 철저하게 지원업무와 관련된 업무경력, 프로페셔널로서 훌륭한 직무습관과 강점을 강조한다.

Why Did You Choose Your Major?

Chapter 02

Why Did You Choose Your Major?

전공을 선택한 이유는 무엇입니까?

" 서로 초면, 좋은 이유를 말하라. "

Why Did You Choose Your Major?
전공을 선택한 이유는 무엇입니까?

질문의도

지원자의 전공을 선택한 이유를 들어보면, 대학생활에 대한 전체적인 느낌을 알 수 있다. 자신의 진로를 선택하는 데 어떤 기준과 신념으로 정했는지, 그리고 커리어를 정하는 지원자의 성숙도를 확인한다.

답변전략

장래목표와 연결해서 긍정적으로 답한다. 자신이 원해서 선택한 전공이 아닌 경우도 많을 것이다. 그러나 초면인 면접관에게 성적 때문에 지금 전공을 선택하게 되었다, 혹은 잘 모르고 선택했다, 등은 불필요하게 자세한(?) 정보를 주는 것이다. 소개팅에서 초면인 이성이 "형제가 어떻게 되세요?"라고 물으니 "동생이 한 명 있는데 집을 나갔어요."라고 하는 것과 같다. "동생이 한 명 있습니다."면 그 상황에서는 이미 충분하다.

74

Key Expressions

I chose _____ as my major because I _____.

저는 ~하기 때문에 ~을 전공으로 선택했습니다.

This has been my dream since I was _____.

이것은 제가 ~때부터 저의 꿈이었습니다.

Examples   ● MP3_010

I chose Industrial Design as my major because I wanted to make better products through design.

저는 디자인을 통해 더 나은 상품을 만들고 싶었기 때문에 산업디자인과를 전공으로 선택했습니다.

I chose Economics as my major because I thought it offered a broad range of career options.

저는 경제학이 폭넓은 커리어 선택을 제공한다고 생각했기 때문에 전공으로 선택했습니다.

I chose Electronic engineering as my major because I wanted to be an engineer. This has been my dream since I was a child.

저는 엔지니어가 되고 싶었기 때문에 전기공학을 전공으로 선택했습니다. 이것은 제가 어릴 때부터 꿈이었습니다.

I chose Mathematics as my major because I was good at math.

저는 수학을 잘했기 때문에 전공으로 선택했습니다.

Answer Sample 1

I chose the humanities as my major because I have a genuine interest in understanding people. I think studying literature is a great way to understand people deeply. Also, English was my favorite subject. This is why I choose English literature as my major.

저는 사람을 이해하는 것에 순수한 관심이 있어서 인문학을 전공으로 선택했습니다. 저는 문학을 공부하는 것이 사람을 깊게 이해하는 훌륭한 방법이라고 생각합니다. 또한 영어는 제가 제일 좋아하는 과목이었습니다. 이것이 제가 영문학을 전공으로 선택한 이유입니다.

Answer Sample 2

I chose Mathematics as my major because I was good at math. Math has lots of logic and requires me to think logically. This is a foundation skill to be an engineer. Math was a good choice for my career.

저는 수학을 잘했기 때문에 전공으로 선택했습니다. 수학은 많은 논리를 갖고 있고 제가 논리적으로 생각하도록 합니다. 이는 엔지니어가 되기 위한 기본 기술입니다. 제 커리어를 위해 좋은 선택이었습니다.

Answer Sample 3

I chose Computer Science as my major because IT makes our lives enjoyable, and I wanted to be part of it. I still have this dream. I am eager to be an expert in the IT industry.

IT가 우리의 생활을 더욱 즐겁게 하며 그 일에 동참하고 싶었기 때문에, 저는 컴퓨터공학을 전공으로 선택했습니다. 여전히 이 꿈을 갖고 있습니다. 저는 IT 산업에서 전문가가 되기를 열망합니다.

Answer Sample 4

I chose Sociology as my major because I wanted to learn about society, the most complicated community in our lives. However, while I was taking classes at college, I became interested in business as well, especially in organizational behavior. So, I studied management as my minor.

저는 우리 삶에서 가장 복잡한 공동체인 사회에 대해서 배우고 싶었기 때문에 사회학을 전공으로 선택했습니다. 그러나 대학에서 수업을 받으면서 경영, 특별히 조직 행동에도 관심을 두게 되었습니다. 그래서 경영학을 부전공으로 공부했습니다.

What Is Your Philosophy Towards
Work?

Chapter 03

What Is Your Philosophy Towards Work?

당신의 철학은 무엇입니까?

" 진짜 철학을 말하지 않아도 된다. "

03 What Is Your Pilosophy Towards Work? 당신의 철학은 무엇입니까?

질문의도

면접관이 직업에 대한 철학을 묻는다고 해서 어떤 현학적인 답변을 기대하는 것이 아니다. 이 질문의 정확한 의미는 '당신은 어떻게 일을 잘할 것인가?'이다. 내가 일을 수행하는 데 중요하다고 생각하는 가치나 방법을 짧고 명료하게 말하면 된다.

답변전략

내가 일을 수행하는 데 가장 중요하게 생각하는 것은 무엇인가? 중요한 것은 나의 일 철학이 지원회사와 업무에 도움이 되어야 한다는 점이다. 이 질문을 별도로 묻지 않더라도 다른 질문의 답에 적절하게 언급하는 것도 강한 신뢰감을 줄 수 있다. 미리 준비해서 좋은 타이밍에 자신의 일에 대한 철학을 말해보자.

Work Hard! Play Hard!

Key Expressions

저의 일에 대한 철학은 ~입니다.

My philosophy towards work is to _____.
저의 일에 대한 철학은 ~입니다.

I think that _____ **is the starting point of all success.**
저는 ~이 모든 성공의 시작이라고 생각합니다.

_____ **is an important phrase to me.**
~는 제게 중요한 구절입니다.

Examples 🔘 MP3_012

저의 일에 대한 철학은 ~입니다.

My philosophy towards work is to become the best at my work.
저의 일에 대한 철학은 제 분야에서 최고가 되는 것입니다.

My philosophy of work is to accept full responsibility for my work.
저의 일에 대한 철학은 맡은 업무에 최대한 책임감을 갖는 것입니다.

I think that completing my duties thoroughly first **is the starting point of all success.**
제가 맡은 일을 먼저 철저하게 수행하는 것이 모든 성공의 시작이라고 생각합니다.

'Great teamwork' **is an important phrase to me.**
'훌륭한 팀워크'는 제게 중요한 관용구입니다.

'Continual success' **is an important phrase to me.**
'지속적인 성공'은 제가 중요하게 생각하는 관용구입니다.

Answer Sample 1

Teamwork: 팀워크 1

My philosophy of work is "Teamwork makes dream work." I am aiming to be a strong team player. I want to create a positive influence on the performance of our team. In order to do this, I must do my work excellently first.

저의 일에 대한 철학은 '팀워크가 위대한 일을 해낸다'입니다. 저는 우수한 팀원이 되는 것을 목표로 하고 있습니다. 팀의 성과에 긍정적인 영향을 주고 싶습니다. 이를 위해서는 먼저 제가 맡은 업무를 탁월하게 수행해야 합니다.

Answer Sample 2

Teamwork: 팀워크 2

'Great teamwork' is an important phrase to me. I learned by experience that great teamwork is needed to achieve great success. 'Quality teams produce quality outcomes.' This is my philosophy of work.

'훌륭한 팀워크'는 제게 중요한 관용구입니다. 훌륭한 팀워크는 위대한 성과를 위해 필요함을 체험으로 알고 있습니다. '훌륭한 팀이 훌륭한 상품을 만든다.' 이것이 저의 일에 대한 철학입니다.

Answer Sample 3

Full Responsibility: 책임감

My philosophy of work is to accept full responsibility for my work. I think that completing my duties thoroughly first is the starting point of all success.

저의 일에 대한 철학은 맡은 업무에 대해 최대한 책임감을 갖는 것입니다. 우선 제 임무를 철저히 완수하는 것이 모든 성공의 시작점이라고 생각합니다.

나의 일에 대한 철학에 대해 생소하다면, Part 5. 산업별 면접전략 편에 있는 창의성, 팀워크, 도덕성 등의 다양한 표현들을 참조하세요.

Answer Sample 4

A Spirit of Success: 성공 정신

My philosophy towards work is to achieve constant success. Every success consists of learning from mistakes* and putting in persistent effort*. This is my philosophy of work.

저의 일에 대한 철학은 지속적인 성공을 이루는 것입니다. 모든 성공은 실수로부터 배우는 것과 지속적인 노력으로 이루어집니다. 이것이 저의 일에 대한 철학입니다.

* learn from mistakes: 실수로부터 배우다 / put persistent effort: 끊임없이 노력하다

Answer Sample 5

Be a Professional: 프로페셔널 정신

My philosophy of work is "Be a professional." My definition of a professional is a person who can contribute to the success of a team.

저의 일에 대한 철학은 '프로페셔널이 되는 것'입니다. 제가 생각하는 프로페셔널이란 팀의 성공에 기여할 수 있는 사람이라고 생각합니다.

Answer Sample 6

Think Creatively: 창의성

I have a "Think creatively" philosophy. Albert Einstein said it well. He said that problems cannot be solved by the same level of thinking that created them. I think that the best way to add value to* my work is to think and act creatively.

저는 '창의적으로 생각하라'는 철학을 가지고 있습니다. 알버트 아인슈타인이 이를 잘 말했습니다. 그는 문제를 일으키는 것과 똑같은 수준에서 생각한다면 그 문제들을 풀 수 없다고 했습니다. 나의 일에 가치를 더하는 최선책은 창의적으로 생각하고 실행하는 것으로 생각합니다.

* add value to: ~에 가치를 추가하다

Making a Difference

How Would You Describe Yourself in One Sentence?

자신을 한 문장으로 표현해보세요.

"
평생 못 잊을 한 문장이 되다.
"

질문의도

자신을 한 문장으로 혹은 형용사로 표현해보라고 자주 묻는다. 이 질문을 통해 지원자가 스스로를 어떤 사람으로 인식하는지를 본다. 면접관이 기대하는 답은 '프로페셔널로 성장할 자세가 되어 있고, 새로운 지식을 배우는 데 적극적이며, 일에 대한 열정이 있는' 등이다.

답변전략

나는 어떤 사람인지 긍정적인 성격을 생각해 보라. 조직의 일원으로서 자신은 어떤 사람인지 3개 정도의 형용사를 선택한다.

Key Expressions

자기소개에서 성격을 말할 때, 제대로 형용사를 선택해서 나열하는 것도 짧고 강한 impact를 줄 수 있다. 그러나 정식으로 '자신을 한 문장으로 표현하라'고 면접관이 요구한다면 세련되고 의미 있는 문장으로 표현하라.

I would describe myself as a(n) 형용사 person.

저는 스스로를 ~한 사람이라고 표현하고 싶습니다.

I am a(n) _____ who + 동사.

저는 ~하는 ~입니다.

Examples 🔘 MP3_014

I would describe myself as a creative and optimistic **person.**

저는 자신을 창의적이고 긍정적인 사람이라고 표현하고 싶습니다.

I am a self starter **who** is eager to* grow professionally.

저는 프로페셔널로서 성장하기를 열망하는, 자발적으로 행동하는 사람입니다.

* be eager to 동사원형: ~하기를 열망하다

I am an active risk-taker **who** is not afraid of taking on new challenges.

저는 새로운 도전을 두려워하지 않는, 적극적으로 도전하는 사람입니다.

* be not afraid of ~ing: ~하기를 두려워하지 않다

I am an optimistic person **who** believes that every problem has its solution.

저는 '모든 문제는 그 해결책이 있다'는 신념을 가진 긍정적인 사람입니다.

I am a positive thinker* **who** believes that heaven helps those who help themselves.

저는 '하늘은 스스로 돕는 자를 돕는다'는 신념을 가진 긍정적인 사람입니다.

* positive thinker: 긍정적으로 사고하는 사람 (88쪽 참조)

Answer Sample 1

I would describe myself as a person of action* because I do what I say I will.

제가 한다고 한 일은 해내기 때문에 실행력이 있는 사람이라고 스스로를 표현하고 싶습니다.

* a person of action: 실행력이 있는 사람

Answer Sample 2

I would describe myself as a professional who has high standards of excellence at work.

저는 일의 탁월함에 대해 높은 기준을 가진 프로페셔널이라고 스스로를 표현하고 싶습니다.

Answer Sample 3

I am a hard worker who makes every effort to succeed at my work.

저는 맡은 업무에서 성공하기 위해 최선을 다하는 노력가입니다.

Answer Sample 4

I am a responsible risk-taker who moves forward in the face of challenges.

저는 도전 앞에서도 전진해 나가는 책임감을 갖고 도전하는 사람입니다.

Answer Sample 5

I am an optimistic person who believes that every problem has its solution.

저는 모든 문제에는 그 해결책이 있다는 신념을 가진 긍정적인 사람입니다.

Answer Sample 6

I am a people person who is able to get to know new people.

저는 새로 만난 사람들과 쉽게 친해지는 사교성이 좋은 사람입니다.

Tip. 흔히 사용하는 진부한 표현보다는 자신만의 정비된 한 문장으로 상대에게 강한 impact를 준다.

'나는 이런 사람입니다.' 세련되게 표현하기

I am a(n) _____er.

- **active risk taker** 적극적으로 도전하는 사람
- **fast learner** 배우는 속도가 빠른 사람
- **hard worker** 열심히 일하는 사람
- **careful observer** 주의 깊게 관찰하는 사람
- **self starter** 자발적으로 행동하는 사람
- **positive thinker** 긍정적으로 생각하는 사람
- **creative thinker** 창의적으로 생각하는 사람
- **good listener** 남의 이야기를 주의 깊게 들어주는 사람
- **patient problem-solver** 인내력을 갖고 문제를 해결하려는 사람
- **responsible risk taker** (무모하지 않은) 책임감을 갖고 도전하는 사람

I am an active
risk taker!

더 유창하게는

```
I am _____ who is eager to _____.
         ↑                who believes that _____.
    a(n) 형용사 person 혹은                                    ↑
    a(n) _____er                        앞의 a(n) 형용사 person을 부연 설명
```

예문 1) a(n) + 형용사 + person의 표현

I am an organized person who keeps track of many details with priority.
저는 우선순위를 두고 많은 세부 업무를 수행하는 체계적인 사람입니다.

예문 2) a(n) _____er의 표현

I am a careful listener who is interested in helping with others' problems.
저는 다른 사람을 도와주는 것에 흥미가 있는, 주의 깊게 경청하는 사람입니다.

Tell Me About Your Personality.

성격에 대해 말해보세요.

Key Expressions

I am _____ and _____.

저는 ~하고 ~합니다.

I am a(n) _____ person.

저는 ~한 사람입니다.

Examples MP3_016

I am responsible and honest.

저는 책임감이 강하고, 정직한 사람입니다.

I am a creative person.

저는 창의성이 있는 사람입니다.

I am an optimistic and hardworking person.

저는 긍정적이고 열심히 노력하는 사람입니다.

I am a patient and reliable person.

저는 끈기 있고 신뢰할 만한 사람입니다.

I am a creative and optimistic person.

저는 창의적이고 긍정적인 사람입니다.

면접에 사용할 성격을 나타내는 형용사

1. adaptive (새로운 환경, 변화 등에) 적응을 잘하는
2. assertive 적극적인, 확신에 찬
3. committed 헌신하는
4. cooperative 협조적인
5. competent 역량이 있는
6. dedicated 헌신하는, 전념하는
7. determined 결정, 결심에 단호한
8. diligent 성실한, 부지런한
9. detail-oriented 세심한
10. energetic 정열적인, 에너지가 넘치는
11. enthusiastic 열정적인
12. focused 일에 집중력이 있는
13. goal-oriented 목표지향적인
14. hardworking 열심히 일하는
15. optimistic 긍정적인
16. passionate 열정적인
17. patient 끈기 있는
18. people-oriented 사람을 중시하는
19. persistent 끈기 있는
20. responsible 책임감이 있는
21. responsive 즉각 대응하는
22. result-oriented 결과중심의
23. self-motivated 스스로 동기를 부여하는
24. self-driven 스스로 알아서 추진하는

Tell Me about a Book You Read
Recently.

Chapter 05

Tell Me about a Book You Read Recently.

최근에 읽은 책을 말해보세요.

" 스토리를 야무지게 말하는 법 1 "

05 Tell Me about a Book You Read Recently. 최근에 읽은 책을 말해보세요.

It could happen to you. 당신에게도 일어날 수 있는 일

최고로 감명 깊게 읽은 책이었습니다.

그 책의 저자가 누구였습니까?

허... 그게...

질문의도

지원자의 독서에 대해서도 궁금하다. 그러나 더 중요한 질문의도는 가벼운 open questions으로 대화를 풀어나가는 의사소통능력, 스토리가 있는 내용을 간결하게 영어로 전하는 능력을 확인한다.

답변전략

Story가 있는 답변에서 주의할 점은 자칫 장황해질 수 있다는 것이다. 간결하고 조리 있게 말하는 구조를 가져라.

책이나 영화 줄거리 이외에도 open questions에 대해서는 말할 point를 잡고, 그것을 어떤 순서로 이야기할지 연습한다. 꼭 면접이 아니더라도 입사 후, 직원회의 등에서도 자신의 이야기를 전개하는 훈련은 필요하다. 그리고 원서를 읽은 경우, 책의 저자도 잊지 말 것.

Books

"최근에 읽은 책을 말해보세요."

1		2		3
책 제목, 저자 소개	→	책 내용 요약	→	나의 느낌

읽은 책에 대해 말하기의 예

1. A book I read recently _____.
2. The book is the story of _____.
3. I was very impressed by _____.

Key Expressions

책 제목, 저자 소개

A book I read recently is 책 제목 written by 저자.
요즘 읽은 책은 ～(저자)가 쓴 ～(책 제목)입니다.

* 감명 깊게 읽은 책을 묻는다면?

One of the most impressive books I've read is 책 제목.
제가 감명 깊게 읽은 책 중 하나는 ～(책 제목)입니다.

책 내용 요약

The book is the story of _____.
그 책은 ～의 이야기입니다.

The book shows _____.
그 책은 ～을 보여줍니다.

The book is a biography/report of _____.

그 책은 ~의 전기/보고서입니다.

The book is about _____.

그 책은 ~에 대한 것입니다.

나의 느낌

I was very impressed by _____.

저는 ~에 대해 깊은 감동을 받았습니다.

The book gave me a chance to rethink _____.

그 책은 ~을 다시 생각하도록 하는 기회를 주었습니다.

The book was very informative. It is a useful guide for me to _____.

그 책은 많은 정보가 있었습니다. ~하는 데 유용한 가이드입니다.

Examples ● MP3_017

책 제목, 저자 소개

A book I read recently is 'The Birth of Thoughts' written by Robert Bernstein.

최근 읽었던 책은 로버트 번스타인이 쓴 '생각의 탄생'입니다.

A book I read recently is 'Different' written by a professor at Harvard business school.

최근 읽은 책은 하버드 경영대학교 교수가 쓴 '디퍼런트'입니다.

* 감명 깊게 읽은 책을 묻는다면?

One of the most impressive books I've read is The Third Wave by Alvin Toffler.

앨빈 토플러가 쓴 '제3의 물결'이 제가 감명 깊게 읽은 책 중 하나입니다.

책 내용 요약

The book is the story of a young English man who went to fight in the Spanish Civil war.

그 책은 스페인내전에 참전했던 영국 젊은이의 이야기입니다.

The book shows why it is crucial for a company to differentiate itself from its competitors, using the case studies of IKEA, Google and Apple.
그 책은 이케아, 구글과 애플의 사례를 인용하여, 왜 기업이 경쟁자들로부터 차별화하는 것이 중요한가를 보여줍니다.

The book is a report of the trend in the outlook of the world in 10 years.
그 책은 10년 뒤의 세계 트렌드 전망에 대한 보고서입니다.

The book is about Toyota's reactions to the crisis.
그 책은 도요타의 위기에 대한 대응에 대한 것입니다.

나의 느낌

I was impressed by the author's keen viewpoints about the Spanish Civil war.
스페인내전에 대한 작가의 날카로운 관점이 제게는 인상적이었습니다.

I was impressed by the author's new viewpoints about the future of China.
중국의 미래에 대한 작가의 새로운 관점이 제게는 인상적이었습니다.

The book is very informative. It is a useful guide for me to understand an organization.
그 책은 많은 정보가 있습니다. 조직을 이해하는 데 유용한 가이드입니다.

The book is very informative. It is a useful guide for me to understand business in China.
그 책은 많은 정보가 있습니다. 중국에서의 비즈니스를 이해하는 데 유용한 가이드입니다.

The book gave me a chance to rethink the role of future marketers.
그 책은 미래 마케팅 종사자의 역할을 다시 생각하는 기회를 주었습니다.

The book gave me a chance to rethink global warming.
그 책은 지구 온난화를 다시 생각하는 기회를 주었습니다.

Answer Sample 1

A book I've read recently is 'Sparks of Genius' written by Robert Bernstein. The book is about the thinking skills of the world's most creative people. The author studied creative people in every field, from Einstein and Mozart to Virginia Woolf. The book shows how we can practice the same imaginative skills in our lives. It was a very impressive lesson that creativity is not born but cultivated by practice.

최근 제가 읽은 책은 로버트 번스타인이 쓴 '천재의 불꽃'이라는 책입니다. 이 책은 세계에서 가장 창의적인 사람들의 생각하는 기술에 관한 내용입니다. 저자는 아인슈타인과 모차르트에서 버지니아 울프에 이르기까지 모든 분야에서 창의적인 사람들을 연구했습니다. 이 책은 어떻게 같은 방법의 상상력 기술을 생활에서 훈련할 수 있는지를 보여줍니다. 창의력이란 가지고 태어나는 것이 아니라 훈련으로 개발되는 것이라는 점에서 매우 인상적이었습니다.

Answer Sample 2

A book I read recently is 'Toyota under Fire' by Jeffrey Liker. The book is about Toyota's reactions to the crisis. The company was hit by the recall crisis of 10 million vehicles in 2010. The company took action and renewed its commitment to its customer. I was impressed by how the company learned from a challenge and became stronger because of it.

제가 최근에 읽은 책은 제프리 라이커의 '화재 속의 도요타'입니다. 이 책은 도요타의 위기대처에 관한 내용입니다. 도요타는 2010년 1,000만 대의 리콜 위기에 당면했습니다. 회사는 신속하게 조처를 하고, 고객과의 약속을 회복했습니다. 저는 어떻게 회사가 위기에서 배우고 그로 인해 더 강해지는가에 감동을 받았습니다.

Tip. 면접관이 읽은 책에 대한 질문을 한다면 자신이 가장 selling하고 싶은 역량에 관련된 책을 말하는 것도 똑똑한 전략이다.

Answer Sample 3

A book I read recently is 'Conversation.' The book is the record of an interview with 리영희. He was a strong, honest journalist who pursued the truth during a time of turbulence. I respect him. His passionate life has greatly influenced my philosophy towards work.

최근에 읽은 책은 '대화'입니다. 이것은 리영희 님과의 인터뷰 기록입니다. 그는 격동의 시대에 진실을 추구했던 강직하고 정직한 저널리스트입니다. 저는 그를 존경합니다. 그의 열정적인 인생은 저의 일에 대한 철학에 큰 영향을 주었습니다.

Tip. 이 지원자의 답을 들은 면접관은 '그렇다면 당신의 일 철학이 무엇인가?'라는 follow-up 질문으로 물을 수 있다. 자신의 답으로 자연스럽게 다음 면접질문을 리드해보라.

Tell Me about a Movie You Saw Recently.

Chapter 06

Tell Me about a Movie You Saw Recently.

최근에 본 영화를 말해보세요.

"
스토리를 야무지게 말하는 법 2
"

06 Tell Me about a Movie You Saw Recently. 최근에 본 영화를 말해보세요.

혹은 *Have you seen any movie lately?*
What is the most recent movie you saw?

질문의도

가벼운 질문이지만, 지원자의 스토리가 있는 내용을 영어로 전하는 의사소통능력을 확인한다. 사전에 준비하지 않으면 의외로 실전에서 답변하기 어렵다.

답변전략

다시, 말하는 순서를 생각하라. 그리고 그 순서에 따라 조리 있게 한 문장씩 만들어본다.

Movies

"최근에 본 영화를 말해보세요."

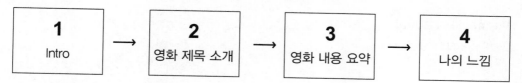

본 영화에 대해 말하기의 예

1. I like movies with good plots.
2. A movie I saw recently _____.
3. The movie is the story of_____.
4. I am very impressed by _____.

Key Expressions

Intro

I like 영화 장르 because _____.
저는 ~때문에 ~(영화 장르)를 좋아합니다.

I am a big fan of 영화 장르 혹은 배우.
저는 ~의 열렬한 팬입니다.

영화 제목 소개

A movie I saw recently is 영화 제목.
최근에 본 영화는 ~입니다.

My favorite movie is 영화 제목 starring 배우.
제가 좋아하는 영화는 ~가 출연한 ~입니다.

Chapter 06

최근에 본 영화를 말해보세요.

영화 내용 요약

The movie is the story of _____.

그 영화는 ~에 대한 이야기입니다.

The movie is about _____.

그 영화는 ~에 대한 것입니다.

나의 느낌

I was especially impressed by _____.

저는 특별히 ~에 대해 감동을 받았습니다.

I really enjoyed the movie because _____.

저는 ~때문에 그 영화를 매우 즐겼습니다.

Examples MP3_019

Intro

I like comedy movies **because** they're fun.

저는 즐거움을 주기 때문에 코미디 영화를 좋아합니다.

I like films based on books **because** they have good plots.

저는 좋은 이야기 구성 때문에 책을 원작으로 하는 영화를 좋아합니다.

I am a big fan of black-and-white movies.

저는 흑백영화의 열렬한 팬입니다.

I am a big fan of 송강호.

저는 송강호의 열렬한 팬입니다.

I like movies with good plot twists*.

저는 줄거리에 반전이 있는 영화를 좋아합니다.

* plot twists: 영화 등 이야기의 반전

영화 제목 소개

A move I saw recently is 'Doubt' **starring** Meryl Streep.

최근에 본 영화는 메릴 스트립 주연의 '다우트'입니다.

A movie I saw recently is 'The Devotion of Suspect X.'

최근에 본 영화는 '용의자 X의 헌신'입니다.

My favorite movie is 'The Sixth Sense' **starring** Bruce Willis.

제가 좋아하는 영화는 브루스 윌리스가 주연한 '식스센스'입니다.

영화 내용 요약

The movie is the story of two geniuses' brain games. One genius helped a murderer hide a crime. The other genius traced evidence to prove the crime.

그 영화는 두 천재의 두뇌게임에 관한 이야기입니다. 한 천재는 범죄자의 범죄를 비밀스럽게 숨기는 것을 돕습니다. 다른 천재는 그 범죄를 증명하기 위해서 증거를 쫓아갑니다.

The movie is the story of a troubled, isolated boy who can see and talk to the dead.

그 영화는 죽은 사람을 보고 이야기할 수 있는, 불안하고 고립된 소년에 관한 이야기입니다.

The movie is about how our irrational suspicions about others can destroy others and ourselves.

그 영화는 근거 없는 우리의 비이성적인 의심이 어떻게 자신과 다른 사람들을 파괴할 수 있는가에 대한 것입니다.

나의 느낌

I was very impressed by the main actress's performance.

저는 여주인공의 연기에 매우 감동을 받았습니다.

I was very impressed by the main actor's performance. He performed greatly the role of young man feeling lost.

저는 주인공의 연기에 매우 감동을 받았습니다. 그는 방황하는 젊은 남자의 역할을 훌륭하게 연기했습니다.

I really enjoyed the movie because it has a good plot.

훌륭한 줄거리 때문에 저는 그 영화를 매우 즐겼습니다.

Answer Sample 1

I am a big fan of George Clooney. A movie I saw recently was 'King Maker' starring George Clooney. The movie is the story about a man who fights against a politician's corruptions. It has a good plot. I was especially impressed by his great performance.

저는 조지 클루니의 열렬한 팬입니다. 최근 본 영화는 조지 클루니가 출연한 '킹 메이커'입니다. 이 영화는 정치인의 비리에 대해 싸우는 한 남자의 이야기입니다. 좋은 이야기 구성을 갖고 있습니다. 저는 그의 훌륭한 연기에 의해 매우 감동을 받았습니다.

Answer Sample 2

I am a big fan of animation movies. I like characters' movements on screen. A movie I saw recently was 'Up', made by Pixar Animationn Studio. It is the story of an old man's adventure. After his wife passed away, he decided to go on an adventure to keep his promise. Although it is for children, the story is meanigful for adults as well.

저는 애니메이션 영화팬입니다. 저는 화면에서 캐릭터의 움직임을 좋아합니다. 최근에 본 영화는 'Up'입니다. 그 영화는 픽사에 의해 제작되었어요. 어느 노인의 모험에 관한 이야기입니다. 부인이 죽은 후, 그는 약속을 지키기 위해 모험을 떠나기로 결심해요. 비록 아이들을 위한 영화이지만 어른에게도 의미가 있는 스토리입니다.

Answer Sample 3

I am a big fan of Meryl Streep. A movie I saw recently was 'Doubt' starring her. The movie shows how our irrational suspicions about others can destroy others and ourselves. She performed the role of a stubborn chief nun with great talent and skill. I was very impressed by her great performance.

저는 메릴 스트립의 열렬한 팬입니다. 최근에 본 영화는 그녀가 출연한 '다우트'입니다. 영화는 타인에 대한 비이성적인 의심이 어떻게 타인뿐만 아니라 자신까지 파괴할 수 있는가를 보여줍니다. 그녀는 완고한 원장 수녀의 역할을 훌륭한 재능과 기량으로 연기했습니다. 저는 그녀의 훌륭한 연기에 매우 감동받았습니다.

Have You Ever Traveled Abroad?

Chapter 07

Have You Ever Traveled Abroad?

해외여행 경험이 있습니까?

" 스토리를 야무지게 말하는 법 3 "

Have You Ever Traveled Abroad?
해외여행 경험이 있습니까?

혹은 *Which country was the most impressive for you?*

질문의도

기업은 신입 지원자의 스펙이 아니라 그들의 젊은 에너지, 모험심 가득한 인생경험, 남다르게 사물을 보고 사고하는 능력과 미래에 대한 가능성 등을 높이 산다. 이러한 에너지는 회사생활을 오래한 직원일수록 갖고 있기 어렵기 때문이다. 대학시절의 여행경험은 젊은 지원자들의 창의적인 사고능력과 열정 등을 확인해볼 수 있는 좋은 질문이다.

답변전략

갔던 여행지를 나열하고 답이 끝나면 안 된다. 로마에 갔었다는 사실이 중요한 게 아니라, 그 여행에서 무엇을 보고 느꼈는가가 중요하다. 그것을 순서에 맞게 정리하라.

Travles

"해외여행 경험이 있습니까?"

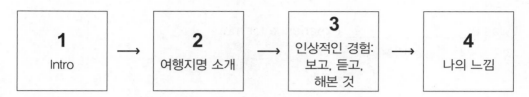

여행경험 대해 말하기의 예

1. I like to travel historical places in the world.
2. The best place I've ever been was _____.
3. I saw/heard/learned/did _____.
4. I am very impressed by _____.

Key Expressions

여행지명 소개

The most impressive country for me was _____.

제게 가장 인상적이었던 나라는 ~입니다.

_____ was the best place I've visited.

~는 제가 방문했던 최고의 장소입니다.

The best place I've ever been to was _____.

제가 가본 최고의 장소는 ~입니다.

인상적인 경험: 보고, 듣고, 해본 것

I was impressed by _____.

저는 ~에 인상을 받았습니다.

I heard that _____.

저는 ~라고 들었습니다.

I was able to see _____.

저는 ~을 볼 수 있었습니다.

나의 느낌

It was a _____ experience for me.

그것은 저에게 ~한 경험이었습니다.

Examples 　　🔘 MP3_021

Intro (생략 가능)

I tried to travel as much as I could while I was a student.

저는 학생인 동안 가능한 한 많이 여행하려고 했습니다.

I personally like to travel to exotic places.

저는 개인적으로 이국적인 장소를 좋아합니다.

I worked a part time job for my travel expenses and often traveled overseas.

저는 여행경비를 위해 아르바이트를 했고 자주 해외여행을 갔습니다.

여행지명 소개

The most impressive country for me was Spain.

제게 가장 인상적이었던 나라는 스페인입니다.

The best place I've ever been to was the Alps in Switzerland.

제가 갔던 최고의 장소는 스위스의 알프스입니다.

Santorini was the best place I've visited.

산토리니는 제가 방문했던 최고의 장소였습니다.

The best place I've ever been to was New York.

제가 가본 최고의 장소는 뉴욕입니다.

인상적인 경험: 보고, 듣고, 배운 것

I was impressed by spirit of challenge.
저는 그들의 도전정신에 의해 감동을 받았습니다.

I was impressed not only **by** the beautiful scenery, but by the dairy farmers' efforts.
아름다운 경치뿐만이 아니라 낙농업자들의 노력이 인상적이었습니다.

I heard that they had cultivated the Alps with their bare hands to make the world's best dairy farm.
그들은 알프스를 맨손으로 경작하여 세계 최고의 낙농업 장으로 만들었다고 들었습니다.

I heard that they overcame geographical barriers and made the island the best travel attraction.
그들은 지리학적 장벽을 극복하고 그 섬을 최고의 여행지로 만들었다고 들었습니다.

I was able to see why New York has become the symbol of freedom and urban life.
왜 뉴욕이 자유와 도시생활의 상징이 되었는지를 볼 수 있었습니다.

I was able to see ancient Greek life and culture from their ruins.
유물로부터 고대 그리스의 생활과 문화를 볼 수 있었습니다.

나의 느낌

It was a meaningful **experience for me.**
저에게 의미 있는 경험이었습니다.

It was an impressive **experience for me.**
저에게는 특별한 여행이었습니다.

*참고

It was the most exciting experience I've ever had.
저에게 최고의 경험이었습니다.

Answer Sample 1

I worked a part time job for my travel expenses and often traveled overseas. The best place I've been to was the Sinai Peninsula, located between Egypt and Israel. Because of its geographical location, I could see desert and sea at the same time. It was an unforgettable scene to find the sea after passing through the Sahara Desert. It was the most exciting experience I've ever had.

저는 여행경비를 위해 아르바이트를 해서 자주 해외여행을 갔습니다. 제가 갔던 최고의 장소는 이집트와 이스라엘 사이에 있는 시나이 반도입니다. 그곳의 지정학적 이유 때문에 사막과 바다를 동시에 볼 수 있었습니다. 사하라 사막을 통과해서 바다를 보는 것은 잊지 못할 장관이었습니다. 저에게는 최고의 경험이었습니다.

Answer Sample 2

I tried to travel as much as I could while I was a student. The best place I've been to was Ireland. Ireland has beautiful cliffs and castles with a rich history. I like the country for another reason; I am a fan of James Joyce, an Irish writer. Dublin has preserved his footsteps well. I went to have a drink at the pub where James Joyce used to write novels. It was an impressive experience for me.

저는 학생인 동안 가능한 많은 여행을 하려고 했습니다. 저에게 가장 인상적인 곳은 아일랜드입니다. 아일랜드는 깊은 역사와 더불어 아름다운 절벽과 성들이 있습니다. 아일랜드를 좋아하는 또 다른 이유로 저는 아일랜드 작가인 제임스 조이스의 팬입니다. 더블린은 그의 발자취를 잘 보존했습니다. 저는 제임스 조이스가 작품을 썼던 술집에 들러서 술을 마셨습니다. 저에게는 특별한 경험이었습니다.

Answer Sample 3

The best place I've ever been to was Africa. It was my first experience of a great feel of nature. They lived in harmony with nature. At the same time, I felt sorry for their poverty. Children die poor in Africa. Through the travel, I've begun to realize that I live in an affluent* society and my problems are small things. It was a meaningful experience for me.

아프리카가 가장 인상 깊은 장소였습니다. 저는 처음으로 자연에 대한 경외감을 느낄 수 있었습니다. 그들은 자연과 조화를 이루며 생활하였습니다. 동시에 그들의 가난에 대해서 안타까운 생각이 들었습니다. 거기서는 어린이들이 가난으로 죽어갑니다. 그 여행을 통해 내가 풍요로운 사회에 살고 있다는 것과 나의 문제들이 사소한 것임을 알게 되었습니다. 그 여행은 저에게 의미 있는 경험이었습니다.

* affluent: 풍요로운

Who Is the Most Influential
to You?

Chapter 08

Who Is the Most Influential Person to You?

당신에게 가장 영향을 준 사람은 누구입니까?

"

부모님이요…….

"

08 Who Is the Most Influential Person to You? 당신에게 가장 영향을 준 사람은 누구입니까?

혹은 *Whom do you respect?*

질문의도

다른 사람에게 큰 영향을 받아 본 적이 있는가? 누군가로부터 지대한 영향을 받으려면, 나의 고민과 행동이 먼저 필요하다. 원하는 것을 생각하고, 해봐야 한다. 그 과정에서 자기도 모르는 사이 누군가로부터 영향을 받게 된다. 만일 이 질문을 타인에게 묻는다면, 그 사람의 인생에 대한 열정과 깊이를 보기 위해서이다. 면접이라고 해서 예외는 아니다.

답변전략

지원자에게서 가장 자주 듣는 대답이 '부모님'이다. "부모님입니다."라는 답을 들으면, 왠지 사람의 세계관이 작게 보인다. 사실 이 세상 사람들에게 가장 큰 영향을 주신 분은 부모님이 맞는데 말이다. 실제로 부모님 이외의 다른 사람을 말하라고 질문을 다시 하는 면접관도 있다. 다양하게 읽고 경험해서 자신의 세계관에 영향을 준 사람을 자신 있게 말한다.

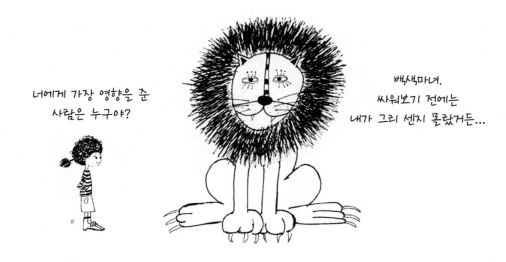

너에게 가장 영향을 준 사람은 누구야?

백색마녀.
싸워보기 전에는
내가 그리 센지 몰랐거든...

110

English Interview

Key Expressions

영향을 준 사람을 말할 때

The most influential person to me was _____.

제게 가장 영향을 준 사람은 ~입니다.

I respect him/her because of _____.

저는 그/그녀를 ~의 이유로 존경합니다.

He/She taught me a big lesson that I _____.

그/그녀는 제가 ~해야 한다는 큰 가르침을 주셨습니다.

역사적인 인물을 말할 때

Before I _____, I just thought of him as a _____.

제가 ~하기 전까지는, 단순히 그를 ~라고 생각했습니다.

Through his/her great works, he/she showed me _____.

그/그녀의 위대한 작품을 통해, 그/그녀는 ~을 제게 보여주었습니다.

Examples   ◉ MP3_023

영향을 준 사람을 말할 때

The most influential person to me was my college professor.

저에게 가장 큰 영향을 준 사람은 제 교수님입니다.

The most influential person to me was my supervisor when I did a summer internship.

저에게 가장 영향을 준 사람은 여름 인턴을 할 때 팀장이십니다.

I respect her spirit of challenge. She gave up a stable life as a housewife and challenged herself as a CEO.

저는 그녀의 도전정신을 존경합니다. 그녀는 전업주부로서의 안정된 생활을 버리고 CEO로서 자신에게 도전했습니다.

I respect her because of her leadership. She was a person of action. She led her team by actions, not by words.

저는 그녀의 리더십을 존중합니다. 그녀는 실행력이 있는 사람이었습니다. 말이 아니라 행동으로 자신의 팀을 이끌었습니다.

He taught me a big lesson that I can succeed as long as I don't give up.

그는 '내가 포기하지 않는다면 성공할 수 있다'는 큰 가르침을 주었습니다.

She taught me a big lesson that leadership is accomplished by action.

그녀는 리더십이란 행동으로 완성된다는 큰 교훈을 주었습니다.

He taught me a big lesson that I should commit to my work, whatever I do.

그는 내가 무엇을 하든 내 일에 충실해야 한다는 큰 교훈을 주었습니다.

역사적인 인물을 말할 때

Before I saw his works, I just thought of him as a famous writer, but not for me.

그의 작품을 보기 전까지, 저와는 상관없는 유명 작가라고 생각했습니다.

Before I read her studies, I just thought of her as a famous scientist, but not relevant to me.

그녀의 연구를 읽기 전까지 저와는 상관없는, 단지 유명한 과학자로만 생각했습니다.

Through his great works, he showed me the unlimited capability of a human.

그는 위대한 작품을 통해 한 인간이 보여줄 수 있는 무한한 가능성을 제게 보여주었습니다.

Through her great works, she showed me that a great achievement is accomplished by hard work.

그녀는 위대한 작품을 통해, 위대한 성과란 각고의 노력으로 이루어짐을 제게 보여주었습니다.

Answer Sample 1

The most influential person to me was Professor James Stern. I met him when I studied in the States as an exchange student. At that time, I was less confident of speaking out in class due to a language barrier. One day, he asked me to make a presentation in class. Then, he gave me makeup classes to help my preparation. He taught me the big lesson that I can do it if I don't give up.

제임스 스턴 교수님이 제게 가장 큰 영향을 주신 분입니다. 그분은 제가 교환학생으로서 미국에서 공부할 때 만났습니다. 당시 저는 언어적 장벽 때문에 수업 시간에 의견을 말하는 것에 자신이 없었습니다. 어느 날, 그 교수님께서는 제게 수업 시간에 발표하라고 하셨습니다. 방과 후, 발표준비를 도와주셨습니다. 그분께서는 포기하지 않는다면 할 수 있다는 큰 교훈을 주셨습니다.

Answer Sample 2

Michelangelo was the most influential person to me. Before I looked at his paintings with my eyes, I just thought of him as a historical person in the textbook. When I saw his wall paintings at the Sistine Chapel, I was too stunned to speak. He became a real person who influenced me the most. Michelangelo tied himself with a rope and drew the wall paintings for 18 hours per day. Through his great works, he showed me the unlimited capability of a human.

미켈란젤로가 저에게 가장 큰 영향을 준 사람입니다. 그의 그림들을 직접 보기 전에는, 교과서에 있는 역사적인 인물로서만 여겼습니다. 시스티나 성당에서 그의 벽화를 직접 보았을 때, 경이로움에 할 말을 잃었습니다. 그는 저에게 가장 영향을 주는 현실의 사람이 되었습니다. 그는 천장에 벽화를 그리기 위해 몸을 밧줄에 묶고 하루에 18시간씩 벽화를 그렸습니다. 그는 위대한 작품을 통해 저에게 한 인간이 보여줄 수 있는 무한의 가능성을 보여줬습니다.

Answer Sample 3

I respect Park Young-seok because of his spirit of challenge. He was a legendary climber. In May 2005, he became the first person in the world to complete a True Explorers Grand Slam, an adventures challenge to reach the north and south pole and climb the seven summits. Before I watched his documentary film, I just thought of him as a famous figure, but not relevant to me. He showed me the challenging sprit, "Winners never quit.", and how to lead my life.

저는 박영석 대장의 도전정신을 존경합니다. 그는 전설적인 산악인입니다. 2005년 5월에 그는 True Explorers Grand Slam이라는 북극, 남극 그리고 7개의 정상을 성공하는 세계 최초의 산악인이 되었습니다. 그의 다큐영화를 보기 전에는 저와는 관련 없는 유명인으로만 생각했습니다. 그는 '승자는 결코 포기하지 않는다'라는 도전정신과 제 인생을 어떻게 살아야 하는지를 보여주셨습니다.

Chapter 09

What Is Your Greatest Strength?

당신의 가장 큰 강점은 무엇입니까?

"
상대가 기대하는 것을 말하라.
"

질문의도

지원자의 강점이 회사가 원하는 역량과 관련이 있는지 확인한다. 이는 업계에 따라, 지원하는 업무성격에 따라, 회사 문화에 따라 각각 다르다.
(산업별, 업무별 자신의 핵심 역량에 대한 영어준비는 Part 5, 6. 산업별/업무별 인재상을 참조한다.)

답변전략

면접관은 초면에 앞에 있는 지원자가 해당 업무에 적임자인지를 판단해야 한다. 이 판단을 돕는 최고의 방법은 지원하는 업계 혹은 부서가 원하는 역량(성격, 열정, 장점, 관련 경험과 기술)을 자신의 강점과 전략적으로 연결해서 답하는 것이다.

면접관이 장점을 묻지 않더라도 다른 질문들에서라도 자신의 강점과 역량을 표현할 수 있어야 한다. 자기소개, 지원동기, 왜 당신을 고용해야 한다고 생각하는가? 등 질문의 답변에서는 나의 강점이 빛나도록 하라. 또한 이러한 종류의 질문에 답하는 데 시간이 걸리거나 머뭇거리면 자신감과 준비가 부족하다는 인상을 줄 수 있다. 반드시 확신을 갖고 답한다.

Key Expressions

저의 (가장 큰) 강점은 ~입니다.

My greatest strength is my ability to _____.

저의 강점은 ~하는 능력입니다.

My strength is that I have the ability to _____.

저의 강점은 제가 ~할 수 있는 것입니다.

My greatest strengths are _____ and _____.

저의 강점은 ~와 ~입니다.

I consider _____ as my greatest strength.

저는 ~을 제 최대 강점으로 생각합니다.

~의 경험을 통해 저의 장점 (기술, 능력)은 더욱 강화(개발)되었습니다.

My _____ experience enhanced my strengths. ←------

~경험을 통해 제가 가진 강점을 강화시킬 수 있었습니다.

> 구체적인 경험을
> 언급하는 것은
> 나의 말을 증명하는 것

Through my last job as a _____, I was able to enhance my _____ skills.

이전 직장에서 ~로서의 경험을 통해, 저는 ~기술을 강화할 수 있었습니다.

그리고 저의 강점은 도움이 될 것입니다.

I believe this is beneficial for any organization.

어떤 조직에서든지 이 점(저의 강점)이 도움될 것으로 생각합니다.

..., and this has led to great achievements in my work.

그리고 이와 같은 제 강점이 업무에서의 큰 성과를 가져다 주었습니다.

저의 (가장 큰) 강점은 ~입니다.

의사소통능력

My greatest strength is my ability to communicate with others effectively.

저의 가장 큰 강점은 사람들과의 효율적인 대화능력입니다.

자신감과 배우려는 열정

My greatest strengths are my self confidence and willingness to learn.

저의 가장 큰 강점은 자신감과 배우려는 의지입니다.

I consider my positive attitude as my greatest strength.

저는 긍정적인 태도를 저의 가장 큰 강점으로 여깁니다.

책임감

My strength is my ability to efficiently complete assigned tasks.

제 강점은 맡은 일을 효율적으로 완수해내는 능력입니다.

My greatest strength is that I take my responsibility seriously.

저의 최대 강점은 업무에 대한 책임을 진지하게 받아들이는 점입니다.

I consider my dedication to work as a great strength.

일에 최선을 다하는 것을 저의 가장 큰 강점으로 생각합니다.

사람을 대하는 기술

My strength is that I have the ability to interact easily with customers.

저의 강점은 고객과 쉽게 가까워지는 능력입니다.

I consider my interpersonal skills for resolving conflicts as my greatest strength.

갈등상황을 원만히 해결하는 저는 사람을 대하는 기술을 저의 가장 큰 강점이라고 생각합니다.

조직력과 시간을 관리하는 능력

My strength is that I am very organized. I know how to coordinate with people and use my time to work effectively.

제 강점은 매우 체계적인 점입니다. 사람들과 어떻게 협조하고 일을 효과적으로 하기 위해 시간을 활용하는 방법을 알고 있습니다.

팀워크

My strength is that I have the ability to work as an individual and in a group.

제 강점은 독립적으로 또한 그룹 안에서 일을 잘하는 것입니다.

My strength is that I know how to coordinate with people and lead them to achieve the target goals.

제 강점은 사람들과 협동하고 그들이 목표를 성취하도록 리드할 수 있는 것입니다.

My strength is that I have the ability to work in harmony with coworkers.

제 강점은 동료와 조화를 이루며 일하는 능력입니다.

~의 경험을 통해 저의 강점 (기술, 능력)은 더욱 강화(개발)되었습니다.

My overseas volunteer **experience enhanced my strengths.**

해외 자원봉사 경험을 통해 저의 강점들을 더욱 강화시킬 수 있었습니다.

My volunteer experience at City Hall greatly **enhanced this skill.**

시청에서의 자원봉사 경험을 통해 이 기술(역량)을 더욱 강화시킬 수 있었습니다.

Through my part time work as a clerk**, I was able to enhance my** communication **skills.**

점원으로서의 아르바이트를 통해 제 의사소통기술을 더욱 강화할 수 있었습니다.

Through my last job as a flight attendant**, I was able to enhance my** communication **skills in English.**

이전 승무원으로 일하면서 저는 영어로의 의사소통기술을 더욱 강화할 수 있었습니다.

Answer Sample 1

My greatest strengths are my communication skills and strong responsibility at work. My volunteer experience at the Public Service Center greatly enhanced my strengths. As a call taker at the center, I had to communicate with a diverse group of people, and I successfully dealt with our citizens' needs every day.

저의 주요 강점 중 하나는 대화능력이 뛰어난 것입니다. 저는 민원실에서 자원봉사를 통해 이 능력을 더욱 향상할 수 있었습니다. 민원실에서 전화를 받는 담당자로서, 저는 다양한 사람들과 소통해야 했고, 시민의 요구사항을 매일 성공적으로 처리했습니다.

Tip. 자원봉사의 경험을 들어, 자신의 강점을 지원업무의 핵심 역량과 연결한다. 자원봉사를 하는 착한 사람이라는 점이 point가 아니라, 조직에서 필요한 팀워크, 다른 사람에 대한 배려, 고객에 대응하는 태도 등을 체험한 것이 selling point.

Answer Sample 2

I consider my dedication to work as my greatest strength. I make every effort to succeed in the assignments I am given. Because of my hard work, I was able to achieve academic success. Although grades are not the only achievements I made at college, they can prove that I am a hard worker.

일에 대한 헌신을 저의 가장 큰 강점으로 생각합니다. 저는 주어진 일을 성공적으로 완수하기 위해서 최선을 다합니다. 이때문에 저는 좋은 학업성과를 얻을 수 있었습니다. 물론 성적만이 대학생활의 성과는 아닙니다만, 제가 열심히 노력하는 사람임을 나타낸다고 생각합니다.

Tip. 학점이 우수하다면, 사회인으로서 업무수행도 책임감을 가지고 임할 것을 연결해서 말할 수 있다. 신입지원은 간접적인 사회경험과 학과 프로젝트 등의 예를 들어 신뢰를 담는다.

Answer Sample 3

I consider my interpersonal skills for resolving conflicts as my greatest strength. When I worked part time in a retail store, I successfully handled customers' concerns every day. As a salesclerk, I had to be a patient listener and pay full attention to their needs.

갈등상황을 원만히 해결할 수 있는 대인관계 기술은 저의 가장 큰 강점이라고 생각합니다. 저는 소매업체에서 아르바이트를 했는데 매일 당면하는 손님들의 요구를 성공적으로 잘 처리했습니다. 점원으로서, 저는 손님의 요구를 인내심을 갖고 듣고 그들의 문제에 세심한 주의를 기울였습니다.

Tip. 소소해 보여도 의미를 부여하면, 의미 있는 경험이 된다. '무엇'을 했는가보다는 '어떻게', 그리고 '느낀 점'을 말한다.

Answer Sample 4

I consider my commitment to work as my greatest strength. I work hard to achieve the best results, and this has led to great achievements in my work.

저의 일에 헌신하는 점을 가장 큰 강점이라고 생각합니다. 저는 최고의 성과를 내기 위해 노력하고, 그 결과 업무에서 많은 성과를 낼 수 있었습니다.

Tip. 경력지원은 고민할 것이 없다. 이전 경력에서 지원업무에서 필요한 work habits, skills 등의 강점을 부각한다.

Answer Sample 5

My strength is that I have the ability to interact easily with customers. My last job as a sales professional greatly enhanced this skill. I know how to build good relationship with customers.

저의 강점은 고객과 쉽게 가까워지는 능력입니다. 저의 이전 직장에서 영업전문가로서의 경험을 통해 이 기술을 크게 강화시킬 수 있었습니다. 저는 고객들과 좋은 관계를 형성하는 법을 알고 있습니다.

Tip. 이 지원자는 고객을 직접 대하는 업무의 면접을 보고 있다. 전직 영업인으로서의 강점을 현재 자신이 지원하는 업무에서 요구되는 핵심 역량과 연결시킨다.

What Is Your Greatest Weakness?

Chapter 10

What Is Your Greatest Weakness?

당신의 가장 큰 단점은 무엇입니까?

"

"I am a perfectionist."
"I work too hard."
그들은 바보가 아니라 당신의 보스이다.

"

10 What Is Your Greatest Weakness?
당신의 가장 큰 단점은 무엇입니까?

지원자의 단점을 물으면서 솔직한 답을 할 것이라고 면접관도 기대하지 않는다. 그럼에도 굳이 묻는 데는 두 가지 이유가 있다. 첫째, 지원자의 단점이 지원한 업무를 수행하는 데 지장을 줄 것인가, 둘째, 지원자의 자신을 객관적으로 평가할 수 있는 능력을 보는 것이다. 분석력과 꼼꼼함이 요구되는 연구직 지원자가 "저는 큰 기획은 잘하는데 세밀한 부분에는 약한 편입니다."라면 이 후보는 적성에 안 맞는다고 생각한다.

지원자는 업무와 관계가 없는 것을 카드로 내놓는 수가 있다. "저는 삼겹살에 약합니다." 등이다. 상황에 따라 재치 있는 답이 되겠지만 분위기 파악을 잘해야 한다. 업무수행상 단점이 궁금한 실무진이라면 "그렇다면 일하는 데 단점은 무엇입니까?"라고 다시 물을 것이다.

흔한 가이드는 '단점 같지 않은 단점을 말하라'이다. "저는 일을 너무 합니다." (I work too hard.)와 같은 답들이다. 혹은 "저는 완벽주의자입니다." (I am a perfectionist.)인데, 너무 기획된 답은 피하라. 무서운 진실은 완벽주의자들은 스스로를 완벽주의자라고 안 한다. 이들의 완벽함은 이력서에서 이미 그 느낌이 온다.

답변전략

이 질문에 가장 좋은 답변은 일해 본 경험 중에서, 지원업무에 필요로 하지 않는 능력 혹은 극단적이지 않는 단점이라고 생각한다. 예를 들면, "기간이 명확히 정해지지 않으면 일이 잘 마무리되지 않는다. 끊임없이 작업을 개선하려고 고치는 경향이 있기 때문이다." 혹은 지원업무가 발표와 관계가 없다면 "나는 발표할 때 긴장하는 편이다."라는 식의 답이다. 여기에 자신의 단점을 보완하기 위해 노력하고 있는 점을 함께 언급하면 된다.

경험에서 나온 말은 화려하지 않아도 상대에게 태산과 같은 신뢰를 줄 수 있다. 따라서 너무 기획하지 마라. 그들은 바보가 아니라 조직의 상사이다.

저의 단점은 ~입니다.

My weakness is that _____.

저의 단점은 ~입니다.

I find it hard to _____.

저는 ~이 좀 어렵습니다.

I tend to _____.

저는 ~하는 경향이 있습니다.

I used to be less confident in ~ing.

저는 이전에는 ~에 그다지 자신이 없었습니다.

저의 단점은 개선되고 있습니다.

However, I have realized that and I am now working on it.

그러나 그것을 깨닫고 지금은 개선 중입니다.

However, I'm a much better person for it.

그러나 지금은 이 (단점)에 대해 많이 향상되었습니다.

I've made great(gradual) improvements in ~ing.

(이전에 자신 없던) ~에 대해 큰(점진적인) 개선을 이루었습니다.

Examples 🔘 MP3_027

저의 단점은 ~입니다.

My weakness is that I need to have fixed deadlines.

저의 약점은 일의 기한이 정해져 있어야 합니다.

My weakness is that I should have a clear direction on my work. Otherwise, I am less confident in doing my assignment.

저의 약점은 일에 대해 분명한 방향이 있어야 합니다. 그렇지 않으면 제 업무를 수행하는 데 자신감이 떨어집니다.

I find it hard to cope with* people who work slowly.

저는 일을 천천히 하는 사람들과 일하는 것을 어려워합니다.

* cope with: 대처하다

I find it hard to work without a schedule planner.

저는 일정계획표가 없이 일하는 것을 어려워합니다.

I tend to talk fast when I am nervous.

저는 긴장을 하면 말이 좀 빨라지는 경향이 있습니다.

I used to be less confident about computer work.

저는 이전에는 컴퓨터 기술에 그다지 자신감이 없었습니다.

저의 단점은 개선되고 있습니다.

I used to be less confident in speaking in public. However, I've made great improvements in making public speeches.

이전에는 대중연설에는 그다지 자신이 없었습니다. 그러나 지금은 대중연설이 크게 향상되었습니다.

I used to be less confident in saying 'no.' However, I have realized that and I am now working on it.

저는 이전에는 NO라고 거절하는 것에 그다지 자신이 없었습니다. 그러나 이를 깨닫게 되었고 지금은 개선 중입니다.

Answer Sample 1

I used to be less confident in saying 'no.' Now, I set my priorities and try to make quick decisions whether to say 'Yes' or 'No.' I try to say 'no' instead of saying 'maybe' if I know I can't do something. I am a much better person for it.

저는 예전에는 NO라고 대답을 못했습니다. 지금은 우선순위를 정해서 빠르게 결정하고, YES 혹은 NO를 말합니다. 제가 뭔가 할 수 없을 때 '아마도'라고 말하는 대신 NO라고 말하려고 합니다. 이 부분에서 지금은 상당히 개선되었습니다.

Answer Sample 2

I used to be less confident in speaking in public. I took lots of classes requiring presentations in order to work on my skills*. I've made gradual improvements in my public speaking.

저는 대중발표에는 그다지 자신감이 없었습니다. 이를 향상하기 위해서 학과목 중 프레젠테이션이 필요한 과목들을 수강하였습니다. 제 발표실력은 점차 향상되고 있습니다. * work on something: ～의 개선을 위해 애쓰다

Answer Sample 3

I used to be less confident in my appearance because I was overweight, but I worked out* and now am in shape. My greatest weakness is chocolate.

저는 예전에는 과체중이어서 외모에 그다지 자신이 없었지만, 운동을 하고 지금은 적절한 체중을 유지하게 되었습니다. 저의 가장 큰 약점은 초콜릿을 먹는 것입니다. * work out: 운동하다

Answer Sample 4

I used to feel less confident in accepting constructive criticism. However, I've realized that hearing about my mistakes and listening to others can improve me. Now, I am open to receiving constructive criticism. I actively try to learn from my mistakes.

이전에 저는 건설적인 비판을 잘 받아들이는 것에 자신이 없었습니다. 그러나 제 실수에 대해 듣고 다른 사람들의 비평에 귀 기울이는 것은 자신을 크게 향상시킨다는 것을 깨닫게 되었습니다. 지금, 저는 건설적인 비평을 받아들이는 데 매우 개방적입니다. 지난 실수로부터 배우려고 노력합니다.

Answer Sample 5

My weakness is that I need to have fixed deadlines. Otherwise, I tend to continuously revise and add details to my assignments.

저의 약점은 일의 기한이 정해져 있어야 합니다. 그렇지 않으면 계속해서 고치고 자세한 부분을 추가하는 경향이 있습니다.

Answer Sample 6

I used to find it hard to cope with people who work slowly. I try to focus on their strengths and I am a much better person for it.

이전에는 느리게 업무를 처리하는 사람들과 일하는 것을 어려워했습니다. 그들의 강점에 집중하려 하고, 지금은 많이 향상되었습니다.

Tip. 실무경험이 있는 경력직은 자신의 업무경험에서 누구나 동의할 만한 것, 그러나 극단적이지 않은 단점을 이야기한다.

Answer Sample 7

I used to be less confident about written communication. I prefer straight talk to email, especially when facing conflicts with others. However, I've practiced my email communication, and now I've made great improvement in it.

이전에는 문서작업에 그다지 자신이 없었습니다. 저는 특히 사람들과 분쟁이 있을 때 이메일보다는 솔직한 대화로 해결하는 것을 선호합니다. 그러나 저는 명확하게 글로 의사소통하는 것을 훈련하고, 지금은 많이 향상되었습니다.

Tip. 위 지원업무는 문서작업의 비중이 작고, 고객을 직접 대면해서 말로 설득, 서비스를 제공하는 업무이다. 이 지원자는 자신의 약점으로 강점을 제대로 부각하고 있고, 단점에 대한 개선을 언급함으로써 면접관의 모든 우려를 잠재우고 있다.

면접에서 자신의 약점은 지원하는 업무수행과 무관한 단점이어야 한다.

평생 묘지기였던 한 사람이 대기업의 고객담당 업무에 지원했다. 인사담당자는 이 황당한 지원자에게 묻는다. "아니, 묘만 지켰던 사람이 어찌 지원했습니까?" 그러자 그가 말하길, "제가 죽은 사람들에게도 그리 잘 대했는데, 산 사람에게는 얼마나 잘하겠습니까?" 이 짧은 대답으로 묘지기는 그 일을 당당하게 얻었다.

Chapter 11

Why Did You Apply for Our Company?

우리 회사에 지원한 동기는 무엇입니까?

"
"회사를 위해 내가 무엇을 할지를 말하라."
모든 경험은 작은 것이 아니다.
"

11 Why Do You Apply for Our Company?
우리 회사에 지원한 동기는 무엇입니까?

지원동기 = 나의 강점

전공과 나의 성격에 맞는 일을 하고 싶어.

난 창의적이야. 멋진 상품 기획을 해보고 싶어.

난 리더경험이 많지. 큰 조직에서 일하고 싶어.

질문의도

지원동기는 반드시 묻는다. 그만큼 이 질문은 면접의 합격을 결정하는 데 중요하다. 회사 입장에서는, 입사 후 career를 쌓고 경제적 독립을 하는 등 직장을 통해 얻는 나의 이익은 면접관의 관심사항이 아니다. 나의 이익이 아니라 회사의 이익이라는 관점에서 답변을 준비해야 한다.

질문의도는 두 가지, 첫째 '당신이 가진 역량과 기술, 동기가 이 회사 비즈니스와 어떻게 관련되어 있습니까?'(How would you relate your key competencies to this position?) 둘째, '이 업무, 회사, 산업의 어떤 점이 당신에게 동기부여를 했습니까?'이다. 이를 직접 영어로 묻는 경우도 있다. What motivates you to apply for this job/company/industry?

답변전략

1. 회사에 대한 사전 조사가 필요하다. 지원회사 웹사이트에서 최근의 시장점유율, 경영가치, 제품과 서비스, 전략, 진행하고 있는 프로젝트 등을 조사하고 이 중 나의 관심사가 무엇인지 준비하라.

2. 나의 강점과 커리어 목표를 볼 때, 내가 이 회사에 기여할 수 있는 인재라는 점이 연결돼야 한다. 회사가 나와 같이 열정이 있는 지원자를 채용하면, 분명히 도움이 될 것이라는 논리를 펴라.

3. 지원하는 기업의 이미지, 진행하고 있는 프로젝트, 직원교육 등이 나의 커리어 목표와 관심에 정확히 일치한다는 것을 말하라.

내가 조사한 내용:

귀사가 ~(관심 프로젝트, 전략, 기획 등)하는 사실을 알게 되었습니다.

In my job search, I've discovered that your company is _____.

저는 구직활동을 하면서 귀사가 ~하는 사실을 알게 되었습니다.

커리어 목표와 관련된 지원동기:

이 분야에서 프로페셔널이 되기를 열망합니다.

I am eager to learn the best practices in _____.

저는 ~분야에서 우수한 사례를 배우기를 열망합니다.

I am eager to work at a company where I _____.

제가 ~할 수 있는 회사에서 일하기를 열망합니다.

I am looking for _____ so that I can _____.

저는 ~할 수 있는 ~(기업에서의 job)을 찾고 있습니다.

I want to be part of _____ so that I can _____.

저는 ~의 구성원이 되어 ~하고자 합니다.

나의 관심과 관련된 지원동기:

귀사의 ~분야에서 관심이 있고 기여하고자 합니다.

I have a genuine interest in _____ and I would like to work at a company _____.

저는 원래 ~에 관심이 있어서 ~하는 기업에서 일하고 싶습니다.

I have a strong interest in _____ and I would like to _____.

저는 ~에 매우 관심이 있고 ~하고자 합니다.

Examples
⏺ MP3_029

내가 조사한 내용:

귀사가 ~(관심 프로젝트, 전략, 기획 등)하는 사실을 알게 되었습니다.

In my job search, I've discovered that your company is launching new hybrid products.

구직활동을 하면서, 귀사가 하이브리드 상품을 기획하고 있다는 사실을 알게 되었습니다.

In my job search, I've discovered that your company has won number one in brand power for the past three years.

구직활동을 하면서, 귀사가 지난 3년간 연속적으로 파워 브랜드 1위였다는 사실을 알게 되었습니다.

In my job search, I've discovered that your company is expanding its business in China.

구직활동을 하면서, 귀사가 중국에서 비즈니스영역을 확장하고 있음을 알게 되었습니다.

커리어 목표와 관련된 지원동기:

이 분야에서 프로페셔널이 되기를 열망합니다.

I am eager to learn the best practices in marketing at a company with a respected brand.

저는 존경받는 브랜드를 가진 회사에서, 마케팅에 대한 우수한 사례들을 배우기를 열망합니다.

I am eager to work at a company where I can grow along with the company.

회사의 성장과 함께 저도 성장할 수 있는 회사에서 일하기를 열망합니다.

I am looking for a fast growing company **so that I can** have challenges and grow as a professional.

제가 프로페셔널로 성장하기 위한 도전을 갖도록 빠르게 성장하는 기업에서의 일을 찾고 있습니다.

I want to be part of a large company **so that I can** have opportunities to grow as a professional.

저는 대기업의 구성원이 되어 프로페셔널로서 성장할 기회를 갖고 싶습니다.

나의 관심과 관련된 지원동기:

귀사의 ~분야에서 관심이 있고 기여하고자 합니다.

I have a genuine interest in green energy and I would like to work at a company whose products are environmentally friendly.

저는 그린 에너지에 대해 진심으로 흥미를 갖고 있어서 환경친화적인 상품을 만드는 기업에서 일하고자 합니다.

I have a strong interest in product development and I would like to contribute to creating better products for customers.

저는 상품개발에 대해 강한 관심이 있고 고객을 위한 더 나은 상품개발에 기여하고 싶습니다.

* 회사의 근무환경과 관련된 지원동기

I learned that this company has a great work environment.

저는 귀사가 좋은 근무환경을 갖고 있다는 것을 알게 되었습니다.

The company considers that its employees are a valuable asset.

귀사는 직원들을 귀중한 자산으로 여깁니다.

The company has great growth plans for its employees.

귀사는 직원들을 위한 훌륭한 계발 계획이 있습니다.

Answer Sample 1

대기업 상품개발팀에 지원하는 예

나의 강점

나의 포부

I am a person with a "can do" attitude. I have held many leadership positions at my college, and have developed my skills in order to work at a large company. I want to be part of a large organization so that I can have challenges and grow as a professional. Especially, I have a strong interest in product development at your company. I would like to contribute to creating better products for our customers.

나의 관심분야

저는 "할 수 있다"는 자세가 있습니다. 저는 대학에서 리더의 직책을 맡은 경험이 많고, 대기업에서 일할 수 있도록 제 역량을 닦아왔습니다. 저는 큰 조직의 구성원이 되어, 도전의 기회를 갖고 프로페셔널로서 성장하고 싶습니다. 특별히 저는 귀사에서 상품개발에 대해 진정한 관심이 있습니다. 고객을 위해 더 나은 상품을 만드는 일에 기여하고 싶습니다.

Tip. 대기업에 기여할 인재로서 대학 시절부터의 포부, 자신의 도전정신과 열정을 selling한다.

Answer Sample 2

글로벌 브랜드인 외국계 기업의 마케팅업무에 지원하는 예

나의 커리어 목표

나의 강점

I am a creative thinker with a positive attitude towards work. I am eager to learn the best practices in marketing at a company with a respected brand. In my job search, I've discovered that your company was number one in brand power this year. It is also one of the fastest growing companies in the industry. I would like to work at a company where I can grow along with the company. --- 지원회사 특성

저는 일에 대해 긍정적인 자세를 갖고 창의적으로 사고하는 사람입니다. 저는 존경받는 브랜드의 회사에서, 마케팅에 대한 우수사례들을 배우기를 열망합니다. 구직활동을 하면서, 귀사가 올해 파워 브랜드 1위였다는 사실을 알게 되었습니다. 또한 귀사는 이 산업에서 가장 빠르게 성장하는 기업 중의 하나입니다. 회사의 성장과 함께 저도 성장할 수 있는 회사에서 일하고 싶습니다.

Tip. 외국계 기업의 강점(글로벌 브랜드)과 마케팅업무의 인재상(creativity)을 자신의 강점과 연결하여 지원동기를 말한다.

Answer Sample 3

하이브리드 신상품개발을 추진하는 기업에 지원하는 예

In my job search, I've discovered that your company is launching new hybrid products. I have a genuine interest in green energy and I would like to work at a company whose products are environmentally friendly. Additionally, I heard from some of your employees that your company has very good training programs. I would like to work for a company where I can learn and grow as a professional. For these reasons, I am eager to work at your company.

구직 활동하면서 귀사가 신 하이브리드 상품을 기획하고 있다는 사실을 알게 되었습니다. 저는 그린 에너지에 대해 진심으로 흥미를 갖고 있어서 환경친화적인 상품을 만드는 기업에서 일하고자 합니다. 추가로, 귀사의 몇몇 직원들로부터 좋은 훈련프로그램에 관한 이야기를 들었습니다. 제가 배우고 프로페셔널로서 성장할 수 있는 회사에서 일하고 싶습니다. 이러한 이유로 저는 귀사에서 일하기를 열망합니다.

Tip. 회사가 진행하는 프로젝트, 직원과의 인터뷰 등 구체적인 사전조사와 자신의 커리어 개발에 대한 열정을 강조한다. 들어서 얻은 정보는 그 출처도 밝힌다.

Answer Sample 4

자동차 회사에 지원하는 열정 있는 공학도의 예

Your company has provided high quality products in the automotive industry. I am a big fan of your products. I would like to work at a company whose products are respected by its customers. Also, this industry is relevant to my academic background. I am especially looking for a job where I can apply my education and passion. For these reasons, I am eager to work at your company.

귀사는 자동차 산업에서 높은 품질의 상품을 생산해왔습니다. 저는 귀사의 상품을 매우 좋아하는 팬입니다. 회사의 상품이 고객에게 존경받는 기업에서 일하고 싶습니다. 또한 이 산업은 저의 전공과도 관련이 있습니다. 특별히 저의 교육과 열정을 적용할 수 있는 일을 찾고 있습니다. 이와 같은 이유로 귀사에서 일하기를 열망합니다.

Tip. 자동차 산업의 전문적 특성과 자신의 공학 전공, 그리고 가장 중요한 나의 열정을 연결하여 지원동기를 말한다.

Chapter 12

What Do You Know about Our Company?

우리 회사에 대해서 무엇을 알고 계십니까?

66

나의 열정 증명하기.

99

12 What Do You Know about Our Company? 우리 회사에 대해서 무엇을 알고 계십니까?

질문의도

지원자의 열정을 확인할 수 있는 좋은 질문이다. '지원동기'와 '우리 회사에 대하여 무엇을 알고 있는가?'는 다르게 들리지만, 사실 같은 질문이다. 특히, 영어면접에서는 지원자가 기업에 관한 정보를 어떻게 영어로 요약하고, 현업의 비즈니스 용어 사용을 볼 수 있기 때문에도 자주 묻는다. 지원자의 준비성과 회사에 관한 관심 정도를 확인한다.

답변전략

지원회사에 대해서 상세히 조사하되, 면접관을 압도시킬 정도로 설명하지 않아도 된다. 너무 소상하게 답하면, 이 회사에서 현재 근무하고 있는 직원으로서의 자의식(ego)을 자극할 수도 있다. 즉, '나는 당신이 하는 일을 모두 알고 있다'라는 기분을 주어서는 안 된다.

1. 조사내용의 source을 밝혀서 최신의, 정확한 정보임을 상대방에게 알린다.
2. 조사내용을 요약한다. 상품과 서비스, 매출, 회사 이미지, 시장 점유율, 경영방침, 회사문화나 경영철학, 경영스타일 등에서 3~4가지 정도를 말할 수 있어야 한다.
3. 조사내용과 업무에 관한 나의 관심, 기업의 비전과 본인의 커리어 비전을 연결해서 답한다.

Industry

Key Expressions

Your company is one of the world's largest 산업분야 companies.

귀사는 세계에서 가장 큰 ~회사 중의 하나입니다.

Your company is a leading global provider of 상품, 서비스.

귀사는 앞서 가는 ~을 제공하는 외국계 기업입니다.

Your company is a fast growing 산업분야 company.

귀사는 급격하게 성장하고 있는 ~회사입니다.

This is a global company with headquarters in 본사위치 and overseas operations in
해외진출국 수 different countries.

귀사는 ~에 본사를 두고 있는 외국계 기업으로서 전 세계에 ~개의 지점을 두고 있습니다.

Examples MP3_031

Your company is one of the world's largest food and beverage companies.

귀사는 세계 최대 식음료 회사 중의 하나입니다.

Your company is a leading global provider of IT solutions and consulting services.

귀사는 IT 솔루션과 컨설팅 서비스를 제공하는 세계적인 선두기업입니다.

Your company is a rapidly growing logistics company.

귀사는 빠르게 성장하는 물류회사입니다.

Your company is a rapidly growing FMCG company.

귀사는 빠르게 성장하는 소비재 회사입니다.

This is a global company with headquarters in New York and overseas operations
in 21 different countries.

귀사는 뉴욕에 본사를 두고 있고 전 세계 21개의 지점을 두고 있는 국제적인 기업입니다.

Reputation

This company has built a great reputation for 상품 and 서비스 in 산업분야.

귀사는 ~산업에서 ~과 ~에 관한 훌륭한 명성을 쌓아왔습니다.

This company has built a worldwide reputation for 상품, 서비스.

귀사는 ~에 대해 세계적인 명성을 쌓아왔습니다.

Your company is a 형용사 global brand in 산업분야.

귀사는 ~산업에서 ~하는 세계적인 브랜드입니다.

It has built a great reputation for 상품, 서비스 in 산업분야 since 창업연도.

~년 이래, ~산업에서 ~에 관한 훌륭한 명성을 쌓아왔습니다.

Examples MP3_032

This company has a great reputation for excellent customer service.

귀사는 훌륭한 고객서비스로 명성을 갖고 있습니다.

Your company has built a worldwide reputation for innovative products in the automotive industry.

귀사는 자동차산업에서 혁신적 상품으로 세계적인 명성을 쌓아왔습니다.

Your company is a well-known global brand in the cosmetics industry.

귀사는 화장품산업에서 잘 알려진 세계적인 브랜드입니다.

Your company is a respected global brand in the electronics industry.

귀사는 전자산업계의 존경받는 세계적인 브랜드입니다.

It has built a great reputation for customer-oriented services in the IT business since 1977.

귀사는 1977년(창업연도)이래, IT산업에서 고객중심의 서비스로 훌륭한 명성을 쌓아왔습니다.

Products & Services

Key Expressions

When it comes to* 상품, 서비스, your company has made significant achievements in innovation over the past 비즈니스 기간 years.

~에 관하여, 귀사는 지난 ~년간 혁신에서 주목할 만한 업적을 이루었습니다.

* When it comes to ~: ~에 관하여

The company produces a wide range of 상품 in 상품 종류의 수 categories.

귀사는 ~종류의 다양한 ~상품을 생산하고 있습니다.

Your company produces a wide range of products, including 상품1, 상품2 and 상품3.

귀사는 ~, ~와 ~을 포함한 다양한 상품을 생산하고 있습니다.

Examples MP3_033

When it comes to product, your company has made significant achievements in innovation over the past 17 years.

상품에 관하여, 귀사는 지난 17년간 혁신의 측면에서 주목할 만한 업적을 이루었습니다.

The company produces a wide range of household electrical appliances* in 90 categories.

귀사는 90개 종류의 다양한 가전제품을 생산하고 있습니다.

* household electrical appliances: 가전제품

Your company produces a wide range of products, including soft drinks, healthy drinks and non-carbonated beverages.

귀사는 탄산음료, 건강음료와 비탄산음료를 포함한 다양한 상품을 생산하고 있습니다.

지원회사의 상품은 자사가
사용하는 용어로 표현할 수 있어야 한다.
웹사이트의 영어버전 등에서
그들이 사용하는 현업용어들을 확인하라.

Sales & Growth

Your company has made significant gains in 시장점유율 혹은 영업매출.

귀사는 ~에서 주목할 만한 성과(이윤)를 이루어냈습니다.

Your company has made _____% of _____ this year, and it has one of the fastest growth rates in the industry.

귀사는 올해 ~%의 ~을 이루었고, 이는 이 산업에서 최고 빠른 성장률 중 하나입니다.

For over 비즈니스 기간 years, your company 현재완료 in the industry.

지난 ~(창업기간)년간 귀사는 이 산업에서 ~(성과를) 이루었습니다.

Examples　　　● MP3_034

Your company has made significant gains in revenue this year.

귀사는 올해 영업매출에서 주목할 만한 성과를 이루었습니다.

Your company has made significant gains in market share in recent years.

귀사는 최근 몇 년 동안 시장점유율에서 주목할 만한 성과를 이루었습니다.

Your company has made 20% of market share this year, and it has one of the fastest growth rates in the industry.

귀사는 올해 20%의 시장점유율 성과를 이루었고, 이는 이 산업에서 최고 빠른 성장률 중 하나입니다.

For over 35 years, your company has achieved continuous growth in the industry.

지난 35년간 귀사는 이 산업에서 지속적인 성장을 하고 있습니다.

만일 면접관이 올해의 영업매출을 묻는다면?

수치를 언급하는 매출성장

회사의 가치는 여러 재무항목으로 나타나는데, 가장 중요한 지표는 역시 매출이다. 기업의 관리자라면 '매출'이라는 숫자가 항상 머릿속에 있다. 특히 마케팅과 영업 관련 업무의 면접이라면 매출, 주가 등 주요 재무수치를 확인하고 가라.

Key Expressions

The company's revenue of this year was <u>매출액</u> won, a <u>성장률%</u> increase from last year.

귀사의 올해 매출액은 지난해로부터 ~%의 성장을 이룬 ~이었습니다.

Your company's revenue has increased by <u>성장률%</u> to <u>매출액</u> won this year.

귀사의 올해 매출액은 ~이며, ~%의 성장을 이루었습니다.

Examples MP3_035

The company's revenue of this year was more than 70 billion won, a 10% increase from last year.

귀사의 올해 매출액은 700억 원 이상이며, 작년과 비교하면 10%의 성장을 이루었습니다.

Your company's revenue has increased by 10% to 70 billion won this year.

귀사의 올해 매출액은 700억 원이며, 10%의 성장을 이루었습니다.

* 올해 매출이 ~% 성장해서 ~(won)이다.

① The revenue was <u>매출액</u>, <u>성장률%</u> increase from last year.

② The revenue has increased by <u>성장률%</u> to <u>매출액</u> this year.

나를 다른 지원자와 차별화하는 마무리

조사한 회사의 정보와 더불어, 한두 문장으로 자신의 열정과 역량을 연결해서 강조한다.

결론적으로/종합적으로, 저는 귀사가 ~임을 확신합니다.

> **Overall, I learned that this company is one of the best companies to work for as a** <u>원하는 직책</u>.
> 종합적으로, ~로서 일하기에 이 회사가 최고의 기업임을 확인했습니다.

> **In summary, I've discovered that** <u>회사의 성공에 관한 한 문장</u>*.
> 요약해서, 귀사는 ~함을 확인했습니다.
> * 회사의 성공에 관한 문장은 앞 페이지의 reputation, product, sales and growth 등의 표현들을 참조하여 사용한다.

> **Considering its current success and growth potential, I have no doubt that the company will achieve its industrial leadership in** <u>해당 산업</u>, <u>국내 혹은 해외시장</u>.
> 현재의 성공과 성장 잠재력을 고려할 때, 귀사가 향후 ~에서 (해당 산업에 관한) 리더십을 가질 것을 저는 확신합니다.

이에 귀사에서 일하기를 열망합니다.

> **I want to contribute to the continual success of your business.**
> 저는 귀사의 지속적인 성공에 기여하고 싶습니다.

> **I am very interested in** <u>관심 있는 회사의 전략과 계획</u>. **I want to take part in this plan.**
> 저는 귀사의 ~전략에 매우 관심을 두고 있습니다. 저는 이 계획에 동참하고 싶습니다.

Examples   ⬤ MP3_036

결론적으로/종합적으로, 저는 귀사가 ~임을 확신합니다.

Overall, I learned that this company is one of the best companies to work for as a future engineer.

결론적으로, 저는 미래의 엔지니어로서 이 회사가 일하기에 최고의 기업임을 확인했습니다.

In summary, I've discovered that your company has continuously made valuable contributions in the fashion industry.

결론적으로, 귀사는 꾸준히 패션산업에 중요한 기여를 해왔음을 확인했습니다.

Considering its current success and growth potential, I have no doubt that the company will continue its leadership in the insurance industry.

현재의 성공과 성장 잠재력을 고려할 때, 귀사가 지속적으로 이 보험산업에 관한 리더십을 가질 것을 저는 확신합니다.

이에 귀사에서 일하기를 열망합니다.

I am very interested in your green energy strategy. **I want to take part in this plan.**

저는 귀사의 그린 에너지 전략에 매우 관심이 있습니다. 저는 이 계획에 동참하고 싶습니다.

Answer Sample 1

사업영역, 최근 매출현황과 주요 상품을 정리한 예

This company is a leading international manufacturer of electronic products. The company has built a great reputation for innovative products and services since 1977. I am also very impressed with your sales growth for the past three years. Especially, last year you made significant gains with well designed products such as A and B. In summary, this company has one of the fastest growth rates and highest revenues in the industry, and I would like to contribute to the continual success of your business.

귀사는 앞서나가는 국제적인 전자제품 제조회사입니다. 1977년 이래, 혁신적인 상품과 서비스로 훌륭한 명성을 쌓아왔습니다. 저는 귀사의 지난 3년간 성장 수치에 대해 인상 깊게 느꼈습니다. 특별히 지난해 A와 B 상품과 같은 디자인 상품덕분에, 매출에서 주목할 만한 성과를 이루었습니다. 요약해서, 귀사는 이 산업에서 가장 빠른 성장률과 영업성과를 이루고 있으며, 지속적인 성공에 기여하고 싶습니다.

Tip. 면접은 대화다. 이 답을 듣고 면접관은 올해 회사매출을 물을 수 있다. Follow-up 질문들은 사전준비하고, 자연스럽게 면접을 리드해 보자.

Answer Sample 2

기업의 브랜드, 직접 offline에서 조사한 점과 본인의 커리어 목표를 연결한 예

ABC is a respected global brand in the FMCG industry. It produces a wide range of products in 30 categories, including soft drinks, healthy drinks and organic snacks. I also dropped by major discount stores to observe your customers. I found that customers chose your particular product because of its brand name, but they didn't notice the manufacturer's name. I believe this is because your commercials successfully draw the customer's interest to the product rather than its manufacturer. Overall, I learned that this company is one of the best companies to work for as a future marketer.

ABC사는 FMCG 산업에서 존경받는 브랜드입니다. 탄산음료, 건강음료 그리고 유기농 스낵을 포함한 30종류의 다양한 상품을 생산하고 있습니다. 저는 고객을 직접 관찰하기 위해, 몇몇 주요 할인점에 갔습니다. 소비자들이 귀사의 특정 제품을 구입하지만, 제조사명은 모르고 있었습니다. 이는 제조사보다는 특정 상품에 고객관심을 끌려는 귀사의 광고가 성공적이었기 때문이라고 생각합니다. 종합적으로, 귀사는 미래의 마케팅전문가로서 일하기에 최고의 기업임을 확인했습니다.

Tip. offline에서 직접 관찰한 것을 마케팅 지원자의 관점에서 추가함으로써, 자신을 차별화하고 있다.

Answer Sample 3

사업영역, 기업의 글로벌 비전과 본인의 비전을 연결한 예

This is one of the largest retail companies in Korea. As the first discount retailer in the country, it has built a great reputation for providing high quality products. The company is now aiming to become one of the top global retail companies. Thus, the company is aggressively expanding its business in China. As of March 2013, it had 200 stores in China. Considering its current success and growth potential, I have no doubt that the company will continue its leadership in the global market.

귀사는 한국에서 가장 큰 유통업회사 중의 하나입니다. 국내 최초의 할인소매업으로서, 최상의 상품제공으로 훌륭한 명성을 쌓아왔습니다. 이제 세계 제일의 유통업이 되는 것을 목표로 하고 있습니다. 따라서 중국에 적극적으로 진출하고 있습니다. 2013년도 3월 기준으로, 중국에는 현재 200개 영업점이 있습니다. 성장 가능성과 더불어 현재 성공을 고려할 때, 귀사가 세계 시장에서의 리더십이 지속될 것을 확신합니다.

Tip. 회사의 사업영역은 인터넷을 조금만 조사하면 수치로 확인할 수 있다. 단순히 해외시장으로의 진출이 아니라 구체적 수치를 언급하는 것이 좋다.

Answer Sample 4

사업영역, 성장, 기업 전략과 본인의 지원동기를 연결한 예

In my job search, I checked out your website, financial figures, and news articles about your company. The company is a global company with headquarters in Germany, and overseas operations in 11 different countries. It has a powerful influence on the automobile industry. For instance, it was ranked 11th in a 2013 ranking of the Fortune Global 500 companies. I am also very interested in your global strategy. I want to take part in this plan, and this is why I am eager to work for your company.

저는 구직활동을 하면서 귀사의 웹사이트, 재무수치, 그리고 뉴스 기사를 확인했습니다. 귀사는 독일에 본사를 두고 있고 11개 국에서 해외 영업을 하는 세계적 기업입니다. 현재 자동차 업계에서 막강한 영향력을 주고 있습니다. 예를 들면, 귀사는 2013년 포춘 지가 선정한 세계 500대 기업에서 11위였습니다. 저는 또한 귀사의 글로벌 전략에 관심이 있습니다. 저도 이 계획에 동참하고 싶으며, 이것이 귀사에서 일하기를 열망하는 이유입니다.

Tip. 조사한 정보출처를 밝혀서 자신의 답변내용이 최신 정보임을 드러낸다. 이 회사가 급속도로 성장하는 점을 요약. 자신도 그 성장에 동참하고 싶다는 논리로 면접관에게 강한 **impact**를 준다.

Answer Sample 5

그룹면접에서 다른 지원자와 답이 중복될 때, 하나를 골라 강조한 예

Since other applicants have given overall information about your company, I would like to stress your Green Energy strategy. Recently, the company has announced a new business plan to produce hybrid automobiles. I think this plan would greatly benefit power sensitive consumers. Overall, I've discovered that your company has made valuable contributions in the industry. I believe that the company will definitely provide challenges for me to grow as a professional.

앞서 다른 지원자들이 귀사에 관한 전반적인 이야기를 했기 때문에, 저는 귀사의 그린 에너지 전략에 대해서 강조하고 싶습니다. 최근 귀사는 하이브리드 자동차의 생산계획을 발표했습니다. 이 계획이 에너지 소비에 민감한 소비자들에게 큰 혜택이 되리라고 생각합니다. 결론적으로 귀사는 자동차산업에 중요한 기여를 해왔음을 확인했습니다. 귀사가 제가 프로페셔널로서 성장할 수 있는 도전의 기회를 제공할 것이라고 확신합니다.

Tip. 다른 지원자가 같은 답변을 하더라도 당황하지 마라. 면접관도 그 정도는 예상한다. 답변 중 한 가지를 강조하거나 추가함으로써 자신 있게 이 난관을 해결한다.

Answer Sample 6

그룹면접에서 다른 지원자와 답이 중복될 때, 자신의 조사를 추가하는 예

I've discovered almost the same information as other applicants about your company. I would like to add one more point about it. I have heard from some of your employees that the company considers its employees to be valuable assets. Therefore, the company has great training programs. I am looking for a company with a vision, and this is why I am excited to work at your company.

저도 귀사에 대해 다른 지원자들과 거의 같은 정보를 확인했습니다. 여기에 한 가지 더 추가하고 싶습니다. 저는 직원들을 중요한 자산으로 여기는 회사라는 사실을 몇몇 직원을 통해 들었습니다. 이에 회사는 훌륭한 계발 프로그램도 갖고 있습니다. 저는 비전 있는 회사를 찾고 있으며, 이것이 귀사에서 일하고 싶은 이유입니다.

(Part 1. Talk Smart 편 참조)

What Are Your Goals?

Chapter 13

What Are Your Goals?

당신의 목표는 무엇입니까?

혹은 *Where Do You See Yourself In Five Years?*

질문의도

뚜렷한 목표가 있는 사람들은 일을 즐긴다. 조직생활의 갈등과 어려움을 적극적으로 해결하고 회사와 소속된 팀에 이윤이 되는 방향으로 의사결정을 한다.

면접관은 지원자의 목표가 회사나 팀에 어떻게 기여를 할지 궁금하다. 따라서 향후 5년 안에 화목한 가정의 가장이 되거나, 세계 여행을 하고 싶은 목표는 면접관이 원하는 답에서 매우 멀다.

답변전략

단기적으로, 장기적으로 자신의 커리어에서의 목표를 이야기한다. 프로페셔널로서 어떻게 성장할지에 관한 목표, 이를 실현할 열정과 역량이 회사의 가치와 이윤에 어떻게 도움이 될지에 초점을 맞춰서 답해야 한다.

지원자들의 답에서 크게 두 가지 유형을 본 것 같다. 'CEO가 되겠다'는 혹은 '매니저가 되고 싶다'이다. 나는 솔직히 이 대답들은 모호하다고 생각한다. 좀 더 구체적이고, 고민의 흔적이 보이는 목표와 준비된 열정을 보였으면 한다.

Key Expressions

나의 단기 목표

As a short term goal*, I am interested in _____.

단기 목표로서 저는 ~에 관심이 있습니다.

* as a short(long) term goal: 단기(장기) 목표로는

In the next five years, I am interested in _____.

향후 5년 뒤에는, 저는 ~에 관심이 있습니다.

At the moment, I'm really interested in getting a thorough understanding of
_____.

지금으로서는, 전반적인 ~에 관한 철저한 이해를 하는 것에 관심이 있습니다.

나의 장기 목표

My ultimate goal is to become a(n) _____.

저의 궁극적인 목표는 ~이 되는 것입니다.

My long term goal is to become a(n) _____.

저의 장기적인 목표는 ~이 되는 것입니다.

나의 단기 목표

As a short term goal, I am interested in new product development.
단기 목표로서 저는 신상품 개발에 관심이 있습니다.

As a short term goal, I'm interested in getting a thorough understanding of marketing.
단기 목표로서 저는 마케팅에 관해 철저히 이해하는 것에 관심이 있습니다.

At the moment, I am interested in getting a thorough understanding of the FMCG industry.
현재로서는 저는 FMCG 산업에 관해 철저히 이해하는 것에 관심이 있습니다.

In the next five years, I am interested in a project management role.
5년 뒤에는 프로젝트 매니저가 되는 것에 관심이 있습니다.

나의 장기 목표

My ultimate goal is to be a major contributor to a respected company like yours.
저의 궁극적 목표는 귀사와 같이 존경받는 기업에서 활약하는 직원이 되는 것입니다.

My long term goal is to become a major contributor to a fast growing company like yours.
저의 장기 목표는 귀사와 같이 빠르게 성장하는 기업에서 활약하는 직원이 되는 것입니다.

My long term goal is to become a true professional at a large company like yours.
저의 장기적인 목표는 귀사와 같은 큰 회사에서 진정한 프로페셔널이 되는 것입니다.

My ultimate goal is to become a valuable asset* to the company as its business grows.
저의 궁극적인 목표는 회사가 성장함에 따라 회사의 중요한 직원(자산)이 되는 것입니다.

* valuable asset은 기업에서 중요하게 생각하는 자산. 즉, 인재라는 의미로써 사용할 수 있다. 비즈니스에서 자주 사용하는 용어임으로 면접에서 적극 활용한다.

Answer Sample 1

My ultimate goal is to be a major contributor to an energetic company like yours. As a short term goal, I'm really interested in getting a thorough understanding of marketing. In the next five years, I am interested in a project management role, especially in market research and strategy development.

저의 궁극적인 목표는 귀사와 같이 에너지가 넘치는 회사에서 활약하는 직원이 되는 것입니다. 단기 목표로는, 저는 마케팅에 관한 철저한 이해를 하는 것에 관심이 있습니다. 앞으로 5년 후에, 특히 시장조사와 전략개발을 하는 업무의 프로젝트 관리 역할에 관심이 있습니다.

Answer Sample 2

At the moment, I am really interested in getting a thorough understanding of the FMCG industry. I think this industry has a high growth potential. It is especially true in emerging markets, such as India and China where population and people's needs are growing fast. My ultimate goal is to become a true professional in the FMCG industry.

현재 저는 FMCG 산업에 관해 철저하게 이해하는 것에 큰 관심이 있습니다. 저는 이 산업이 높은 성장 가능성을 갖고 있다고 생각합니다. 특히 인구와 사람들의 요구가 급속하게 성장하고 있는 인도나 중국과 같은 신흥시장에서는 더욱 그렇습니다. 저의 궁극적인 목표는 FMCG 산업에서 진정한 프로페셔널이 되는 것입니다.

Answer Sample 3

As a short term goal, I am interested in developing new products. My dream is to develop products that represent Korean wisdom and philosophy about food. I will market them as an international brand. My ultimate goal is to become a true professional at a large company like yours.

단기 목표로는, 저는 신상품개발에 관심을 두고 있습니다. 제 꿈은 음식에 관한 한국인의 지혜와 철학을 대표할 수 있는 상품을 개발하는 것입니다. 저는 이 상품들을, 세계적인 브랜드로서 시장에 내놓을 것입니다. 저의 궁극적인 목표는 귀사와 같은 대기업에서 중요하게 기여하는 직원이 되고 싶습니다.

Tip. 지원회사에 관한 창의적인 아이디어가 있다면 자연스럽게 나의 목표와 연결해서 appeal한다.

Answer Sample 4

As a short term goal, I am interested in getting a thorough understanding of the hotel business. At the moment, I am really passionate about providing good services to our customers. My long-term goals depend on the company's new directions. That is, I would take a position of high responsibility, where I can contribute to the success of organization.

저의 단기적인 목표는 호텔사업을 철저하게 이해하는 것입니다. 현재는 고객에게 훌륭한 서비스를 제공하는 것에 열정을 갖고 있습니다. 장기적인 목표는 회사의 새로운 전략(방향)에 달려있습니다. 즉, 저는 회사의 성공에 기여할 수 있는 무거운 책임을 맡는 자리를 취하고 싶습니다.

Tip. 회사전략이나 업무가 구체적이지 않은 경우, 모호한 목표보다는 정공법으로 솔직하게 이야기하는 것도 전략이다. 막연한 답보다는 회사의 방향에 따라 융통성을 갖겠다는 전략을 사용해보라.

How Do You Handle Conflicts?

Chapter 14

How Do You Handle Conflicts?

당신은 분쟁이나 갈등을 어떻게 해결합니까?

"

'갈등은 나를 성장시키는 기회'라고 한다.
그런데 정말 그렇다.

"

14 How Do You Handle Conflicts?
당신은 분쟁이나 갈등을 어떻게 해결합니까?

질문의도

이 질문을 통해 지원자가 입사 후 갈등상황을 어떻게 해결할지를 예상한다. 팀 안에서, 팀 간 그리고 불만을 들고 오는 고객들과의 갈등해결능력은 조직생활의 중요한 부분이다. 특히, 고객지원팀의 업무에 지원했거나 면접관이 고객지원팀 소속이라면 자주 묻는다.

답변전략

갈등을 자연스럽고 긍정적으로 보는 태도와 함께, 팀에서 갈등을 조정했던 사례를 보여주는 것이 좋다. 직접 분쟁에서 자신이 이긴 경우보다는 중재자(mediator)의 역할을 했던 경험을 말하는 것이 현명하다.

고객과의 갈등에서 부족한 정보로 고객에게 해결책을 제시하거나, 쉽게 'Yes'라고 답하는 것은 금물이다. 자칫 회사가 정해놓은 원칙이나 규정과 다를 수 있기 때문이다.

타인에게 의존하는 것과 자신의 권한 이외의 사안에 대해 조언을 얻는 것은 엄연히 다르다. 전자는 자신이 할 일을 남에게 떠넘기는 것이고, 후자는 업무수행을 회사의 원칙에 따르려는 것이다. 후자는 중요하다. 자신의 권한 밖의 사안이면 부족한 정보로써 고객과의 문제를 해결해서는 안 된다. 팀장들은 신입사원의 이러한 경솔함을 우려하기도 한다.

Key Expressions

I consider conflicts as a(n) _____.
저는 갈등을 ~라고 생각합니다.

I can _____ through handling conflicts properly.
갈등을 적절하게 해결하는 경험을 통해, 제가 ~할 수 있습니다.

From every conflict, I can learn something. I learned how to _____.
모든 갈등으로부터 저는 무엇인가를 배울 수 있었습니다. 저는 ~방법을 배웠습니다.

Examples   ⏺ MP3_040

I consider conflicts as a learning tool.
저는 갈등을 배움의 도구라고 생각합니다.

I consider a conflict as an opportunity to learn more, and I like to have these opportunities.
저는 갈등을 더 많이 배울 기회로 보고 있고, 이와 같은 기회들을 갖고 싶습니다.

I can understand others better through handling conflicts properly.
갈등을 적절하게 해결하는 것을 통해 사람을 더 깊게 이해할 수 있습니다.

I can be more mature and responsible through handling conflicts properly.
갈등을 적절하게 해결하는 경험을 통해 제가 더 성숙하고 책임감을 가질 수 있습니다.

From every conflict, I can learn something. I've learned how to improve relationships with others.
모든 갈등으로부터 무엇인가를 배울 수 있었습니다. 저는 다른 사람들과의 관계를 개선하는 방법을 배웠습니다.

From every conflict, I can learn something. I've learned how to control myself in the face of difficulties.
모든 갈등으로부터 무엇인가를 배울 수 있습니다. 저는 어려움 앞에서 자신을 제어하는 방법을 배웠습니다.

I handle a conflict by ~ing(동명사형).

저는 먼저 ~것에 의해 갈등을 해결합니다.

When I face a conflict, I _____.

제가 갈등상황에 대면했을 때, 저는 ~합니다.

~ing(동명사형) can help me solve the problem efficiently.

~가 문제를 더 효율적으로 해결할 수 있도록 합니다.

Examples　　　MP3_041

I handle a conflict by understanding the problem clearly first.

저는 문제를 먼저 분명하게 이해하는 것에 의해 갈등을 해결합니다.

When I face a conflict, I stay calm and listen to the problem to understand it clearly.

저는 문제에 대면했을 때, 침착함을 유지하고 정확하게 이해하기 위해 듣습니다.

When I face a conflict, I stay cool and focus on the situation.

저는 문제에 대면했을 때, 침착함을 유지하고 상황을 집중합니다.

Defining the problem clearly can help me solve the problem efficiently.

문제를 정확히 정의하는 것이 그 문제를 효율적으로 해결할 수 있습니다.

Showing empathy for others can help me solve the problem efficiently.

다른 사람에게 동감을 표현하는 것이 문제를 효율적으로 해결할 수 있습니다.

Putting myself in the other's shoes* can help me solve the problem efficiently.

상대방 입장이 되어 생각해보는 것이 문제를 효율적으로 해결하는 데 도움이 됩니다.

* put myself into the other's shoes: 상대의 입장이 되어보다.

Answer Sample 1

I handle a conflict by listening carefully to the problem first. Then, I repeat it back to the person in my words with respect. In this way, I make sure that I understand the problem clearly. Defining the problem clearly can help me solve the problem efficiently.

저는 먼저 그 문제에 대해 주의 깊게 들어서 갈등을 해결하려고 합니다. 그리고 나서 문제를 이해했음을 확인하기 위해, 상대에게 상황을 정중히 다시 이야기합니다. 문제를 명확히 정의하는 것이 그 문제를 효율적으로 해결하도록 합니다.

Answer Sample 2

When I face a conflict, I put myself into the other's shoes. Then, I can see the problem through his or her eyes. This always helps me solve problem efficiently.

갈등상황일 때, 저는 상대방의 입장이 되어봅니다. 그러면 문제를 상대방의 관점에서 볼 수 있습니다. 이는 제가 문제를 효율적으로 해결하는 데 도움이 됩니다.

Answer Sample 3

As the leader of the acting club at my university, I had to deal with lots of conflicts among the members. When I faced a conflict, I stayed cool and tried to understand the situation first. Then, I helped them approach the problem based on the facts rather than personal assumptions. Through the experience, I learned how to understand others better.

대학연극반 리더로서, 멤버들 간의 많은 갈등을 해결해야 했습니다. 갈등이 있을 때, 저는 침착하고 문제를 명확히 이해하려고 합니다. 그리고 나서 멤버들이 추측에 의해서가 아니라 사실에 의해 문제에 접근하도록 합니다. 이 경험을 통해, 저는 사람을 더욱 이해하는 법을 배웠습니다.

Answer Sample 4

Through my project experience, I learned that a good team isn't one without conflicts. A good team is rather one that can solve conflicts constructively. When I face conflicts in my team, I try to find better solutions through open discussion.

프로젝트 경험을 통해, 훌륭한 팀이란 갈등이 없는 팀이 아니라는 것을 배웠습니다. 훌륭한 팀이란 갈등을 건설적으로 해결할 수 있는 팀입니다. 갈등이 있을 때, 저는 개방된 토론을 통해 더 나은 해결책을 찾으려고 합니다.

초췌한 남자가 정신과를 찾아왔다. "잠을 잘 수가 없습니다! 침대 밑에 꼭 누가 있는 것 같아서요." 의사 왈, "꾸준히 치료를 받으면 좋아질 겁니다. 빠지지 말고 나오십시오." 며칠 후, 그 사람은 나타나지 않았다. 길에서 우연히 만난 두 사람. "왜 병원에 안 나오십니까?" "치료비가 비싸서요. 그런데 병은 깨끗이 나았습니다." "어떻게요?" "친구 놈에게 말했더니, '야, 침대 다리를 잘라버려.' 그래서 정말 잘랐더니, 무서운 생각이 싹 없어졌습니다." 세상의 훌륭한 답은 사람을 이해하는 데 있다.

How Do You Handle Stress?
당신은 스트레스를 어떻게 해결합니까?

Chapter 15

How Do You Handle Stress?

당신은 스트레스를 어떻게 해결합니까?

66

스트레스는 나의 힘.

99

15 How Do You Handle Stress?
당신은 스트레스를 어떻게 해결합니까?

질문의도

앞으로 업무에서 오는 스트레스를 어떻게 해소할지를 확인하는 질문이다. 사실, 스트레스 해소방법을 보면 그 사람도 보인다. 예를 들어, 똑같은 스트레스 상황에서 노래방에 가는 사람과 명상을 하는 사람이 같을 수는 없다. 그렇다고 어느 쪽이 더 나은 것도 못한 것도 절대 아니므로 자기 스타일에 솔직하면 된다.

답변전략

자신의 스트레스 관리법을 솔직하게 말한다. 전략적으로는 업무에서 스트레스를 줄이는 방법, 스트레스에 관한 자기관리, 시간관리, 체력관리 등이 무난한 답이 될 것이다. 그리고 스트레스에 관한 긍정적인 마인드도 함께 언급한다.

머리를 먼저 정리해봐.
몸과 마음은 다르지 않아.

윽, 스트레스!!

Key Expressions

나의 스트레스에 관한 긍정적인 마인드

I consider stress as _____.

저는 스트레스를 ~으로 간주합니다.

I can _____ when I am under a little pressure.

저는 약간의 스트레스 상황일 때 ~할 수 있습니다.

나의 스트레스를 해소하는 법

I found that _____ helps me reduce stress.

~이 저의 스트레스를 줄이는 데 도움이 됩니다.

When I am under stress, I do _____.

제가 스트레스를 받았을 때는, 저는 ~를 합니다.

내가 불필요한 스트레스를 미리 막는 법

I handle stress by _____.

저는 ~에 의해서 스트레스를 관리합니다.

To minimize unnecessary stress at work, I _____.

불필요한 스트레스를 최소화하기 위해, 저는 ~합니다.

In this way, I _____ unnecessary stress.

이 방법으로, 저는 불필요한 스트레스를 ~합니다.

나의 스트레스에 관한 긍정적인 마인드

I consider stress as a constructive force.

저는 스트레스를 건설적인 추진력으로 간주합니다.

I can focus on work better when I am under a little pressure.

저는 약간의 압력이 있을 때 일에 더 집중할 수 있습니다.

I can make better outcomes when I am under a little pressure.

저는 약간의 압력이 있을 때 더 좋은 결과를 만들어낼 수 있습니다.

I can work efficiently when I'm under stress.

저는 약간의 압력이 있을 때 효율적으로 일할 수 있습니다.

I consider stress as a driving force. I can put in more effort when I'm under a little stress.

저는 스트레스를 추진력이라고 생각합니다. 저는 약간의 압력이 있을 때 더 노력할 수 있습니다.

나의 스트레스를 해소하는 법

I found that time management helps me reduce stress.

시간관리가 제 스트레스를 줄이는 데 도움이 됩니다.

I found that physical exercise helps me reduce stress.

운동이 제 스트레스를 줄이는 데 도움이 됩니다.

I found that meditation helps me reduce stress.

명상이 제 스트레스를 줄이는 데 도움이 됩니다.

When I am under stress, I do some exercise.

스트레스를 받았을 때, 저는 운동을 합니다.

When I am under stress, I take a walk to calm myself down.

스트레스를 받았을 때, 저는 산책을 하며 자신을 다스립니다.

내가 불필요한 스트레스를 미리 막는 법

사전계획과 철저한 시간관리를 합니다.

I handle stress by planning time well in advance.

저는 사전에 시간을 잘 관리해서 스트레스를 관리합니다.

I handle stress by maintaining a weekly planner. It helps me plan in advance and keep track of my weekly tasks.

저는 주간계획을 관리하는 것으로 스트레스를 줄입니다. 이는 사전 계획과 주간업무를 파악하는 데 도움이 됩니다.

to-do 리스트와 우선순위를 정합니다.

I handle stress by focusing on tasks with top priority, and not sweating the small things*.

우선순위가 높은 업무에 집중하고, 사소한 일에는 예민하지 않은 것으로 스트레스를 관리합니다.

* sweat the small things: 사소한 일에 열을 올리다

To minimize unnecessary stress at work, I create a to-do list.

업무에서 불필요한 스트레스를 최소화하기 위해, 저는 해야 할 일 리스트를 만듭니다.

To reduce unnecessary stress at work, I do things with top priority first.

업무에서 불필요한 스트레스를 최소화하기 위해, 우선순위가 높은 일을 먼저 수행합니다.

이 방법으로 스트레스를 줄입니다.

In this way, I reduce unnecessary stress.

이 방법으로, 저는 불필요한 스트레스를 줄입니다.

In this way, I can plan ahead and reduce unnecessary stress.

이 방법으로, 저는 사전에 계획을 세우고 불필요한 스트레스는 줄입니다.

Answer Sample 1

I consider stress as a constructive force. I can focus on work better when I am under a little pressure. To avoid unnecessary stress, I maintain a schedule planner. I can plan ahead and keep track of my tasks. In this way, I am able to complete many tasks in a limited time, while reducing stress.

저는 스트레스를 건설적인 추진력이라고 생각합니다. 약간의 스트레스가 있을 때 일에 더 집중할 수 있습니다. 불필요한 스트레스를 피하고자, 스케줄 표를 관리합니다. 사전계획을 세우고 진행상황을 파악합니다. 이로써 저는 한정된 시간 안에 스트레스는 줄이고 많은 일을 마칠 수 있습니다.

Answer Sample 2

When I am under stress, I get some exercise. After doing physical exercise, I feel refreshed. Eventually, I am able to be more focused and approach my work in a different way.

스트레스를 받을 때는 운동을 합니다. 운동하고 나면 기분 전환이 됩니다. 결국은 일에 더 집중하고 다른 방법으로 접근할 수 있습니다.

Answer Sample 3

I found that time management helps me reduce stress. I consider stress as an inevitable partner. I can put in more effort when I am under pressure. It helps me achieve the best results at work.

시간관리가 제 스트레스를 줄이는 데 도움이 됩니다. 저는 또한 스트레스란 피할 수 없는 파트너라고 생각합니다. 스트레스가 있을 때 저는 더 노력을 기울이게 됩니다. 이는 제가 최고의 결과를 얻는 데 도움이 됩니다.

Answer Sample 4

I handle stress by planning time well in advance. To avoid unnecessary stress at work, I create a to-do list, prioritize it, and make sure that I do things with top priority first.

저는 사전에 시간을 잘 관리해서 스트레스를 해결합니다. 업무에 불필요한 스트레스를 피하기 위해 해야 할 리스트를 만들고, 우선순위를 정하고, 순위가 높은 일을 먼저 수행합니다.

Tell Me about Your Experiences at College.

Chapter 16

Tell Me about Your Experiences at College.

대학생활에 대해 말해보세요.

"

말할 만한 경험들:
나의 도전과 모험 (○)
동아리 활동 (○)
취미, 배낭여행 (○)
자원봉사 (○)
아르바이트 (○)
커플매니저 지원이 아니라면, 연애? (×)

"

16 Tell Me about Your Experiences at College. 대학생활에 대해 말해보세요.

나의 대학생활!

댄스 동아리에서
복고춤을 배웠고

SNS의 절대강자,
파워블로거가 되었고

배낭여행을 다녔고

번지점프하다가
기절도 했었어

질문의도

사회인이 되기 전, 대학활동과 경험을 통해 회사가 원하는 자격과 성숙함을 갖추었는지를 확인한다.

답변전략

지원업무에 흥미를 갖게 된 계기 혹은 기업에서 요구하는 역량을 배우게 된 경험을 이야기한다. 대학생활은 미리 준비하지 않으면 답하기 어렵다. 자신의 소중한 경험과 그 경험으로부터 무엇을 얻었는지 정리한다. 그 경험이 지원회사가 원하는 핵심 역량과 인재상에 부합하는지 확인한다.

다음의 경험을 면접의 답변으로 추천한다.

1. 자신에게 도전했던 경험, 성장할 수 있었던 인간적 경험, 다른 사람을 도왔던 경험 등
2. 동아리, 학교와 교외활동에 열정적으로 참여, 사회성, 리더십, 팀워크 경험 등
3. 지원업무에 흥미를 갖게 된 계기

English Interview

Key Expressions

저는 대학생활 동안 ~에 중점을 두었습니다.

My college life has focused on ~ing(동명사구).

저의 대학생활은 ~에 중점을 두었습니다.

I actively participated in 참여한 활동(명사형).

대학 시절 ~에 적극적으로 참여했습니다.

I've focused on participating in 참여한 활동(명사형).

저는 ~활동에 참여하는 데 집중했습니다.

저는 ~경험을 통해서, ~을 배웠습니다.

Through my 경험(명사형), **I learned how to** 동사원형.

저는 (경험)을 통해 ~하는 법을 배울 수 있었습니다.

Through my 경험(명사형), **I learned that** 배운 교훈(주어+동사).

저는 (경험)을 통해, ~교훈을 얻었습니다.

Because of experiences during my college days, I was able to develop skills to 동사원형.

대학 시절의 경험 덕에, 저는 ~하는 기술을 개발할 수 있었습니다.

~은 저에게 진정한 인생경험이었습니다.

The real experience came when 나의 과거 경험(주어+동사).

저의 진정한 경험은 제가 ~(과거 경험)했을 때였습니다.

나의 과거 경험(주어+동사), **which gave me real life experience.**

저는 ~(과거 경험)을 통해 진정한 인생경험을 하게 되었습니다.

---

* **참가하다 attend vs. participate in:** 사전적 의미는 비슷하지만 사실 다르다. **attend**는 수업이나 세미나 등 주로 다른 사람이 설명하는 것을 듣는 것에 참석하는 의미로 쓰이고, **participate in ~ing**은 클럽이나 조직의 멤버로서 적극적인 활동에 참여하는 의미이다.

저는 대학생활 동안 ~에 중점을 두었습니다.

My college life has focused on working with others as a team.

제 대학생활은 다른 사람들과 팀으로서 일하는 것에 중점을 두었습니다.

I actively participated in club activities at my college.

저는 대학에서 동아리 활동에 적극적으로 참여했습니다.

I actively participated in overseas volunteer work.

저는 해외 자원봉사에 적극적으로 참여했습니다.

I've focused on participating in various activities outside of college.

저는 다양한 교외 활동에 집중했습니다.

저는 ~경험을 통해서, ~을 배웠습니다.

Through my club activities at college, **I learned how to** cooperate with many different groups of people.

저는 대학 동아리 활동을 통해서, 다양한 그룹의 사람들과 협동하는 방법을 배웠습니다.

Through my college experiences, **I learned how to** adjust myself to a teamwork situation.

저는 대학교의 경험을 통해서, 팀워크(가 요구되는) 상황에서 자신을 적응하는 법을 배웠습니다.

Through my college projects, **I learned that** only continuous learning and hard work produced success.

저는 대학 프로젝트를 통해서, 오직 끊임없이 배우고 노력하는 것만이 성공을 만든다는 것을 배웠습니다.

Through my sports activities at college, **I learned that** having passion could motivate me, but only hard work achieves results.

대학에서 스포츠 활동을 통해서, 열정을 가지는 것은 동기는 부여하지만, 오직 열심히 노력하는 것만이 결과를 만들어낼 수 있다는 것을 배웠습니다

Because of my experiences during my college days, I was able to develop skills to communicate with accuracy.

대학생활의 경험을 통해, 저는 정확성을 갖고 커뮤니케이션 하는 기술을 익힐 수 있었습니다.

Because of my experiences during my college days, I was able to develop skills to work with others as a team.

대학생활의 경험을 통해, 다른 사람과 하나의 팀으로서 일하는 기술을 익힐 수 있었습니다.

~은 저에게 진정한 인생경험이었습니다.

The real experience came when I actually worked with people outside of college.

저의 중요한 인생경험은 대학교 밖의 사람들과 일을 할 때였습니다.

The real experience came when I volunteered at a nursing home.

저의 중요한 인생경험은 제가 양로원에서 자원봉사를 할 때였습니다.

I volunteered in a hospital for cancer patients, which gave me real life experience.

저는 암 병동에서 자원봉사를 했는데, 진정한 인생경험이 되었습니다.

I participated in overseas volunteer work, which gave me real life experience.

저는 해외 자원봉사를 참가했는데, 진정한 인생경험이 되었습니다.

I traveled all over the world, which gave me real life experience.

저는 세계를 여행했는데, 실제 인생경험이 되었습니다.

MP3_046

Answer Sample 1

My college life has focused on working with others as a team. College courses required me to work with a team on class projects. Through the experience, I learned how to adjust myself to a team environment. I also learned that I have to respect the people I work with.

대학생활 동안 사람들과 함께 일하는 것에 중점을 두었습니다. 대학 학과과정은 팀으로서 수업 프로젝트를 수행해야 합니다. 이 경험을 통해 팀 환경에 자신을 적응하는 법을 배웠습니다. 또한 함께 일하는 사람들을 존중해야 함을 배웠습니다.

Tip. 위는 대학생활을 통해 조직에서 필요한 팀워크, 동료를 대하는 법 등의 역량을 강조한다.

Answer Sample 2

Through my college experiences, I learned how to work with others. We often worked as a team on class projects. However, the real experience came when I actually worked with people outside of college. I had part-time summer jobs. I worked as a clerk in a time-sensitive business, a travel agency. It was a very rewarding experience for me to have customers pay for services I provided.

대학생활을 통해 사람들과 함께 일하는 법을 배울 수 있었습니다. 저희는 자주 팀을 구성해서 학과 프로젝트를 수행했습니다. 그러나 중요한 경험은 학교 외에서 사람들과 일할 때였습니다. 저는 여름 아르바이트를 했었습니다. 시간을 다투는 업종인 여행사에서 직원으로 일했습니다. 제가 제공하는 서비스에 고객이 돈을 지불한다는 것은 매우 보람 있는 경험이었습니다.

Tip. 경험을 해석하는 방법은 다양하다. 한 가지의 경험에서 어떤 교훈을 말할지는 지원업무를 고려해서 결정한다. 위 예처럼 고객에게 서비스를 제공하고 그 대가를 받는 경험은 더 이상 학생이 아니라 사회인으로서의 자세를 selling할 수 있다.

Answer Sample 3

I actively participated in overseas volunteer work. It was a very rewarding experience for me, and a great way to meet people. I learned how a team of different people communicate with one another, and how they handle stress with humor. Because of my college life, I am well prepared to cope with others.

저는 해외 자원봉사 활동에 열심히 참여했습니다. 저에게 정말 보람 있는 경험이었고, 많은 사람과 만날 수 있었습니다. 저는 다른 성격의 사람들로 구성된 팀에서 커뮤니케이션 하는 법과, 스트레스 상황을 유머로 대처하는 법을 배웠습니다. 대학생활을 통해서 사람들과 함께 일할 수 있도록 스스로를 잘 준비했다고 생각합니다.

Tip. 무엇을 했는가를 나열하는 것이 아니라 무엇을 배우고 느꼈는지 나의 생각이 더 중요하다.

Answer Sample 4

I've focused on participating in various activities outside of college. I volunteered at a nursing home and traveled all over the world, which gave me real life experience. I was able to develop skills to work with people from diverse backgrounds and cultures. Because of my college life, I am well prepared to work at a global company.

저는 다양한 교외활동에 참여하는 것에 집중했습니다. 양로원에서 자원봉사를 했고 세계를 여행했는데, 이는 제게 진정한 인생경험이 되었습니다. 다양한 배경과 문화를 가진 사람들과 일하는 법을 익힐 수 있었습니다. 대학생활을 통해서, 글로벌 조직에서 잘 일할 수 있도록 자신을 준비했다고 생각합니다.

Tip. 지원회사의 업무가 글로벌 역량을 요구한다면, 타문화를 이해하고 함께 일했던 경험을 강조한다.

Answer Sample 5

I volunteered in a hospital for cancer patients, which gave me real life experience. I learned the importance of life and how to work as a team. This can't be taught in the classroom. Because of that experience, I also learned that I have a passion for helping others. This is why I am applying for a Customer Service position.

저는 암 병동에서 자원봉사를 하였는데, 이것은 중요한 인생경험이 되었습니다. 저는 생명의 소중함과 팀으로서 일하는 법을 배웠습니다. 이것은 교실에서는 배울 수 없는 경험이었습니다. 이 경험을 통해 저는 사람을 돕는 것에 열정을 갖고 있다는 것을 깨닫게 되었습니다. 그리고 이것에 제가 고객지원팀에 지원하는 이유입니다.

Tip. 대학생활 경험 중 무엇이 이 면접에서 가장 나에게 도움이 될지 생각하고, 다시 생각한다.

Do You Have Any Questions for Our
Company?

Chapter 17

Do You Have Any Questions for Our Company?

우리 회사에 대해 질문 있습니까?

"

모든 질문 중 가장 powerful한 질문이다.
질문 안 하는 것을 절대로 하지 말 것!

"

질문의도

인터뷰의 마지막에는 반드시 이 질문이 나온다. 형식적인 질문 같지만, 절대 놓쳐서는 안 될 기회이다. "나는 꼭 이 회사에서 일하고 싶습니다!"라는 열정을 행동으로 보여줄 수 있기 때문이다. 똑똑한 질문을 만들어가라.

답변전략

사실 가장 좋은 질문은 인터뷰하면서 나왔던 내용과 연결된 질문이다. 경력사원이라면 주로 1:1 면접이 많기 때문에 자신의 면접관과의 대화내용에서 질문하면 좋다. 그러나 지원회사와 업무에 관한 질문도 사전에 준비해야 한다. 그리고 면접관의 직책에 맞게 질문할 수 있으면 바람직하다.

1. 부서장 등 실무진, 직속 상사: 조직의 수장으로서 현 industry에 관한 전망, 부하직원에게 바라는 점, 조직에 관한 전망과 비전, 업무에 필요한 기술과 역량, 내년 영업목표, 부하직원과 선호하는 의사소통 방법 등
2. HR 담당자: 조직문화, 직원교육 프로그램, 회사의 인재상, 이 회사직원으로서 일하면서 좋았던 점 등 조직문화 관련 질문들
3. Open questions을 묻는다. 상대에게 Yes or No로 끝나는 질문은 하지 않는다.
4. 피해야 할 질문들: 연봉, 휴가 일수, 상여금, 휴직프로그램, 복리후생 등은 자신에게 마이너스가 되는 질문이다. 궁금해도 잠시 참고, 입사 후에 한다.

대화의 closing은 그 시작만큼 중요하다.

Key Expressions

마지막으로 나의 열정 강조하기

After having an interview with you, I am convinced that _____.
인터뷰하고 나서, 저는 ~을 확신합니다.

I think that this position is an excellent match for _____ and
_____.
저는 이 업무가 ~와 ~에 매우 잘 맞는다고 생각합니다.

Through this interview, I am convinced that _____.
이 면접을 통해서, 저는 ~임을 확신하게 되었습니다.

본격적으로 질문하기

I would like to ask about _____.
저는 ~에 대해서 묻고 싶습니다.

I would love to learn more about _____ but I have one question.
저는 ~에 대해서 많은 것을 알고 싶습니다만, 한 가지만 질문하겠습니다.

마지막으로 나의 열정 강조하기

After having an interview with you, I am convinced that this is the exact company I am looking for.

인터뷰하고 나서, 귀사는 제가 찾고 있던 직장임을 확신하게 되었습니다.

I think that this position is an excellent match for my interests and personal strengths.

저는 이 업무가 제 흥미와 개인적인 강점들과 아주 잘 맞는다고 생각합니다.

I think that this position is a very good match for my career goals and personal strengths.

저는 이 업무가 제 커리어 목표와 개인적인 강점과 아주 잘 맞는다고 생각합니다.

Through this interview, I am convinced that this is the ideal company I am looking for.

이 인터뷰를 통해, 이곳이 제가 찾고 있던 회사임을 확신하게 되었습니다.

본격적으로 질문하기

I would like to ask about the vision at your organization.

저는 이 조직의 비전에 대해서 묻고 싶습니다.

I would love to learn more about your organization but I have one question.

저는 이 조직에 대해서 더 많은 것을 배우고 싶습니다만, 한 가지만 질문하겠습니다.

I would love to learn more about the position but I have one question.

저는 그 업무(직책)에 대해서 많은 것을 알고 싶습니다만, 한 가지만 질문하겠습니다.

면접관의 직책에 따른 질문 정리

면접관이 직속상사, 다른 부서의 매니저 등 실무진인 경우

직장상사로서 원하는 부하직원에 관한 질문

As a manager, what is your preferred communication style with your employees?

매니저로서 직원들과의 선호하는 커뮤니케이션 스타일은 무엇입니까?

How would you describe your management style?

당신의 관리스타일은 어떻게 표현하시겠습니까?

What are the most important traits you look for in your team members?

팀원에 대해서 어떤 자질을 가장 중요하게 생각하십니까?

지원 부서의 비전에 관한 질문

What is your vision for your department over the next three years?

향후 3년에 걸쳐 이 부서의 비전은 무엇입니까?

지원 업무에 관한 질문

What skills or abilities are needed for this job?

이 업무를 수행하는 데 어떤 기술과 역량이 가장 필요합니까?

What skills and abilities do you consider to be the most necessary for this position?

어떤 기술과 역량이 이 업무를 수행하는 데 가장 필요하다고 생각하십니까?

지원 부서의 조직구조에 관한 질문

Could you explain the organizational structure of your company?

이 부서의 조직구조에 대해 설명해주시겠습니까?

면접관이
회사중역,
HR인 경우

회사의 인재상에 관한 질문

What characteristics and traits do you value most for work at your company?

귀사에서 일하기 위해서 어떤 자격과 성격을 당신은 가장 중요하다고 생각하십니까?

What are the most important characteristics you are looking for in the right employee for this company?

이 회사에 적합한 직원으로서 어떤 성격을 중요하게 생각하십니까?

회사 경험에 관한 질문

What have you liked most about working at this company?

이 회사에서 일하시면서 (직원으로서) 어떤 점을 가장 좋아하십니까?

How would you describe the experience of working here?

이 회사에서 일하신 경험을 설명해 주시겠습니까?

I would like to ask your opinion about working at this company.

이 회사에서 일한 직원으로서 당신의 의견을 듣고 싶습니다.

회사의 비전, 영업목표에 관한 질문

What is your sales goal of the company for this year, and what is your strategy to achieve the goal?

올해 회사 영업목표와 그것을 이루기 위해 어떤 전략을 가지고 계십니까?

교육기회에 관한 질문

Does the company have many training opportunities to improve skills?

귀사는 기술을 향상시키기 위한 교육기회가 많이 있습니까?

면접관이 직속 상사, 실무진인 경우　⬤ MP3_049

직속상사로서 원하는 직원상에 관한 질문하기

Answer Sample 1

What are the most important traits* you look for in your team members?

팀원에 대해서 어떤 자질을 가장 중요하게 생각하십니까?

* trait: 특성, 자질

Answer Sample 2

I would like to ask your opinion as my potential manager. What are the most important things you look for in a member of your team?

저의 잠재적인 상사로서 당신의 의견을 듣고 싶습니다. 팀원으로서 어떤 점을 가장 중요하다고 생각하십니까?

업무에 관한 기술과 역량 질문하기

Answer Sample 3

I think that this position is an excellent match for my interests and personal strengths. What skills and abilities do you consider necessary for this position?

이 업무는 저의 관심과 개인역량에 매우 잘 맞는다고 생각합니다. 이 업무에 필요한 기술과 역량은 무엇이라고 생각하십니까?

Answer Sample 4

What is the important responsibility of this position?

이 업무에서 가장 중요한 임무는 무엇입니까?

Answer Sample 5

I would like to ask about the vision at your department. What is your vision for your department over the next three years?

이 부서에 관한 향후 비전에 대해서 묻고 싶습니다. 당신의 3년 후 이 부서의 비전은 무엇입니까?

Answer Sample 6

I would like to ask about your business goals. What are the major goals of this department?

이 부서에 관한 비즈니스 목표에 대해서 묻고 싶습니다. 이 부서의 주요 목표는 무엇입니까?

프로페셔널로서 임무와 성과에 관한 질문하기

Answer Sample 7

If I am hired, what would be the most important assignments that need to be done in the first three months at my work?

제가 만일 채용된다면, 이 업무에서 첫 3개월 동안 해야 할 가장 중요한 임무는 무엇입니까?

Answer Sample 8

I would like to ask about the performance assessment policy in your organization. How do you measure success on the job?

저는 이 조직에서 성과를 평가하는 방법에 대해 궁금합니다. 이 업무에서 성공은 어떤 방식으로 측정하십니까?

면접관이 회사간부, HR인 경우

직장선배로서 회사에서 일한 경험 질문하기

Answer Sample 9

I would like to ask your opinion about working at this company. How would you describe the experience of working here?

저는 이 회사에서 근무하는 것에 관한 당신의 의견을 묻고 싶습니다. 이 회사에서 일하시는 경험에 대해 말씀해주셨으면 합니다.

Answer Sample 10

Through this interview, I am convinced that this is the company I am looking for. What have you liked most about working at this company?

이 면접을 통해서, 제가 일하고 싶은 회사임을 확신하게 되었습니다. 이 회사에서 일하시면서 (직원으로서) 어떤 점을 가장 만족하십니까?

English
Interview

Part 3

나의 자격에 관한 질문들

Are You Willing to Work Overtime?

Chapter 18

Are You Willing to Work Overtime?

야근할 수 있습니까?

66

'야근을 하라'는 뜻이다.

99

18 Are You Willing to Work Overtime?
야근할 수 있습니까?

질문의도

이 질문을 듣는다면 그 업무는 야근이 필요하다. 이미 Yes의 답을 기다리고 묻는 질문이다. 신입이라면 남보다 일찍 오거나 혹은 늦게 남아서 업무를 익히는 것을 바랄지도 모른다. 아무튼, 팀의 일이 완수될 때까지 책임지고 최선을 다한다는 것, 멋있게 들리겠지만, 구체적으로 야근을 의미한다.

답변전략

역시 Yes로 답하라. 참고로, 야근에 관한 문화는 회사와 부서에 따라 상당히 다른 것 같다. 외국계 기업이나 창의성을 요구하는 부서에서는 잦은 야근을 하는 직원은, 낮에 일에 집중하지 않았거나 창의적으로 일하지 못한다고 여기는 경우도 있다. 물론 그 반대도 많지만 말이다.

"Work-Life Balance"

Key Expressions

I am certainly willing to work overtime in order to _____.

저는 ～하기 위해서는 당연히 야근하겠습니다.

I do not mind working overtime _____.

저는 ～하기 위해 야근하는 것에 전혀 이의가 없습니다.

Examples MP3_050

I am certainly willing to work overtime in order to complete work on time.

저는 기한 안에 일을 마치기 위해서는 당연히 야근하겠습니다.

I am certainly willing to work overtime in order to achieve the best outcome.

저는 최고의 결과물을 만들기 위해서는 당연히 야근하겠습니다.

I do not mind working overtime to meet a tight deadline.

저는 촉박한 일정을 맞추기 위해 야근하는 것에 전혀 이의가 없습니다.

그냥 간단하게는,

I have no problem with working overtime.

야근하는 것에 전혀 이의가 없습니다.

Answer Sample 1

I am a responsible person. I am certainly willing to work overtime in order to achieve the best outcome.

저는 책임감이 강한 사람입니다. 최고의 결과를 내기 위해서는 당연히 야근을 하겠습니다.

Answer Sample 2

I do understand that 'doing good work' means completing it on time and with excellence. I do not mind working overtime to meet a tight deadline.

일을 잘한다는 것은 기일에 맞춰서 훌륭한 결과를 만드는 것임을 알고 있습니다. 저는 촉박한 일정을 맞추기 위해 야근하는 것에 이의가 없습니다.

Answer Sample 3

Work is my top priority. I do not mind working overtime to meet a tight deadline.

저에게 일은 최고의 우선순위입니다. 촉박한 일정을 맞추기 위해 야근하는 것에 이의가 없습니다.

Answer Sample 4

I do understand that it will be necessary to work overtime in the IT industry. Generally, I feel that the work can be completed on time if we plan well. However, I do not mind working overtime to meet a tight deadline.

저는 IT산업에서는 야근이 필수적인 것을 잘 이해하고 있습니다. 일반적으로 계획을 잘하면 기일 안에 업무를 마칠 수 있다고 생각합니다만, 촉박한 일정을 맞추기 위해 야근하는 데 전혀 이의가 없습니다.

Answer Sample 5

I am certainly willing to work overtime in order to achieve the best outcome. I hope projects are scheduled well, and overtime is not a common requirement. However, I have no problem in working overtime.

저는 최고의 결과물을 위해서 당연히 야근하겠습니다. 저는 프로젝트 일정이 잘 계획되어 야근이 일반적인 상황이 아니기를 바랍니다만, 그러나 야근하는 것에는 전혀 문제없습니다.

Tell Me about a Time when ~

Chapter 19

Tell Me about a Time when ~

~했던 사례를 말해보세요.

화난 고객을 대처했을 때
나의 의견에 동의하지 않는 사람들을 설득했을 때
정신적 압박 속에서 효율적으로 업무를 수행했을 때
상사 부재 시 스스로 업무를 처리했을 때
처음 생긴 업무이거나 이전의 사례가 없는 일에 대해 규칙을 만들어 처리했을 때

66
말을 하는 순서를 가져라.
그리고 그 순서에 이야기를 담아라.
99

19 Tell Me about a Time when ~
~했던 사례를 말해보세요.

질문의도

미래의 행동을 가장 제대로 예측하는 방법은 과거의 행동을 통해서이다. 지원업무에서 요구되는 역량을 지원자의 과거상황에 대한 행동을 묻고 예측한다. 대략 면접관이 생각하는 과거상황이란, 목표를 이루지 못했을 때, 정당하지 못한 이유로 공격적인 고객을 만났을 때, 기한일정이 너무 촉박했을 때 등이다.

답변전략

상황대처에 대한 질문은 대체 어디서 이야기를 시작해서 끝낼지 막막할 수 있다. 전략은 이렇다.

첫째, 면접에서 과거 어떠한 행동을 질문할 것인가? 자신이 어떤 업무에 지원하는지 생각해 본다. 그 업무에서 발생 가능한 상황을 물을 것이다.

둘째, 말의 순서를 정하라. STAR! 의 순서를 기억한다.
① Situation(정황) → ② Task(나의 역할) → ③ Action(내가 취한 행동) → ④ Result(성공적 결과) 이 4가지 순서에 대해 각각 1~2문장으로 정리해서 이야기하면 된다. 이 장에서 영어로 표현하는 법을 자세히 확인한다.

"이야기 끝은 어디…?"

Starting Point

English Interview

상황대처의 답변은 STAR의 순서로!

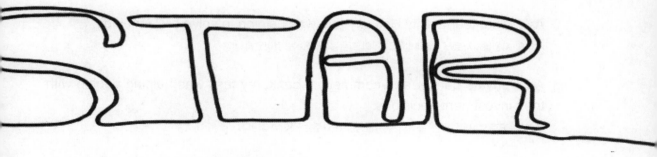

Situation 당시 상황정리

During ~, I was assigned the task of ~ing.

It was when 주어+동사.

> **예문** During my internship program, I was assigned the task of ~
>
> 제가 인턴을 하는 동안, 저는 ~하도록 지시를 받았습니다.
>
> It was when my client was very upset because her phone wasn't working well.
>
> 고객이 전화가 작동하지 않는 것에 매우 화가 났을 때였습니다.
>
> It was when I took on a customer operations role.
>
> 제가 고객지원 역할을 했을 때였습니다.

Task 나의 임무

I was in charge of 업무.

I was responsible for 업무.

As a(n) 직책, my role(task) was ~ing.

> **예문** I was in charge of sales.
>
> 저는 영업담당이었습니다.
>
> I was responsible for the team's budget.
>
> 저는 팀의 예산을 담당했습니다.
>
> As a clerk at the store, my role was helping the customer buy our product.
>
> 점원으로서, 제 역할은 고객이 상품을 구매하도록 도와주는 것이었습니다.
>
> As a volunteer at City Hall, my role was helping to solve civil inquiries.
>
> 시청의 자원봉사자로서, 제 역할은 시민의 질문을 해결하는 것이었습니다.
>
> As a private banker at a commercial bank, my task was helping people with their investment decisions.
>
> 은행의 PB로서, 제 업무는 고객의 투자결정을 도와주는 것이었습니다.

Action 내가 취한 조치

I tried to remain calm _____.
I gathered information to _____.
I persuaded them to _____.

> **예문** I tried to remain calm, and not let my feelings on the situation.
> 저는 침착함을 유지하고, 그 상황에 개인적인 감정을 보이지 않으려고 했습니다.
>
> I found my options for dealing with this problem.
> 저는 그 문제를 처리하는 방안들을 찾습니다.
>
> I gathered information to define the problem, and found its solution.
> 저는 문제를 이해하기 위해 정보를 모으고 해결책을 찾았습니다.
>
> I persuaded each person to cooperate on the project.
> 저는 각각의 사람들에게 그 프로젝트에 협조해주기를 설득했습니다.

Result 그 결과는 어떠했나?

My customer was satisfied.
In the end/As a result, I was able to _____.
I completed _____, and in the end I _____ for my efforts.

> **예문** My customer was satisfied with my efforts and actions.
> 고객은 저의 노력과 조치에 만족하였습니다.
>
> In the end, I was able to deal with all the work successfully.
> 결국, 저는 모든 일을 성공적으로 처리할 수 있었습니다.
>
> As a result, I was able to meet their expectations.
> 그 결과, 저는 그들의 기대를 모두 만족시킬 수 있었습니다.
>
> I completed the project on time, and in the end I received a bonus for my efforts.
> 프로젝트를 기간 안에 완수했고, 그 결과 제 노력에 관한 상여금을 받았습니다.

Answer Sample 1

Tell me about a time when you had to persuade a group of individuals who did not agree with you.
당신에게 동의하지 않는 사람들을 설득했던 경험을 말해보세요.

Situation

During my summer internship, I was assigned the task of conducting a survey. I **[Task]** had to get the consensus of employees in several departments. Unfortunately, they refused to cooperate because I was just a summer intern. I scheduled individual meetings with every employee. I persuaded each one that this survey would ultimately benefit his or her own department. After a month, I finally got everyone's cooperation. I was able to complete the project successfully, and in the end I **[Action]** received a special award for my efforts. ----- **Result**

여름 인턴 기간 동안, 저는 조사를 수행하는 업무를 맡게 되었습니다. 몇 개 부서 사람들에게 동의를 얻었어야 합니다만, 불행히도 제가 인턴이었기 때문에 그들은 협조하기를 거부했습니다. 저는 개인별로 직원들과 미팅을 했습니다. 이 조사가 궁극적으로 본인의 부서에 이득이 될 것이라는 것을 설득했습니다. 한 달 뒤, 모든 관련된 사람의 협조를 얻어냈습니다. 저는 그 프로젝트를 성공적으로 완수했고, 노력에 관한 상을 받았습니다.

Answer Sample 2

Tell me about an example of when you worked effectively under pressure.
정신적인 압력의 환경에서 효율적으로 일했던 경험을 말해보세요.

Situation

It was when my coworker was hospitalized for three months due to a car accident. I **[Task]** had to deal with additional work on his behalf. My role was to support salespersons by providing detailed information on products. To deal with the increased workload I set priorities, including my additional work. At the same time, I enhanced our FAQ* database so that I could deal with inquiries efficiently. In the end, I was able to deal with all of the work successfully until my coworker came back. ----- **Result** **[Action]**

제 동료가 자동차 사고로 3개월간 병원에 입원해 있을 때였습니다. 저는 그 동료를 대신하여 업무를 처리했어야 했습니다. 제 임무는 영업사원에게 상품에 관한 정보를 지원하는 것이었습니다. 늘어난 업무량 처리를 위해, 추가된 업무를 포함해서 우선순위를 정했습니다. 동시에 FAQ 데이터베이스를 강화하여 질문을 효율적으로 처리할 수 있었습니다. 결국, 저는 동료가 복귀할 때까지 모든 업무를 성공적으로 처리할 수 있었습니다.

* FAQ(Frequently Asked Questions): 자주 묻는 질문

Answer Sample 3

Describe a situation when you made a decision during the absence of a supervisor.
상사께서 부재였을 때 결정을 내렸던 경험을 말해보세요.

Situation

During my last internship, my supervisor asked me to update data on a report. I **Task** found that the report would be improved by changing graphics. However, I wasn't sure if I could update it my way because my supervisor had left for a client meeting before I could ask her. I added my opinions marked in a different color so that my supervisor could easily distinguish changed parts. **Later, my supervisor was able to review it quickly and approved my opinions. She was very happy with my ideas and the improved report.** ----- **Result** **Action**

인턴 때, 제 상사께서 최신 정보로 보고서를 업데이트하라는 지시를 하셨습니다. 저는 그 보고서가 그래프 유형을 바꾸면 더 좋겠다고 생각했습니다. 그러나 상사는 제가 묻기 전, 이미 고객과의 미팅을 위해 출타하셔서 제 의도대로 변경해도 될지 확신할 수가 없었습니다. 저는 보고서에 다른 색깔로 제 의견을 추가해서 상사가 쉽게 그 부분을 볼 수 있도록 했습니다. 후에, 상사는 보고서를 빠르게 검토할 수 있었고, 제 의견에 동의하셨습니다. 상사는 제 아이디어와 향상된 보고서에 만족했습니다.

Answer Sample 4

Tell me about a time when there was no rule or precedent to perform your role.
당신이 업무를 수행하는 데 규칙이나 전임자가 없었던 경험을 말해보세요.

Situation

It was when I took a marketing operations role. I was the first employee in a newly created position. I needed to get a clear understanding of my job. I spent the first week having meetings with concerned teams. I listened to their requirements from **Task** my role. Based on the discussions, I set priorities and performed my role. In the end, I was able to satisfy their needs. ----- **Result** ----- **Action**

마케팅 오퍼레이션 역할을 맡고 있었을 때였습니다. 저는 새롭게 만들어진 직책에 첫 직원이었습니다. 업무에 분명한 이해가 필요했습니다. 저는 첫 주를 관련 팀들과 회의하는 데 시간을 할애했습니다. 제 역할에서 어떤 것을 기대하는지 그들의 요구를 들었습니다. 그 토론을 바탕으로 우선순위를 정하고 임무를 수행했습니다. 그 결과, 저는 그들의 요구를 만족시킬 수 있었습니다.

Answer Sample 5

Tell me about a time when you dealt with an upset customer.
화가 난 고객에 대처했던 경험을 말해보세요.

Situation ·····┐

It was when a lady was very upset at our store. She found her smartphone wasn't working. She had purchased it a few hours before from our store, and she was getting upset with everyone at the store. As a clerk at the store, my role included ···┐ helping to solve customer problems. I took a chair and started to show her how to Task operate it step by step. After a couple of hours she was able to get what she wanted.
Action She was impressed by my efforts and left the store satisfied.····· Result

어떤 여성고객이 저희 가게에서 매우 화가 났을 때였습니다. 그녀의 스마트폰이 작동하지 않음을 알게 되었습니다. 그녀는 몇 시간 전 저의 영업점에서 그것을 구매했는데, 가게의 모든 사람에게 화를 냈습니다. 점원으로서 저의 역할은 고객문제를 해결하는 것이었습니다. 저는 의자에 앉아 그 제품을 어떻게 사용하는지 하나씩 고객에게 설명해드렸습니다. 한두 시간 뒤, 고객은 자신이 원하는 것을 얻을 수 있었습니다. 그녀는 저의 노력에 감사했고 만족하며 가게를 떠났습니다.

'창의적으로 문제를 해결한 경험'의 답변은 p.2P4 예를 참고하세요.

Are You Applying for Other Jobs?

Chapter 20

Are You Applying for Other Jobs?

다른 회사에도 지원했습니까?

20 Are You Applying for Other Jobs?
다른 회사에도 지원했습니까?

질문의도

지원하는 회사에 어느 정도의 열정이 있는지 확인하는 질문이다. 면접관은 지원자가 job offer를 받은 후 혹시 다른 회사를 선택할 가능성을 우려한다. 이 경우 회사는 비용과 시간의 손실이 발생한다.

답변전략

자신의 가능성을 발휘할 수 있는 회사들을 찾아서 몇 군데 지원 중이고, 이 회사가 가장 관심을 두고 있는 곳이라는 사실을 강조한다.

1. 다른 회사에 지원한 업무가 일관성 있는 것이 자신의 분명한 커리어 목표를 보여줄 수 있다. A회사에는 영업부, B회사에는 인사부 식으로 지원했다고 하면, 신입이든 경력사원이든 전문성이 떨어져 보인다.
2. 지원하는 회사에 열정을 보여주기 위해서 '저는 귀사에만 지원했습니다.'라고 답하는 것은 현실성이 없다. 요즘 같은 세상에 이 답변을 믿는 면접관도 드물고, job 시장에 자신을 내놓는 데 안일하다고 생각할 수 있다.
3. 많은 job offer를 받고 있다는 답도 좋지 않다. 합격을 시켜도 다른 회사로 갈 확률이 높다고 생각한다.
4. 한 가지 이유만 간략하게 답한다. 이와 같은 질문은 이유가 길면 길수록 큰 도움 안 된다.

Key Expressions

저는 ~때문에 다른 회사에도 지원했습니다.

Yes, I've applied to* other companies because _____.

네, 저는 ~때문에 다른 회사에도 지원했습니다.

* apply to 회사명: ~(회사)에 지원하다

Yes, I've applied for* _____ positions in other companies because _____.

네, 저는 ~때문에 다른 회사의 ~업무에 지원했습니다.

* apply for 직책(position): ~에 지원하다

그러나 ~때문에 저는 귀사에 가장 큰 관심이 있습니다.

However, I am most interested in this company because _____.

그러나 ~때문에 저는 귀사에 가장 큰 관심이 있습니다.

However, this company is my first choice because _____.

그러나 ~때문에 저는 귀사가 최우선 순위입니다.

저는 ~한 회사에서 일하고 싶습니다.

I would like to work for a company _____.

저는 ~하는 회사에서 일하고 싶습니다.

저는 ~때문에 다른 회사에도 지원했습니다.

Yes, I've applied for marketing positions in other companies because I don't want to miss any opportunities.

네, 저는 가능한 모든 기회를 놓치지 않기 위해 다른 회사의 마케팅업무에 지원했습니다.

Yes, I've applied to other companies because I want to take advantage of every opportunity.

네, 제게 가능한 모든 기회를 활용하기 위해 다른 회사에도 지원했습니다.

그러나 ~때문에 저는 귀사에 가장 큰 관심이 있습니다.

However, I am most interested in this company because I read that you are developing new energy efficient products.

그러나 귀사가 에너지 효율상품을 개발 중이라는 사실을 읽고 저는 귀사에 가장 큰 관심이 있습니다.

However, I am most interested in this company because it is the best fit with my experience and skills.

그러나 제 경험과 기술이 귀사에 가장 적합하기 때문에 귀사에 가장 큰 관심이 있습니다.

However, I am most interested in this company because this position is the best fit with my career goals.

그러나 저의 커리어 목표가 귀사에 가장 적합하기 때문에 귀사에 가장 관심이 있습니다.

저는 ~한 회사에서 일하고 싶습니다.

I would like to work for a company with a vision.

저는 비전이 있는 회사에서 일하고 싶습니다.

I would like to work for a company whose products are respected by its customers.

저는 고객에게 존경받는 상품을 만드는 회사에서 일하고 싶습니다.

I would like to work for a company where I can apply my skills and experience.

저의 기술과 경험을 적용할 수 있는 회사에서 일하고 싶습니다.

I would like to work for a company where I can utilize my strengths most.

저의 강점을 최대한 활용할 수 있는 회사에서 일하고 싶습니다.

Answer Sample 1

Yes, I've applied to other companies. However, I am most interested in this company because it is the best fit with my career goals. I've discovered that your company has good training programs. I am eager to learn and become an expert at my work.

네, 다른 회사에도 지원했습니다. 그러나 저의 커리어 목표와 잘 맞기 때문에 이 회사에 가장 큰 관심을 두고 있습니다. 귀사가 훌륭한 교육프로그램을 하고 있음을 알게 되었습니다. 저는 배워서 이 분야의 전문가가 되기를 열망합니다.

Answer Sample 2

Yes, I've applied to several other companies, but this company is my first choice. I have a strong passion for developing products with creative design. I would like to work for a company where design is valued.

네, 저는 몇 개의 다른 회사에도 지원했습니다만, 귀사에 가장 큰 관심을 두고 있습니다. 저는 창의적인 디자인의 상품개발에 강한 열정을 갖고 있습니다. 디자인의 가치가 존중되는 회사에서 일하고 싶습니다.

Answer Sample 3

Yes, I've applied to other companies because I don't want to miss any opportunities. This company, however, is my first choice. I read that you are developing solar energy laptops. I want to work at a company whose products benefit people.

네, 제게 가능한 모든 기회를 놓치지 않기 위해 다른 회사에도 지원했습니다. 그러나 이 회사가 가장 일하고 싶은 곳입니다(첫 번째 선택입니다). 귀사가 태양에너지를 사용하는 노트북을 개발 중이라는 것을 알게 되었습니다. 저는 사람들을 이롭게 하는 상품을 만드는 회사에서 일하고 싶습니다.

Always fully charged

Answer Sample 4

Yes, I've applied to other companies, but I am most interested in this company. I read about your plan of expanding business overseas. It is the best fit with my overseas experience and language skills. I would like to work for a company where I can utilize my strengths most.

네, 다른 회사에도 지원했습니다만, 귀사에 가장 큰 관심이 있습니다. 귀사의 해외시장 진출에 관한 전략을 읽었습니다. 이는 제 해외 경험과 어학실력과 매우 잘 맞습니다. 제 역량을 최대한 발휘할 수 있는 회사에서 일하고 싶습니다.

꺼리는 사람과 같이 일하는 데는 '인내심'이 아니라, '기술'이 필요하다. 타인의 업무능력과 인격을 구별하고, 전자는 평하고 관여하되, 그들의 인격에 관여하지 마라. 타인의 인격은 내가 바꿀 수 없는 성역이다.

J.F 케네디가 말하지 않았던가? '불을 대하듯 사람을 대하라. 타지 않을 정도로 다가가고, 얼지 않을 정도로 떨어져라.' 미국 대통령도 사람을 대하기가 쉽지 않았다. 직장에서는 굳이 친구를 만들려 애쓰지 말고, 나의 적을 만들지 않는 게 중요하다.

What Kind of People Would You
Have Difficulties Working With?
당신이 같이 일하기 어려운 사람은 어떤 사람입니까?

Chapter 21

What Kind of People Would You Have Difficulties Working With?

당신이 같이 일하기 어려운 사람은 어떤 사람입니까?

66

조직에서 친구를 사귀려 말고
적을 만들지 마라.

99

21 What Kind of People Would You Have Difficulties Working With?

당신이 같이 일하기 어려운 사람은 어떤 사람입니까?

질문의도

단언하건대, 반드시 만난다. 나와 매우 다르고, 함께 일하기 어려운 동료, 상사, 부하직원과 고객을. 그리고 자신이 다른 사람들에게 그러한 존재가 되기도 할 것이다.

팀원 간의 갈등은 팀의 성과를 저하시키고 조직문화를 경직되게 하고, 각각 개인의 자신감에도 큰 마이너스 요인이 된다. 따라서 일보다 어려운 것이 사람이다. 사람을 제대로 대하고 다루는 기술은 조직생활의 고수들만이 갖게 된다.

면접에서는 '당신은 팀워크 기술이 있는가? 사람을 다루는 기술이 있는가?'를 순진하게 그대로 묻지 않고, 이렇게 지원자가 꼼짝 못하는 질문으로 확인한다.

답변전략

가장 좋은 전략은 상식에서 나온다. 모든 사람과 잘 어울리고 일할 수 있는, 프로페셔널로서의 사람을 대하는 역량을 강조한다. 조직의 성과에 해가 되는 유형의 사람에 대해서는 같이 일하기 어렵다는 언급을 해도 좋다.

Key Expressions

저는 모든 사람과 일할 수 있습니다.

I can work with _____.

저는 ~와 잘 일할 수 있습니다.

I _____ working with others.

저는 다른 사람들과 일하는 것을 ~합니다.

나와 타인의 차이를 존중하기 때문입니다.

I respect that people have different _____.

저는 사람들이 다른 ~을 갖는다는 것을 존중합니다.

저는 경험을 통해 ~을 존중해야 함을 알게 되었습니다.

I learned by experience that I have to respect _____.

저는 경험을 통해 ~을 존중해야 한다는 것을 체험했습니다.

~한 사람들과 같이 일하는 것은 조금 불편합니다.

I feel a little bit uncomfortable working with _____.

저는 ~와 함께 일하는 것은 조금 불편해하는 편입니다.

I find it difficult working with _____.

저는 ~와 함께 일하는 것은 어려워하는 편입니다.

Examples　MP3_056

저는 모든 사람과 일할 수 있습니다.

I can work with all kinds of people.

저는 모든 타입의 사람들과 잘 일할 수 있는 사람입니다.

I can work with people from diverse backgrounds and cultures.

저는 다양한 배경과 문화를 가진 사람들과 잘 일할 수 있는 사람입니다.

I am good at working with others.

저는 다른 사람들과 함께 일하는 것에 능숙합니다.

I like working with others.
저는 다른 사람들과 함께 일하는 것을 좋아합니다.

나와 타인의 차이를 존중하기 때문입니다.

I respect that people have different viewpoints and beliefs.
저는 사람들이 다른 관점과 신념을 갖는 것을 존중합니다.

I respect that people have different thoughts and opinions.
저는 사람들이 다른 생각과 의견을 갖는 것을 존중합니다.

저는 경험을 통해 ~을 존중해야 함을 알게 되었습니다.

I learned by experience that I have to respect people for their differences.
저는 사람들의 차이에 대해 존중해야 한다는 것을 체험으로 배웠습니다.

I learned by experience that I have to respect people's diversity for a number of reasons.
저는 수많은 이유로 서로 다른 차이를 존중해야 한다는 것을 체험으로 배웠습니다.

I learned by experience that I have to respect the people I work with.
저와 함께 일하는 사람들을 존중해야 한다는 것을 체험으로 배웠습니다.

~한 사람들과 같이 일하는 것은 조금 불편합니다.

I feel a little bit uncomfortable working with selfish people.
저는 이기적인 사람과 함께 일하는 것은 조금 불편한 편입니다.

I feel a little bit uncomfortable working with people who don't take their work seriously.
자신의 업무를 신중하게 수행하지 않은 사람과 일하는 것은 조금 불편합니다.

I find it difficult working with arrogant people.
저는 거만한 사람과 함께 일하는 것은 어렵다는 것을 알았습니다.

Answer Sample 1

I can work with all kinds of people. I respect that people have different values and beliefs. However, I feel a little bit uncomfortable working with selfish people.

모든 타입의 사람들과 잘 일할 수 있습니다. 저는 사람들의 서로 다른 가치와 믿음을 존중합니다. 그러나 이기적인 사람들과 일하는 것은 조금 불편한 편입니다.

Answer Sample 2

I am good at working with others. I often worked in a team on class projects in college. I learned by experience that I have to respect people for their differences. However, I find it difficult working with people who don't take their work seriously.

저는 사람들과 일을 하는 데 능숙합니다. 대학에서 팀으로서 학과 프로젝트를 자주 수행했습니다. 사람들의 서로 다름을 존중해야 한다는 것을 체험으로 배웠습니다. 그러나 자신의 업무를 신중하게 수행하지 않은 사람과 일하는 것은 어렵다는 것을 알게 되었습니다.

Answer Sample 3

I can work well with people from different backgrounds. I learned by experience that I have to respect diversity* for a number of reasons. I can get along with everyone's different personality.

저는 다른 배경을 가진 사람들과 일할 수 있습니다. 수많은 이유로 다양성을 존중해야 함을 몸소 체험으로 배웠습니다. 저는 사람들의 서로 다른 개성과 잘 어울릴 수 있습니다.

* diversity: 다양성

Answer Sample 4

I like working with others. Working with others creates a competitive environment and this can lead to better results. However, I find it difficult working with people who were dishonest about work issues.

저는 다른 사람들과 일하는 것을 좋아합니다. 함께 일하는 것은 경쟁하는 분위기를 만들고, 더 나은 결과를 가져오게 합니다. 그러나 업무에 대해 정직하지 못한 사람들과 일하는 것은 어렵다는 것을 알았습니다.

Answer Sample 5

Generally, I get along with* everyone. I respect people for their differences. I try to find common ground and focus on our team's goals.

일반적으로 저는 사람들과 잘 어울립니다. 저는 사람들의 차이를 존중합니다. 저는 공감할 수 있는 공통 부분을 찾고 팀의 목표에 집중하려고 합니다.

* get along with someone: 미국식의 '사람들과 잘 어울리다' (*get on with someone은 영국식 표현. 해리포터 등에서 자주 나온다. 원어민 면접관에게서 British accent를 듣는다면 한번 써볼 만하다.)

What Should We Hire You?

Chapter 22

Why Should We Hire You?

우리가 왜 당신을 고용해야 합니까?

66

이 질문을 듣고서 놀라지 않아도 된다.
자신을 제대로 appeal해서 인터뷰어의 결정에
확신을 달라는 의미이다.

99

22 What Should We Hire You?
우리가 왜 당신을 고용해야 합니까?

혹은 *Why are you a better fit for this position than other applicants?*
What can you do for this company?

I am different!

질문의도

직역하면, '우리가 당신을 왜 고용해야 합니까?'이기 때문에 당황스러울 수 있다. 전혀 그럴 필요 없다. 속뜻은 '면접관으로서 지금 선택하려는데, 나의 의사결정에 확신을 주시오.'이다. 즉, '어떻게 우리 회사에 기여하겠는가?'를 묻고 있다

답변전략

지원회사의 인사채용 담당자가 아닌 이상, 회사의 내막을 모르기 때문에 설득력 있는 답을 하기 어렵다. 간단하게, 아래 두 가지의 답변을 생각한다.

1. 지원하는 업계가 혹은 업무에 필요한 skill과 역량을 내가 갖고 있다.
2. 나는 이 회사의 비전에 중요한 역할을 할 수 있다.

경력사원의 경우, 자신의 강점과 이전 직장에서 익힌 transferable skill(영업기술, 대인관계, 관리기술 등)을 최상으로 발휘할 수 있음을 appeal한다.

신입사원의 경우, 지원회사에 관한 사전조사에서 얻은 정보들과 관련된 자신의 열정과 강점을 강조한다.

그룹면접의 경우, 다른 지원자를 깎아 내리거나 자신의 경력과 비교하는 언급은 하지 않는다. "저는 다른 지원자들이 경험하지 않은 교환학생을 다녀왔기 때문에 국제감각이 있다고 생각합니다." 등이다. 면접 화법으로 바꿔야 한다. "귀사가 글로벌 확장을 계획하고 있고, 저는 대학 시절 교환학생을 포함한 국제적 경험을 쌓기 위해 노력했습니다. 이는 귀사의 비전에 반드시 기여할 수 있다고 생각합니다."

다른 지원자들이 나보다 뛰어날지도 잘 모르는 상황이고, 무엇보다 위 태도는 nice하지 못하다.

저를 채용하셔야 합니다! 왜냐하면~

You should hire me because _____.

~이기 때문에 귀사는 저를 채용하셔야 합니다.

I am the right person for this job because _____.

~이기 때문에 제가 이 업무에 적임자입니다.

제가 채용되면, ~할 것입니다.

If I am hired, I will _____.

제가 채용되면, 저는 ~할 것입니다.

Examples MP3_058

저를 채용하셔야 합니다! 왜냐하면~

You should hire me because I do my best and never give up.

저는 최선을 다하고 포기하지 않기 때문에 저를 고용하셔야 합니다.

You should hire me because I am a self motivated and hardworking person.

저는 스스로 동기부여를 하고 열심히 일하는 사람이기 때문에 저를 고용하셔야 합니다.

You should hire me because I am ready to devote myself to your company's success.

저는 귀사의 성공에 헌신할 준비가 되어 있기 때문에 저를 고용하셔야 합니다.

I am the right person for this job because I am creative and have dynamic experience in marketing.

저는 창의적이고 마케팅에 있어 활발한 경험이 있기에 제가 이 일에 적임자입니다.

I am the right person for this job because I am trustworthy and do my work with honesty.

저는 신뢰할 수 있고 정직하게 업무를 수행하기 때문에 이 업무에 적임자입니다.

제가 채용되면, ~할 것입니다. ------------------

모든 지원자들이 하는 말이
"I'll do my best."이다.
다른 표현을 사용해보자.

If I am hired, I will do my job to the best of my ability.

제가 채용되면, 제 능력을 다해 업무를 수행할 것입니다.

If I am hired, I will make every effort to succeed at my work.

제가 채용되면, 업무를 성공시키기 위해 모든 노력을 다할 것입니다.

그리고

저는 귀사의 인재가 될 것을 자신합니다.

I will improve myself and will be a valuable asset to your business.

저는 스스로를 계발하고 귀사에 중요한 인재가 될 것입니다.

I am confident that I would be a valuable asset to your business.

저는 귀사의 비즈니스에 중요한 직원이 될 것입니다.

I'm fully ready to take on new challenges at a fast growing company.

저는 빠르게 성장하는 회사에서 새로운 도전을 위한 만반의 준비가 되어 있습니다.

I have high standards of excellence at work, and have the ability to achieve it.

저는 업무의 탁월함에 높은 기대수준을 갖고 있고, 그것을 성취할 역량을 갖고 있습니다.

저에게 기회를 주십시오!

I hope you can give me a chance to prove my ability at your organization.

귀사에서 제 능력을 증명할 기회를 주시기 바랍니다.

Answer Sample 1

You should hire me because I will be a major contributor to the success of your company. I may have limited work experience and qualifications at the moment, but this is a temporary problem. I am eager to learn. My passion for work will compensate for it in a short period of time.

귀사의 성공에 중요하게 기여하는 인재가 될 것임으로 저를 채용하셔야 합니다. 지금으로서는 업무경험과 자격조건이 부족할 지 모르겠습니다만, 이것은 일시적인 문제입니다. 저는 배우기를 열망합니다. 일에 관한 열정은 저의 부족한 점을 짧은 시간 안에 만회할 것입니다.

Tip. 지금은 사회초년생으로서 실력이 부족하지만, 이것은 일시적인 문제라는 논리를 펴보자.

Answer Sample 2

I do my best to achieve the best results at work. When I worked part-time, I often received unexpected bonuses from my employer because of my attitude and hard work. If I am hired, I will make every effort to succeed at my work, and build good relationships with our customers. This is why you should hire me.

저는 최고 결과를 이루기 위해 임무에 최선을 다합니다. 아르바이트할 때, 저의 태도와 열심히 일하는 것으로 고용주에게 예상치 않은 상여금을 자주 받았습니다. 제가 채용되면, 제 역량을 다해 업무를 수행하여 고객들과 좋은 관계를 만들겠습니다. 이것이 저를 채용하셔야 하는 이유입니다.

Tip. 고객업무 혹은 영업지원이라면 아르바이트 경험을 들어 고객을 직접 대해 본 경험을 강조한다.

Answer Sample 3

You should hire me because I have clear career goals and passion to achieve those goals. I also have the relevant academic background and overseas experience, including attending an exchange program and performing overseas volunteer work. Through these experiences, I have prepared myself to work at a global corporation. I am confident that I would be a valuable asset to your company. This is why you should hire me.

저는 분명한 커리어 목표와 그 목표를 이룰 열정이 있기 때문에 저를 채용하셔야 합니다. 또한 교환학생 프로그램과 해외 자원봉사 참여를 포함한 관련 학력과 해외 경험이 있습니다. 저는 이 경험들을 통해 국제적인 기업에서 일할 수 있도록 자신을 준비해왔습니다. 귀사의 주요한 재원이 될 것을 자신합니다. 이것이 저를 채용하셔야 할 이유입니다.

Tip. 짧지만 강렬하게! 분명한 커리어 목표를 갖고 있고 이를 성취하기 위한 열정을 강조한 예

Answer Sample 4

You should hire me because I am a dedicated, hard worker. I do my job to the best of my ability. Also, I can contribute to your success in a short period of time. I have management skills and good work habits developed from previous jobs. I hope you can give me a chance to prove my ability at your organization.

귀사가 저를 채용해야 하는 이유는, 저는 업무에 헌신적이며 열심히 일하기 때문입니다. 저는 일에 최선을 다합니다. 또한 저는 단기간에 귀사의 성공에 기여할 것입니다. 이전 경력에서 배운 바로 적용할 수 있는 기술을 갖고 있습니다. 귀사에서 제 능력을 펼칠 기회를 주시기 바랍니다.

Tip. 자신의 **work habits**와 이전 업무경험에서 닦은, 지원업무에 적용할 수 있는 기술을 강조한 예

Answer Sample 5

As you have read from my resume, I made lots of achievements in my previous jobs. I have high standards of excellence and have the ability to achieve it. I have transferable skills that I can contribute to the success of your department. I'm fully ready to take on new challenges at a rapidly growing company.

제 이력서에서 보신 것처럼, 저는 이전 직장에서 많은 성과를 이루었습니다. 저는 탁월함에 높은 기대수준을 갖고 있고, 그 탁월함을 성취할 역량을 갖고 있습니다. 저는 이 부서의 성공에 기여하도록 (옮겨서 바로) 적용할 수 있는 기술들을 갖고 있습니다. 저는 빠르게 성장하는 회사에서 새 도전을 할 만반의 준비도 되어 있습니다.

Tip. 경력사원은 바로 회사에 기여할 수 있는 프로페셔널임을 말한다. 따라서 'I will improve myself.'의 표현보다는 바로 적용할 수 있는 기술(transferable skill)을 강조한다.

Answer Sample 6

You should hire me because I am hard working and passionate about my job. My philosophy towards work is to achieve constant success, and this makes me achieve higher goals. I love sales. As a sales professional, I know how to build good relationships with customers. If I am hired, I will make every effort to succeed at my work.

저는 열심히 일하며 일에 열정이 있기 때문에 저를 고용하셔야 됩니다. 저의 일 철학은 지속적인 성공을 이루는 것이며, 이는 스스로 더 어려운 목표를 성취하도록 합니다. 저는 영업 일을 사랑합니다. 영업전문가로서 고객과 좋은 관계를 형성하는 법을 압니다. 제가 채용되면, 귀사의 성공을 위해 모든 노력을 다할 것입니다.

Tip. 일 철학은 상대에게 강한 메시지와 신뢰를 줄 수 있다. 별도로 묻지 않더라도 핵심적인 질문에서 사용해보자.

What Is Your Salary Expectation?

Chapter 23

What Is Your Salary Expectation?

예상급여는 얼마입니까?

" 저는 얼마입니까? "

23 What Is Your Salary Expectation?
예상급여는 얼마입니까?

질문의도

정말 궁금해서 묻는다. 지원자가 기대하는 급여가 회사에서 업무경력, 기술보유, 교육 수준 등에 따라 책정하는 급여범위와 맞는지를 확인한다.

답변전략

병법(兵法)에서 말하길 '싸우지 않고 이기는 전쟁이 으뜸이다'라고 한다. 면접에서 원하는 급여는 답하지 않고 답하는 게 으뜸이다. 돈 이야기는 항상 예민하다. 면접에서도 마찬가지이다. 내 입으로 액수를 말하지 않는 게 최고 전략이다.

물건을 흥정할 때 예상보다 싼 가격을 부르면 혹시 어딘가 흠집이 있는가를 의심하게 된다. 그렇다고 너무 비싸게 부르면 상대는 구매를 아예 포기한다. 그렇다고 상대가 예상했던 가격을 정확하게 부르면, 왠지 이 흥정은 매력적이지 않다. 따라서 무엇으로 보나 내가 숫자를 부르는 것은 도움이 안 된다.

기업의 인사부는 직원의 경력과 성과에 따라 이미 정해놓은 salary range가 있다. 직원의 학력과 경력 등을 고려하여 정한다. 그러므로 무리하게 면접에서 협상하려 하지 마라.

다음과 같이 이 예민한 사안을 대처한다.

1. 급여는 job offer를 받고 나서 카드를 자신의 손에 쥐어졌을 때 다시 약간의 협상을 할 수 있다. 하지만 아직 면접 중이라면 카드가 아직 상대에게 있으니 회사의 연봉체계를 신뢰한다고 답한다.
2. 면접관에게 되물어라. 상대방에게 질문함으로써 나의 답을 대신할 수 있다.
3. 신입의 경우 연봉을 채용 시 공개하는 경우가 많아서 그 정보를 보았기 때문에 어느 정도로 예상한다고 대답할 수 있다.

Key Expressions

나의 주요 관심사는 급여가 아닙니다.

The salary is not my major concern. Instead, I am most interested in _____.

급여는 저의 주요 관심은 아닙니다. 대신에, ~에 가장 관심이 있습니다.

저 스스로 몸값을 올리겠습니다.

I'm willing to start with _____ and prove myself.

저는 ~으로 시작하고, 자신의 능력을 증명하겠습니다.

I will raise my salary by _____.

저는 ~함으로써 스스로 몸값을 올리겠습니다.

귀사의 급여정책을 신뢰합니다.

I'm sure that your company decides the salary scale based on _____.

저는 귀사가 ~에 근거하여 급여를 책정함을 확신합니다.

I believe that the company will give a reasonable salary based on _____.

저는 귀사가 ~에 근거한 적정한 급여를 줄 것이라고 신뢰합니다.

회사의 제안대로 받겠습니다.

I am willing to accept _____.

~을 기꺼이 받아들이겠습니다.

I am absolutely happy to accept _____.

~을 받아들이는 데 만족합니다.

면접관에게 역으로 물을 때

As far as I know, the salary range for this job is between _____ won and _____ won.

제가 알기에는 이 업무에 관한 급여범위는 ~에서 ~사이로 알고 있습니다.

What is your salary range for the candidate with _____?

~을 가진 지원자에 관한 귀사의 급여범위는 어떻게 됩니까?

나의 주요 관심사는 급여가 아닙니다.

The salary is not my major concern. Instead, I am most interested in finding a job where I can achieve my career goals.

급여는 저에게 주요 관심사가 아닙니다. 대신에, 제 커리어 목표를 성취할 수 있는 직장을 찾는 것에 최대 관심이 있습니다.

The salary is not my major concern. Instead, I am most interested in finding a job where I can apply my personal strengths and skills.

급여는 저에게 주요 관심사가 아닙니다. 대신에, 제 강점과 기술을 적용할 수 있는 직장을 찾는 것에 최대 관심이 있습니다.

저 스스로 몸값을 올리겠습니다.

I'm willing to start with the base salary **and prove myself.**

저는 기꺼이 기본 급여를 받으며 시작해서 저의 역량을 스스로 보일 수 있습니다.

I will raise my salary by being a major contributor to the success of your company.

귀사의 성공에 주요하게 기여하는 직원이 되어 스스로 몸값을 올리도록 하겠습니다.

귀사의 급여정책을 신뢰합니다.

I'm sure that your company decides the salary scale based on industry standards.

저는 귀사가 이 산업의 표준에 근거하여 급여체계를 결정한다는 것을 확신합니다.

I believe that the company will give a reasonable salary based on my skills and achievements.

귀사가 저의 기술과 업무성과에 따라 적절한 급여를 책정하실 것을 신뢰합니다.

I believe that the company will decide the salary based on my knowledge and work experience.

귀사가 저의 지식과 경력에 따라 급여를 책정하실 것을 신뢰합니다.

회사의 제안대로 받겠습니다.

I am absolutely happy to accept an offer made according to your standards.

저는 귀사의 기준(정책)에 따라 책정한 급여제안을 기꺼이 받아들이겠습니다.

I am willing to accept an offer made according to your standards.

저는 귀사의 기준에 따라 책정한 급여제안을 기꺼이 받아들이겠습니다.

면접관에게 역으로 물을 때

What is your salary range for the candidate with my qualifications and experience?

저의 자격조건과 경험을 가진 지원자에 대해 귀사의 급여는 어느 정도 범위입니까?

Perhaps you can help me on this one. What is your salary scale for an applicant with my skills and work experience?

아마도 이 질문에 대해서는 당신의 도움이 필요한 것 같습니다. 저의 기술과 경력을 가진 지원자에 대해서 귀사의 급여는 어느 정도 범위입니까?

* 회사가 이미 공지를 해서 예측 가능한 경우

As far as I know, the salary range for this job is between ○○ won and ○○ won a year.

제가 알기에는 이 업무의 급여범위는 연봉 ~에서 ~라고 알고 있습니다.

Answer Sample 1

The salary is not my major concern. I'm willing to start with base salary and prove myself. Also, I'm sure that your company decides the salary scale based on industry standards.

급여는 저의 주요 관심사가 아닙니다. 저는 기본급에서 시작해서 자신의 능력을 증명할 것입니다. 또한 저는 귀사가 이 업계의 산업표준에 근거하여 책정하셨음을 신뢰합니다.

Answer Sample 2

I am absolutely happy to accept an offer made according to your standards. The salary is not my major concern. Instead, I am most interested in finding a job where I can grow as a professional. I'm sure that your company decides the salary scale based on industry standards.

저는 귀사의 기준에 따라 책정한 급여제안을 기꺼이 받아들이겠습니다. 급여는 저의 주요 관심사가 아닙니다. 대신에, 제가 프로페셔널로서 성장할 수 있는 직장을 구하는 데 최대 관심이 있습니다. 이 업계의 산업표준에 맞춰서 급여체계를 정하셨다는 점을 신뢰합니다.

Answer Sample 3

As far as I know, the salary range for this job is between ○○ won and ○○ won a year. I'm sure that your company decides the salary scale based on industry standards.

제가 알기에는 이 업무의 급여범위는 연봉 ~에서 ~입니다. 저는 귀사가 이 산업의 표준에 근거하여 급여체계를 결정한다는 것을 확신합니다.

Answer Sample 4

I may need your advice at this point, what is your salary scale for an applicant with my skills and work experience?

이 질문은 당신의 조언이 필요한 것 같습니다만, 저의 기술과 경력을 가진 지원자에 대해 귀사의 급여는 어느 정도 범위입니까?

How Do You Propose to Compensate
for Your Lack of Experience?
어떻게 경험 부족을 만회하시겠습니까?

Chapter 24

How Do You Propose to Compensate for Your Lack of Experience?

어떻게 경험 부족을 만회하시겠습니까?

"

나폴레옹조차 첫 번째 전쟁이 있었다.
"Everyone needs the first time."

"

24 How Do You Propose to Compensate for Your Lack of Experience?

어떻게 경험 부족을 만회하시겠습니까?

혹은 *Why do you think you would do well at this job with little experience?*

질문의도

면접에서 가장 잊지 말아야 할 spirit는 긍정적인 마인드이다. 넘치는 자기계발서 때문에 그 가치가 평가절하된 점도 있지만, 면접에서는 절실히 필요하다. 답이 보이지 않을 것 같은 질문도, 침착하게 집중하면 답을 찾아낼 수 있다. 그리고 이와 같은 질문을 받는다고 해서 지레짐작으로 절대 실망하지 않는다. 도중에 실수가 있었더라도 면접의 끝까지 자신은 합격한다고 믿으며 임해야 한다.

답변전략

회사가 실무경험이 없는 사람을 고용하는 것은, 경험을 쌓을 때까지의 지속적인 비용을 의미한다. 그러나 경험이 없는 자만이 기업에 가져올 수 있는 중요한 가치가 있다. 그것을 제시하면 된다.

1. 업무경험이 없으므로 가지고 있는 장점을 강조한다. 고정관념이 없는 것, 신선한 열정과 에너지, 일에 관한 새로운 시각 등이다.
2. 일에 관한 나쁜 습관이 없기 때문에 초심으로 시작할 수 있는 점을 appeal한다.
3. Fast learner임을 말한다.
4. 이전 직장경험과 기술 중 지원회사에서 필요한 것을 말한다. 조직력, 사람을 다루는 기술, 의사소통기술 등이 해당한다.

신입 편

Key Expressions

~한 직원을 채용하는 것은 어떤 이득이 있다고 생각합니다.

In my opinion, there are certain benefits to hiring a _____ employee
with _____.

제 생각으로는 ~한 직원을 채용하는 것에는 어떤 이득이 있다고 생각합니다.

저는 ~이 적기 때문에 ~할 수 있습니다.

I can _____ because I have little experience at work.

저는 업무경험이 적기 때문에 ~할 수 있습니다.

I can _____ because I don't have stereotypes about work.

저는 업무에 관한 고정관념이 없으므로 ~할 수 있습니다.

I may not have paid work experience, but because of that _____.

저는 급여를 받는 업무경험은 없을지 모르겠습니다만, 그렇기 때문에 ~합니다.

저는 ~을 조직에 가져올 것입니다.

I will bring _____ to your organization.

저는 ~을 당신의 조직에게 가져올 것입니다.

~한 직원을 채용하는 것은 어떤 이득이 있다고 생각합니다.

In my opinion, there are certain benefits to hiring a passionate employee with little experience like me.

제 의견은, 저와 같이 경험이 부족하지만 열정이 있는 직원을 채용하는 것은 어떤 이득이 있다고 생각합니다.

In my opinion, there are certain benefits to hiring a creative employee with lack of experience.

제 의견은, 경험은 부족하지만 창의적인 직원을 채용하는 것은 어떤 이득이 있다고 생각합니다.

저는 ~이 적기 때문에 ~할 수 있습니다.

I can see everything from a new perspective because I have little experience at work.

저는 업무경험이 적기 때문에 모든 것을 새로운 시각으로 볼 수 있습니다.

I can bring new viewpoints to your business because I don't have stereotypes about work.

저는 일에 관한 고정관념이 없으므로 업무에 관한 새로운 시각을 가져올 수 있습니다.

I may not have paid work experience, but because of that I don't have bad work habits.

제가 보수를 받고 일한 경험은 없습니다만, 이 때문에 나쁜 직무습관을 갖고 있지 않습니다.

저는 ~을 조직에 가져올 것입니다.

I will bring new aspects of work to your organization.

저는 새로운 시각을 당신의 조직에 가져올 것입니다.

I will bring fresh energy to your organization.

저는 새로운 에너지를 당신의 조직에 가져올 것입니다.

Key Expressions

이 업무의 직접적인 경험은 없지만, 전 직장에서의 ~경험이 있습니다.

Although I may not have direct experience in this industry, I have _____.

비록 이 산업에서의 직접적인 경험은 없습니다만, 저는 ~을 가지고 있습니다.

My previous experience taught me _____, which are essential to your business.

이전 직장에서의 경험을 통해, 귀사의 비즈니스에서도 필수적인 ~기술을 배웠습니다.

I can contribute to your success in a short period of time because I have _____.

저는 짧은 기간 안에 귀사의 성공에 기여할 수 있습니다. 왜냐하면 저는 ~가 있습니다.

이러한 기술들은 귀사의 비즈니스에도 필수라고 생각합니다.

I think these skills are _____ to your business.

저는 이러한 기술들이 귀사의 비즈니스에 ~한다고 생각합니다.

이 업무의 직접적인 경험은 없지만, 전 직장에서의 ~경험이 있습니다.

Although I may not have direct work experience in this industry, I have good teamwork skills and project management skills.

비록 이 산업의 직접 경험은 없습니다만, 훌륭한 팀워크와 프로젝트 관리기술을 갖고 있습니다.

My previous experience as a sales specialist taught me the importance of interpersonal skills.

이전 직장에서 영업전문가로서 경험을 통해, 사람을 다루는 기술의 중요성을 배웠습니다.

My experience at my last job taught me the importance of teamwork and management skills.

이전 직장의 경험을 통해 팀워크의 중요성과 관리기술을 배웠습니다.

I can contribute to your success in a short period of time because I have transferable skills*.

저는 귀사에서 적용할 수 있는 기술을 갖고 있기 때문에, 단기간 내에 귀사의 성공에 기여할 수 있습니다.

* transferable skills: (직장을) 옮겨서도 바로 사용될 수 있는 기술, 팀워크, 기획력, 조직력 등

이러한 기술들은 귀사의 비즈니스에도 필수라고 생각합니다.

I think these skills are essential **to your business.**

저는 이러한 기술들이 귀사의 비즈니스에 필수적이라고 생각합니다.

I think these skills are beneficial **to your business.**

저는 이러한 기술들이 귀사의 비즈니스에 도움이 된다고 생각합니다.

신입 편

Answer Sample 1

I understand that lots of experiences are necessary in the professional world. However, in my opinion, there are certain benefits to hiring a passionate employee with little experience like me. Everything is new to me. I can see everything from a new perspective because I don't have stereotypes about work. I will bring new aspects of work to your organization.

프로페셔널의 세계에서는 많은 경험이 필수적인 것을 저도 잘 이해하고 있습니다만, 제 생각에는 저처럼 경험이 적은 열정적인 직원을 채용하는 것도 어떤 이득이 있다고 생각합니다. 모든 것이 저에게는 새롭습니다. 저는 일에 관한 고정관념이 없으므로 모든 것을 새로운 관점에서 볼 수 있습니다. 저는 조직의 업무에 관한 새로운 관점을 가져올 것입니다.

Answer Sample 2

I may not have paid work experience, but because of that I don't have bad work habits. I am focused and a fast learner. I will devote myself to learning your best experiences, and will advance at work.

제가 보수를 받는 직장경험은 없지만, 이 때문에 업무를 수행하는 데 나쁜 습관들을 갖고 있지 않습니다. 저는 집중력이 좋고, 빠르게 업무를 습득합니다. 저는 귀사의 우수한 경험들을 배우며 제 업무에서 앞서나가기 위해 전념할 것입니다.

Answer Sample 3

Although I may not have direct work experiences in this industry, I am a self starter. My passion will compensate for my lack of experience in a short period. I will bring fresh energy to your organization.

이 산업에 관한 직접적인 업무경험은 없습니다만, 저는 자발적으로 행동하는 사람입니다. 저의 열정은 경험 부족을 단기간에 만회할 것입니다. 저는 새로운 에너지를 당신의 조직에 가져올 것입니다.

Answer Sample 4

Although I may not have direct work experience in this industry, I have transferable skills. My previous experience as an HR employee taught me the importance of teamwork and organization skills. I think these skills are essential to your business. I can contribute to the success of your business in a short period of time.

비록 이 산업의 직접적인 업무경험은 없습니다만, 저는 귀사의 성공에 기여할 수 있는 기술을 갖고 있습니다. 이전 직장에서의 인사부 실무경험을 통해 팀워크와 조직력의 중요성을 배웠습니다. 이는 귀사의 비즈니스에 필수적이라고 생각합니다. 저는 단기간 안에 귀사의 성공에 기여할 수 있습니다.

Answer Sample 5

I can contribute to your success in a short period of time because I have transferable skills. My work as a sales professional required me to communicate with a diverse group of people. I have the ability to work with people of different backgrounds and personalities. I think these skills are beneficial to your business.

저는 귀사에서도 적용할 수 있는 기술을 갖고 있기 때문에, 단기간 안에 귀사의 성공에 기여할 수 있습니다. 영업사원으로서 저의 업무는 다양한 그룹의 사람들과의 의사소통능력이 요구되었습니다. 저는 다른 배경과 성격의 사람들과 일할 수 있습니다. 이는 귀사의 비즈니스에 도움이 될 것으로 생각합니다.

Answer Sample 6

I can contribute to your success in a short period of time because I have good work habits developed from my previous jobs. I do my job with honesty. I know how to build good relationships with customers. I think my skills are beneficial to your business.

전 직장에서 익힌 훌륭한 직무습관으로, 저는 단기간에 귀사의 성공에 기여할 수 있습니다. 저는 정직하게 제 임무를 수행합니다. 고객과 좋은 관계를 만들 수 있습니다. 저의 역량들은 귀사의 비즈니스에 큰 이익이 될 것으로 생각합니다.

Why Did You Quit Your Last Job?
왜 이전 직장을 그만두셨습니까?

Chapter 25

Why Did You Quit Your Last Job?

왜 이전 직장을 그만두셨습니까?

"

상사가 이상해서…!

"

25 Why Did You Quit Your Last Job?
왜 이전 직장을 그만두셨습니까?

혹은 *Why are you leaving your last job?*

질문의도

경력사원 면접에서는 이 질문을 피하기 어렵다. 면접관에게 가장 궁금한 대목이다. 혹시 이전 직장에서 어떤 문제가 있어서 새 직장을 찾는다면, 새 조직에서도 같은 문제를 만들 확률이 높기 때문이다.

당시 경력사원을 채용 면접할 때, 지원자의 경력이나 느낌이 매우 좋았다. 이직사유를 묻자, 회사 규정상 부부가 같은 부서에 있을 수 없는데, 얼마 전 부서동료와 결혼을 하게 되었고 자신은 계속 커리어를 쌓고 싶다는 것이었다. 나와 상사는 이를 듣고 마음을 놓았다. '깨끗한 이직사유'란 합격에 확인도장을 찍는 일이다.

답변전략

가장 괜찮은 이유 하나만 들어서 1~2분 정도 짧게 답한다. 단, 이전 직장에 대해서 주관적인 감정이나 나쁜 기억을 언급하지 않는다. 과거보다는 자신의 미래를 위해 이직을 하는 것에 초점을 둔다. 즉, 새로운 도전, 승진의 기회, 커리어의 변경 등에 초점을 맞춰서 답한다.

떠날 때는 정중히....

제가 회사를 옮기려는 이유입니다.

더 책임 있는 높은 직책을 찾습니다.

I am looking for a _____ position.

저는 ~한 직책을 찾고 있습니다.

I've reached to _____.

저는 ~까지 올라왔습니다.

I am ready to _____ but there is no room for me to _____.

저는 ~할 준비가 되어 있지만, 제가 ~할 기회가 없습니다.

규모가 더 큰 회사에서 일하고 싶습니다.

I want to work in a _____ company like yours.

저는 귀사와 같이 ~한 조직에서 일하고자 합니다.

저의 고용계약이 곧 만료됩니다.

I have a _____ employment contract and it will be terminated soon.

저는 ~기간의 고용계약으로 일하고 있는데 그 계약이 곧 만료됩니다.

I am proud of my work and I want to continue my career as a _____ at your company.

제 일을 자랑스럽게 생각하고 귀사에서 ~로서의 제 경력을 계속 쌓고 싶습니다.

귀사의 채용은 제가 찾고 있던 바로 그 기회입니다.

I found there is a _____ at your company, which is exactly what I am looking for.

귀사의 ~가 제가 찾고 있던 바로 그것임을 알게 되었습니다.

저는 새로운 도전을 찾기로 결정했습니다.

I decided to _____.

저는 ~하기로 결정했습니다.

I decide to leave and to find _____.

지금 회사를 떠나서 ~을 찾기로 결정했습니다.

귀사에 기여하겠습니다.

I am eager to apply my skills to _____.

~에 저의 기술을 적용할 수 있기를 열망합니다.

I am well prepared to be a major player in _____.

저는 ~하는 주요 사원이 될 만반의 준비가 되어 있습니다.

I think _____ is where I can apply my _____.

고객서비스팀은 저의 기술을 적용할 수 있는 곳이라고 생각합니다.

Examples ● MP3_065

제가 회사를 옮기려는 이유입니다.

더 책임 있는 높은 직책을 찾습니다.

I am looking for a more senior position.

저는 좀 더 높은 직책을 찾고 있습니다.

I've reached to the ceiling* in my current position.

저는 현재 직책에서는 오를 수 있을 때까지 올라왔습니다.

* reach to the ceiling: 한계에 다다르다

I am ready to take a more senior position but there is no room for me to grow in my current position.

선임 직책을 수행할 준비가 되어 있습니다만, 현재 위치에서는 승진할 수 있는 기회가 없습니다.

규모가 큰 회사에서 일하고 싶습니다.

I want to work in a larger and more energetic organization like yours.

저는 귀사와 같이 더 크고 탄탄한 조직에서 일하고자 합니다.

저의 고용계약이 곧 만료됩니다.

I have a two years employment contract and it will end soon.

2년간의 고용계약을 했는데 그 계약이 곧 끝나게 됩니다.

I am proud of my work and I want to continue my career as a professional consultant at your company.

제 일을 자랑스럽게 생각하며 귀사에서 전문 컨설턴트로서의 제 경력을 계속 쌓고 싶습니다.

귀사의 채용은 제가 찾고 있던 바로 그 기회입니다.

I found there was a job opening at your company, which is exactly what I am looking for.

귀사의 채용이 제가 찾고 있던 바로 그것임을 알게 되었습니다.

저는 새로운 도전을 찾기로 결정했습니다.

I decided to make a move in my career.

저는 제 경력에서 더 나아가기로 결정했습니다.

I decided to move to where I can focus on my core ability.

그래서 지금 일을 그만두고 저의 주요 기술에 초점을 두기로 했습니다.

I decided to move to the industry I am passionate about.

제가 열정을 가진 일로 옮기기로 결정했습니다.

I decided to move to a job where I can utilize my strengths most.

저의 주요 강점을 가장 잘 살릴 수 있는 직업으로 옮기기로 결정했습니다.

I decided to leave and to find new challenges.

지금 회사를 떠나서 새로운 도전을 찾기로 결정했습니다.

귀사에 기여하겠습니다.

I am eager to apply my skills to your education business.

저는 귀하의 교육 비즈니스에 제 기술을 적용하기를 열망합니다.

I am well prepared to be a major player in the success of your organization.

저는 귀사의 성공에 기여하는 주요 사원이 될 만반의 준비가 되어 있습니다.

I think this position is where I can apply my personal strengths most.

이 업무에 저의 개인 강점을 가장 잘 적용할 수 있다고 생각합니다.

Answer Sample 1

Applying for a more challenging position
도전적인 직책에 지원하기 위해

I appreciate the experience that I've had at my last job. However, I've reached to the ceiling in my current position. I've learned almost everything I could learn in the position. So, I decided to leave and find new challenges. I am fully ready to take on new responsibilities at the top global distribution company.

저는 이전 직장에서 얻은 경험에 감사하고 있습니다. 그러나 저는 현재 직책에서는 오를 수 있을 때까지 올라왔습니다. 배울 수 있는 업무는 거의 배웠습니다. 그래서 지금의 회사를 떠나 새로운 도전을 찾기로 결정했습니다. 최고의 글로벌 유통회사에서 새로운 책임을 수행할 수 있도록 만반의 준비가 되어 있습니다.

Answer Sample 2

Applying for a more senior position
좀 더 높은 직책에 지원하기 위해

In short, I am looking for a more senior position. I have seven years of experience in marketing and sales at my last company. I've developed my skills to become a competitive* manager in this field but there is no room for me to advance in my current position. I found there was a job opening at your company, which is exactly what I am looking for. * competitive: 경쟁력이 있는, 유능한

간단히 말씀드리면, 저는 좀 더 높은 직책을 찾고 있습니다. 이전 직장에서 마케팅과 영업에서 7년 업무경험을 갖고 있습니다. 이 영역에서 경쟁력 있는 매니저가 되기 위해 기술을 닦아왔습니다만, 현직에서 승진할 기회가 없습니다. 제가 찾고 있던 직책을, 귀사에서 채용하고 있는 것을 알게 되어 지원하게 되었습니다.

Answer Sample 3

Having a chance to work in a larger organization
더 큰 규모의 기업에서 일하는 기회를 갖기 위해

I decided to make a move in my career. I want to work in a larger organization like yours. I've developed my management skills with various backgrounds in the industry. Because I worked at a mid-sized firm*, I had a chance to be engaged in everything from product development and testing to marketing and sales. I am well prepared to take on new challenges.

저는 지금 경력에서 전진하기로 결정했습니다. 귀사와 같이 규모가 더 큰 조직에서 일하고 싶습니다. 이 산업에서 다양한 경력과 함께 저의 관리역량을 개발해왔습니다. 중소기업에서 일했기 때문에 상품개발, 테스트에서부터 마케팅과 영업에 이르기까지 모든 영역에서 일하는 기회를 얻었습니다. 저는 새로운 도전을 위한 만반의 준비가 되어 있습니다.

* a mid-sized firm: 중소기업

Tip. 중소규모의 회사에서 근무하면서 얻는 장점, 즉 다양한 업무를 총괄했던 경험을 부각한다.

Answer Sample 4

Termination of contract 1 - IT Manager
고용계약의 만료 1 – IT 관리자

Currently, I am working at ABC company as an IT manager. I have a two years employment contract and it will end soon. Especially, because the company has cut down* on IT area, I have decided to move to the company where IT technology is valued*. I love my job and I want to continue my career as an IT manager at your company.

저는 현재 IT 매니저로서 ABC회사에 근무하고 있습니다. 2년간의 계약직인데 그 계약이 곧 끝나게 됩니다. 특히, 현 회사가 IT 분야를 줄이고 있기 때문에, IT 기술이 존중되는 기업으로 옮기고자 합니다. 저는 제 일을 사랑하고, 귀사에서 IT 매니저로서 저의 커리어를 계속하고 싶습니다.

* cut down: 삭감하다 / be valued: 가치 있게 여겨지다

Answer Sample 5

Termination of contract 2 - Hotelier
고용계약의 만료 2 – 호텔리어

Currently, I am working at xx Hotel as a receptionist. I have a two years employment contract and it will end soon. I am proud of my job. I think it is an important role to welcome our customers on the front lines. I want to continue my career as a professional hotelier at your company.

현재 저는 XX호텔에서 접수계원으로서 일하고 있습니다. 저는 2년간 고용계약을 했고 곧 계약이 끝날 예정입니다. 저는 제 일을 자랑스럽게 생각합니다. 이 일은 가장 최전방에서 고객들을 환영하는 중요한 역할이라고 생각합니다. 귀사에서 전문적인 호텔직원으로서 경력을 계속 쌓고 싶습니다.

Answer Sample 6

Change of profession or area of expertise
고객지원업무로 커리어를 변경하려는 외국계 기업 비서

My previous position as a secretary included emotional capability* to support a CEO. It also required the ability to communicate effectively on my boss's behalf, both in written and verbal language. With these skills, I want to take on more challenges in my career. I think customer service is where I can apply my skills best. I will treat every customer as a CEO. I believe this is what customer service is all about.

전 직장에서 비서의 역할은 CEO를 정서적으로 돕는 능력이 필요하였습니다. 또한 상사를 대신해서, 서문으로 혹은 구두로, 효율적인 대화능력도 필요합니다. 이 기술들을 갖고 제 경력에서 더 많은 도전을 시도하고 싶습니다. 고객서비스팀은 저의 기술을 가장 잘 적용할 수 있는 곳이라고 생각합니다. 고객을 CEO 모시듯이 대할 것입니다. 이는 고객서비스 업무의 가장 중요한 점이라고 생각합니다.

* emotional capability: 정서적인 역량(다른 사람을 이해하고 대처하는 능력)

Tip. 업무분야가 다르더라도 공통점이 없는 직업은 없다. 이전 업무에서의 어떤 역량이 현재 지원업무에서 요구되는지 정리하고 그 점을 이야기한다.

Answer Sample 7

Sales person seeking position in the education industry
교육산업으로 커리어를 변경하려는 전직 영업인

As a sales person in the automobile industry, I successfully handled customers' needs. I am especially passionate about presenting product information and getting responses from customers. I decided to move to where I can focus on my core ability. I think customer education is where I can apply my patience and communication skills most. I am really eager to apply my skills to your education business.

저는 자동차 영업사원으로서 고객의 요구사항을 성공적으로 처리했습니다. 특별히 저는 고객에게 상품을 소개하고 반응을 얻는 업무에 열정을 갖고 있습니다. 그래서 저의 핵심 역량에 초점을 두는 일로 옮기기로 했습니다. 고객교육이 저의 인내심과 커뮤니케이션 기술을 가장 잘 적용할 수 있는 업무라고 생각합니다. 귀하의 교육 비즈니스에 제 기술을 발휘할 수 있기를 진심으로 열망합니다.

Tip. 다른 사람들도 잘 알고 있을 것 같지만, 내가 한 일은 내가 제일 잘 안다. 지원업무에 해당하는 핵심 역량을 선별하고 자신이 수행한 업무와 공통된 점을 selling한다.

What Is Your Definition of Success?

Chapter 26

What Is Your Definition of Success?

당신에게 성공이란 무엇입니까?

> 66
>
> 회사의 성공 = 나의 성공?
>
> 99

26 **What Is Your Definition of Success?**
당신에게 성공이란 무엇입니까?

질문의도

일로부터 얻는 정신적, 경제적 그리고 사회적인 성과가 매우 중요하다. 하루 24시간 중 잠자는 시간을 제외한 대부분을 직장에서 보낸다. 따라서 자신의 인생관과 맞지 않는다면 그 시간은 심지어 고통스러울 수도 있다. 지원자의 성공에 관한 신념을 통해, 장차 어느 정도의 역량을 펼칠 수 있는 인재인지 면접관은 궁금하다.

답변전략

이 책을 이 질문까지 읽었다면 이미 눈치챘을 것이다. 성공에 관한 정의를 개인의 이윤에 두지 말고 지원하는 회사와 업무의 가치에 초점을 맞춘다. 자신이 프로페셔널로서 성장해나가며, 더불어 회사의 성공에도 기여하는 사람으로서의 목표를 말한다.

Key Expressions

저의 성공에 관한 정의는 ~입니다.

My definition of success is _____.

저의 성공에 관한 정의는 ~입니다.

To me, success is _____.

저에게, 성공이란 ~입니다.

Examples 🔘 MP3_067

저의 성공에 관한 정의는 ~입니다.

My definition of success is to become a person who can add value to my team.

저에게 성공이란 제가 속한 팀에 새로운 가치를 추가할 수 있는 사람이 되는 것입니다.

My present definition of success is to join an energetic company where I can grow to become a professional.

현재 저의 성공은 프로페셔널로서 성장할 수 있는 에너지가 넘치는 회사에 입사하는 것입니다.

To me, success is continuous growth.

저에게, 성공이란 지속적인 성장입니다.

To me, success is expecting the best, and getting it.

저에게, 성공이란 최상의 것을 기대하고 그것을 이루는 것입니다.

To me, success is doing what I am passionate about.

저에게, 성공이란 제가 열정을 가진 일을 하는 것입니다.

To me, success is not compromising my limits.

저에게, 성공이란 저의 한계와 타협하지 않는 것입니다.

지원업무에서 요구되는 핵심 역량과 연결시켜 성공을 정의해본다.

예) 회계, 은행, 금융산업

To me, success is not compromising my integrity*.

저에게, 성공이란 저의 도덕성과 타협하지 않는 것입니다.

* integrity: 무결점. 즉 일에 관한 완성도, 직업윤리, 성실함 등에 결점이 없다는 의미

예) 컨설팅, 고객지원팀, 승무원, 외국계 기업의 보안업무

To me, success is sharing with those who need my help.

저에게, 성공이란 저의 도움이 필요한 사람들과 함께하는 것입니다.

예) 공직, 법률자문

To me, success is doing the right things for the right reasons.

저에게, 성공이란 올바른 이유(명분)에 대해 올바른 일을 하는 것입니다.

To me, success is improving civil life, especially people in need.

저에게 성공이란 시민, 특별히 도움이 필요한 사람의 생활을 향상하는 것입니다.

Answer Sample 1

I think that success doesn't have one single definition. It has different meanings at different periods of life. My present definition of success is to join an energetic company where I can grow as a professional.

저에게 성공이란 한 가지로만 정의할 수 없습니다. 인생의 시기에 따라 각각 다른 의미가 있기 때문입니다. 현재 제가 생각하는 성공이란, 에너지가 넘치는 회사에 입사해서 프로페셔널로서 성장하는 것입니다.

Answer Sample 2

To me, success is not compromising my limits. I try to achieve this by constantly asking the question, 'How could I do better than I did yesterday?' and putting the answers into action.

저에게 성공이란 저의 한계와 타협하지 않는 것입니다. 저는 끊임없이 '어제보다 오늘 내가 어떻게 더 잘할 수 있는가?'를 묻고, 여기서 얻은 답을 실천함으로써 이를 성취하려 노력합니다.

Answer Sample 3

Through my club activities at college, I learned that only continuous hard work produced success. To me, success is expecting the best and doing my best to get it.

대학 동아리 활동을 통해 끊임없는 노력만이 성공을 가져온다는 것을 알게 되었습니다. 저에게 성공이란 최상의 것을 기대하고 그것을 이루는 것입니다.

Answer Sample 4

To me, success is continuous growth. My definition of success is to make improvements on what I did yesterday.

저에게 성공이란 지속적인 성장입니다. 제 성공의 정의는 어제의 성과보다 발전하는 것입니다.

Answer Sample 5

Executing plans and achieving results are my definition of success. I like Nike's slogan: 'Just Do it.' To me, success is doing work creatively without limiting myself.

계획을 실행하고 결과를 이루는 것이 제가 생각하는 성공의 정의입니다. 저는 나이키의 슬로건을 좋아합니다. '주저하지 말고 실행하라!' 저에게 성공이란 스스로를 제한하지 않고 창의적으로 일하는 것입니다.

My Dream Latte

때때로 우리의 모습은
겨울들판에 서있는 앙상한 나무일 때도 있다.
그 황량한 모습을 보면서 이듬해 봄이 오면
이 나뭇가지에 파란 싹이 나고 꽃이 피고
열매가 열릴 거라고 누가 믿겠는가?
하지만, 우리는 그것을 희망하고 머지않은
미래에 실제로 일어날 것을 알고 있다.

-괴테-

Sometimes our fate resembles a fruit tree in a winter.
Who would think that those branches would turn green again and blossom,
but we hope it, we know it.

Tell Me about Your Dream Job.

Chapter 27

Tell Me about Your
Dream Job.

당신의 이상적인 직업에 대해 말해보세요.

66

이상적인 것은 눈에 보이지 않는 법

99

Tell Me about Your Dream Job.

당신의 이상적인 직업에 대해 말해보세요.

질문의도

지원자가 원하는 조건들이 회사가 제공할 수 있는지를 확인한다. 기대하는 바와 회사가 제공할 수 있는 것의 차이가 크면, 회사는 이 직원의 채용에 의문이 생긴다. 간혹 면접이라는 것을 잊고 정말 이상적인 조건을 답하는 경우를 보는데, 면접은 철저하게 회사와 '거래와 흥정'을 하는 곳이다. 상대가 원하는 흥정을 하라.

답변 전략

잠시 딴 이야기를 하면, 인도출장을 갔을 때이다. 그 회사는 층층이 에스프레소 머신과 갓 볶은 원두커피와 고급 홍차가 종류별로 놓여 있고, 요리사들이 회의실로 직접 catering 서비스를 해줘서 '꿈의 회사'라고 느낀 적이 있다. 물론 인도는 커피와 홍차의 생산국이고, 귀족들이 많이 다닌다는 외국계 기업에서는 그런 호사가 별반 대수롭지 않은 듯하다.

위 출장 이야기에는 이 질문에 관한 교훈이 있다. 흔히 물리적인 근무조건을 이상적인 직장으로 생각하고 있지만 면접에서는 주의해야 한다. 이 질문에 제대로 된 답은 눈에 보이는 근무조건이 아니라, 추상적인 가치에 초점을 맞춰야 한다. 즉, 팀워크, 회사의 비전, 교육환경, 창의적인 조직문화 등이다.

이유는 이렇다. 직장에 관한 자신의 이상적인 조건들, 즉 높은 급여, 회사휴가 일수, 재택근무 등을 나열한 경우, 그 조건들이 회사가 제공할 수 없다면 채용에서 제외될 수 있다. 지원자는 입사 후에 만족도가 낮아지고, 근무조건을 따라 쉽게 이직할 수 있다고 회사는 판단한다. 지원회사가 어떤 패키지의 조건을 갖고 있는가를 정확히 모르는 상황에서, 희망사항을 답하는 것은 면접에 관한 순진한 실수이다.

1. 회사가 제공할 수 없는 근무조건을 말하지 않는다.
2. 물리적인 조건이 아니라, 자신이 프로페셔널로서 성장할 수 있는 추상적인 가치에만 집중해서 답한다.

Key Expressions

저의 이상적인 직장이란 ~입니다.

My dream job would be in a workplace where _____.

저의 이상적인 직장은 ~곳입니다.

My dream job would give me a platform to _____.

저의 이상적인 직장은 ~하는 플랫폼(場)을 저에게 제공하는 곳입니다.

My dream job would/should _____.

저의 이상적인 직장은 ~합니다.

Examples   ● MP3_069

저의 이상적인 직장이란 ~입니다.

My dream job would be in a workplace where I could grow professionally.

저의 이상적인 직장은 제가 프로페셔널로 성장할 수 있는 곳입니다.

My dream job would be in a workplace where I could focus on professional development.

저의 이상적인 직장은 제가 프로페셔널로서의 계발에 전념할 수 있는 곳입니다.

My dream job would give me a platform to train myself and contribute to my team's success.

저의 이상적인 직장은 나를 훈련하고 팀 성공에 기여할 수 있는 플랫폼을 제공하는 곳입니다.

My dream job would give me a platform to train myself and become an expert at work.

저의 이상적인 직장은 나를 훈련하고 전문가로 성장할 수 있는 플랫폼을 제공합니다.

My dream job would include working with a team.

저의 이상적인 직장은 팀으로 일하는 것을 포함합니다.

My dream job would maximize my strengths and lead me to grow professionally.

제 이상적인 직장은 저의 강점을 최대화하고 제가 프로페셔널로서 성장하도록 합니다.

My dream job should have clear goals and a motivating work environment.

저의 이상적인 직장은 분명한 목표와 동기를 부여하는 작업환경이 있어야 합니다.

Answer Sample 1

I am eager to learn the best practices from company experts. My dream job would be in a workplace where I could learn and become an expert in the IT business.

저는 회사의 전문가들로부터 우수 사례를 배우기를 열망합니다. 이상적인 직장이란 제가 배워서 IT 업계의 전문가가 될 수 있는 근무환경입니다.

Answer Sample 2

I like to work with people and receive constructive advice from them. My dream job would include an energetic workplace where teamwork is valued*.

저는 사람들과 어울려 일하고 그들로부터 건설적인 조언을 받는 것을 좋아합니다. 저의 이상적인 직장은 팀워크가 중요하게 여겨지는 에너지가 넘치는 근무환경입니다.

* be valued: 소중하게 여겨지다

Answer Sample 3

My dream job would include working as part of a team. It would have well defined duties and responsibilities. It would also involve enjoying achievements as part of a team.

제 이상적인 직장은 팀으로서 일하는 것을 포함합니다. 정확히 정의된 임무와 책임이 있어야 합니다. 또한 팀의 일원으로서 성과를 즐길 수 있습니다.

Answer Sample 4

I want to be a professional at my work. This means I will be competent and be able to contribute to the organization's success. My dream job would be in a workplace where I could concentrate on professional development.

제 분야에서 프로페셔널이 되고 싶습니다. 이는 제가 경쟁력이 있게 되어, 회사의 성공에 기여하는 것을 의미합니다. 저의 이상적인 직장은 제가 전문가로서 발전하는 데 집중할 수 있는 근무환경입니다.

What Do You Expect From a Supervisor?

Chapter 28

What Do You Expect From a Supervisor?

상사에게 원하는 것은 무엇입니까?

"

상사에게 부담 주지 마라.
세상 모든 상사가 '나는 이 점을 갖고 있다.'라고
믿고 있는 것을 말하라.

"

28 What Do You Expect From a Supervisor? 상사에게 원하는 것은 무엇입니까?

혹은 *What do you look for in the managers and supervisors you work for?*
What qualities do you look for in a boss?

질문의도

지원자의 상사에 관한 기대가 현실적인가, 그리고 회사의 Management Style, 조직문화와 잘 어울리는지 확인한다.

경력사원이라면 답변 시 조심해야 한다. '이전의 상사가 이래서 불만이었다'는 느낌을 주면 안 된다. 예를 들면, "I expect my supervisor to be fair." (저는 상사가 공정하기를 바랍니다.)와 같은 대답은, 전 직장의 상사가 공정하지 못했다는 불만을 자신도 모르게 말하고 있다. 면접관은 이를 바로 감지한다. 이전 상사와의 관계, 이 질문의 중요한 의도이다.

답변 전략

세상 모든 상사에게 흔히 있어야 할 사항을 말하라. 그러나 친근하게 직원들을 잘 살피거나 가족적인 팀 분위기를 만드는 상사를 원하는 건 의미 없다. 이는 부차적인 기대이다. 그렇게 생각하는 상사도 있고, 그럴 필요가 없다고 생각하는 상사도 있다.

현명하고 안전하게 가라. 모든 상사가 '나는 이 점을 갖고 있다'라고 믿고 있는 것을 말한다. 업무중심, 팀워크, 성과중심, 업무지식과 경험, 의사소통능력 등이다. 내가 프로페셔널로 성장하는 데 도움이 되는 상사도 추천한다. 이것이 프로페셔널들의 답이다.

Key Expressions

저는 상사가 ~하기를 바랍니다.

I expect my supervisor to be a _____ person.

저는 상사가 ~하는 사람이기를 바랍니다.

My supervisor would/could* _____.

저의 상사는 ~하는 사람이기를 바랍니다.

* 여기서 would/could는 가정법을 나타낸다.

그 결과, 팀은 ~할 수 있습니다.

As a result, we can _____.

그 결과, 직원들은 ~할 수 있을 것입니다.

This will lead the team to _____.

이는 팀이 ~하도록 이끌 것입니다.

저는 상사가 ~하기를 바랍니다.

I expect my supervisor to be a goal oriented person.

저는 상사가 목표지향적인 사람이기를 기대합니다.

I expect my supervisor to be a good communicator.

저는 상사가 훌륭하게 의사소통하는 사람이기를 바랍니다.

I expect my supervisor to be a person who can promote open discussions.

저는 상사가 개방된 토론을 장려하는 사람이기를 바랍니다.

My supervisor would lead the team to exchange ideas openly.

제 상사는 팀이 자유롭게 아이디어를 교환하도록 이끌 수 있었으면 합니다.

My supervisor would have the proper knowledge and experience to guide our team.

제 상사는 팀을 이끌 수 있는 적절한 지식과 경험이 있었으면 합니다.

My supervisor would assign* work to team members based on their strengths.

제 상사는 팀원 각자의 역량을 잘 알고 그 역량에 따라 일을 할당하기를 바랍니다

* assign A to B: A를 B에게 할당하다

그 결과, 팀은 ~할 수 있습니다.

As a result, the team could develop better solutions.

그 결과, 우리는 더 나은 해결책을 얻을 수 있습니다.

This would lead the team to exchange ideas openly.

이는 팀이 서로 생각을 거리낌 없이 나눌 수 있도록 할 것입니다.

This would lead the team to have a broader range of opinions at work.

이는 팀이 폭넓은 의견을 갖도록 이끌 것입니다.

Answer Sample 1

What is important to me is that I am constantly growing as a professional. I expect my supervisor to be a goal oriented person. My supervisor would set clear goals for the team and lead us to achieve the goals.

저에게 중요한 것은 프로페셔널로서 꾸준히 성장하는 것입니다. 저는 상사가 목표지향적인 분이기를 기대합니다. 팀을 위한 명확한 목표를 정하고, 저희가 최고의 결과를 내도록 이끌기를 바랍니다.

Answer Sample 2

I expect my supervisor to be a good communicator. My supervisor would encourage us to have open communication. As a result, we could respect other members' thoughts and work more efficiently.

저는 상사가 훌륭한 대화능력이 있기를 기대합니다. 팀이 개방된(투명한) 커뮤니케이션을 할 수 있도록 독려하기를 바랍니다. 그 결과, 저희는 다른 팀원들의 생각을 존중하고 더 효율적으로 일할 수 있습니다.

Answer Sample 3

I expect my supervisor to be an organized person. My supervisor would assign work to members based on their strengths. This would lead the team to achieve the best results.

저는 상사가 조직적인 분이기를 바랍니다. 팀원의 역량에 따라 업무를 할당하기를 기대합니다. 이것이 최고의 성과를 이루도록 이끌 것입니다.

Answer Sample 4

I expect my supervisor to be a good communicator. My supervisor could lead the team to exchange ideas openly. I think this is the best way to build teamwork.

저는 상사가 훌륭한 대화능력이 있기를 기대합니다. 제 상사는 팀이 자유롭게 아이디어를 교환하도록 이끌 수 있었으면 합니다. 저는 이것이 팀워크를 개발시키는 최고의 방법이라고 생각합니다.

Answer Sample 5

I have high standards for my work. I expect my supervisor to be a result-oriented person. My supervisor would have the proper knowledge and experience to guide our team.

저는 맡은 일에 높은 기준을 갖고 있습니다. 저는 제 상사가 성과지향적인 사람이기를 기대합니다. 제 상사는 적절한 지식과 경험을 갖고 팀을 이끌 수 있었으면 합니다.

Chapter 29

What Does Customer Service Mean to You?

당신에게 고객서비스란 무엇입니까?

> 불만고객은 자신의 경험을 아주 멀리 퍼뜨린다.

29 What Does Customer Service Mean to You? 당신에게 고객서비스란 무엇입니까?

질문의도

면접관은 알고 싶다. 지금 눈앞의 지원자가 자신의 득(得)보다 회사의 득(得)을 먼저 생각할 수 있을지를. 고객을 정서적으로 편안하게 하고 좋은 관계를 맺을 수 있을까? 회사에 어떻게 새로운 가치를 가져올 수 있을까? 이 직원이 그럴 의사가 있고, 향후 회사의 최전방을 맡길만 한지 듣고자 한다.

기업의 성공에서 고객서비스의 힘은 지대하다. 기업의 최종산물인 상품과 서비스를 고객과 직접 교류하면서 보여주는 업무이기 때문이다. 그리고 이에 안 좋은 기억이 있는 고객은 자신의 경험을 아주 널리 퍼뜨린다.

답변전략

이 질문에는 '생각'이 필요하다. 지원회사의 고객에 관한 경영철학, 내가 고객이었을 때 느낀 서비스에 관한 생각 혹은 빌 게이츠나 피터 드러커처럼 고객에 대해 예리한 이해를 가진 사람들의 생각을 인용하거나 그 의미를 생각해서 답변하는 것도 권하고 싶은 전략이다.

당신에게 고객서비스란?

맨 정신으로는 어려워.

맞아.

Key Expressions

저는 고객서비스란 ~라고 생각합니다.

I think customer service is a major contributor to _____.

저는 고객서비스는 ~에 중요하게 기여한다고 생각합니다.

이는 고객서비스가 ~하기 때문입니다.

This is because _____.

이것은 ~때문입니다.

훌륭한 고객서비스란 ~을 의미한다고 생각합니다.

Good customer service means _____.

훌륭한 고객서비스란 ~을 의미합니다.

Good customer service is done by _____.

훌륭한 고객서비스는 ~에 의해서 완성됩니다.

Your most unhappy customers are your greatest source of learning.
가장 큰 불만을 가진 고객은 당신이 가장 많이 배울 수 있는 원천이다.
-빌 게이츠

저는 고객서비스란 ~라고 생각합니다.

I think customer service is a major contributor to customer satisfaction.
저는 고객서비스란 고객만족에 중요하게 기여한다고 생각합니다.

I think customer service is a major contributor to the company's image.
저는 고객서비스란 회사 이미지에 중요하게 기여한다고 생각합니다.

이는 고객서비스가 ~하기 때문입니다.

This is because customer service serves as the 'face' of the company.
이는 고객서비스가 회사의 얼굴로서 고객서비스를 제공하기 때문입니다.

This is because customer service presents the company's values directly to customers.
이는 고객서비스가 회사의 가치를 고객에게 직접 보여주기 때문입니다.

훌륭한 고객서비스란 ~을 의미한다고 생각합니다.

Customer service means truly understanding customers.
고객서비스란 고객을 진심으로 이해하는 것입니다.

Customer service means providing a positive experience through our services.
고객서비스란 저희 서비스에 관한 좋은 경험을 제공하는 것입니다.

Customer service means presenting the company's values through my services.
고객서비스란 저희 서비스를 통해 회사의 가치를 보여주는 것입니다.

Good customer service is done by my commitment to work.
훌륭한 고객서비스는 제가 일에 헌신하는 것에 의해 완성됩니다.

Good customer service is done by me being dedicated to my work.
훌륭한 고객서비스는 제가 일에 최선을 다하는 것에 의해 완성됩니다.

Answer Sample 1

I think customer service is a major contributor to customer satisfaction. It is because customer service presents the company's values to customers on the front lines. And good customer service is done by me being dedicated to my work.

저는 고객서비스란 고객만족에 매우 중요하게 기여한다고 생각합니다. 이는 고객서비스는 최전방에서 회사의 가치를 고객에게 보여주기 때문입니다. 그리고 훌륭한 고객서비스란 제 일에 헌신하는 것에 의해 완성됩니다.

Answer Sample 2

Good customer service means making an extra effort beyond what is expected. Good customer service is more than a smile. It is about truly understanding customers, and building trust with them through hard work.

훌륭한 고객서비스란 고객이 기대하는 것 이상의 노력을 하는 것으로 생각합니다. 훌륭한 고객서비스는 미소 이상의 것을 의미합니다. 그것은 고객을 진심으로 이해하고, 노고를 통해 그들과 신뢰를 쌓는 것입니다.

Answer Sample 3

Customer service means really listening to customers and being actively involved in their concerns. It continues until the customer leaves us satisfied and returns to our products with trust.

고객서비스는 고객에게 귀 기울여 듣고 그들의 문제에 적극적으로 개입하는 것입니다. 이것은 고객이 만족하여 떠나고, 저희 상품에 관한 신뢰를 갖고 다시 구매할 때까지 지속합니다.

Answer Sample 4

I think customer service is to truly understand customers. This means understanding their needs or experiences, and providing positive experiences for them with our products.

고객서비스는 고객을 진심으로 이해하는 것이라고 생각합니다. 이는 고객요구나 경험을 이해하고, 저희 상품으로 긍정적인 경험을 제공하는 것을 포함합니다.

하늘에서 꿈이 내릴 때

What Motivates You?

Chapter 30

What Motivates You?

당신을 동기부여 시키는 것은 무엇입니까?

> **66**
>
> 어떻게 역경 속에서도
> 당신의 업무를 완수하겠습니까?
>
> **99**

30 What Motivates You?
당신을 동기부여 시키는 것은 무엇입니까?

질문의도

'무엇이 당신에게 동기를 부여하는가?'라는 질문에 옳고 그른 답이 있는 것이 아니다. 면접관은 '지원자가 어떻게 이 업무를 성공적으로 수행할 것인가'에 관한 답을 기다리고 있을 뿐이다. 무엇이 적합한가?

답변전략

추상적인 질문에는 자신의 생생한 경험을 통한 구체적인 답변이 신뢰를 준다. 면접에서 적합한 생생한 경험이란, 어려운 프로젝트를 성공적으로 완수했을 때, 나의 업무를 통해 고객의 고민이 해결되었을 때, 목표를 달성하며 자신의 성장을 볼 때 등을 말한다. 실무경험이 없는 신입지원은 자신의 커리어 목표와 연결하여 답한다.

돈(보수)이라는 답은 어떨까? 성직자의 삶만이 고상한 것이 아니라, 우리들의 현실적이고 세속적인 삶도 숭고하다고 생각한다. 따라서 돈은 매우 중요한 동기가 된다. 그러나 돈만이 일하는 동기가 된다면, 면접은 둘째치고 직장 다니는 게 팍팍해진다. 내가 면접관이라면, '그렇다면 사업을 하지 왜 적은 월급을 받으며 회사에서 일하려 하는가?'를 되물을 것이다. 자신의 노고에 관한 '보수'는 당연히 중요하지만, 다른 동기와 함께 말하는 것이 면접에서는 오해를 살 일이 없다.

> '나는 글을 써서 밥을 먹을 수 없다면 글을 쓰지 않을 것이다.
> 소설을 써서 밥을 먹을 수 있기 때문에 쓴다.
> 그렇다고 내가 밥을 먹어야겠다는 목적을 위해서 글을 쓰지는 않는다.
> 나는 무엇이 중요한가를 뒤바꾸지는 않는다.'
> —김훈 작가의 어느 인터뷰에서

Key Expressions

I am motivated by _____.

저는 ~에 의해 동기부여됩니다.

_____ always motivates me.

~는 항상 저에게 동기부여를 시킵니다.

_____ is my biggest motivator.

~는 저의 가장 큰 동기부여입니다.

Examples   ● MP3_075

I am motivated by my future.

저는 저의 미래에 의해서 동기부여됩니다.

I am motivated by success stories of ordinary people.

저는 보통 사람들의 성공 이야기에 동기부여됩니다.

I am motivated by implementing new ideas.

새로운 아이디어를 실행하는 것에 의해 동기부여됩니다.

Competition and taking on challenges always motivate me.

경쟁과 도전이 늘 저를 동기부여 시킵니다.

Achieving goals which others are hesitant to try is my biggest motivator.

남들이 시도하기 꺼리는 목표를 이루는 것이 저에게 가장 큰 동기부여입니다.

My career goal and my passion to achieve it always motivate me.

저의 커리어 목표와 그것을 이루려는 제 열정에 항상 동기부여됩니다.

Answer Sample 1

I am motivated by my future. I have a clear goal. I will be a top designer in the fashion industry within the next five years. My career goal and my passion to achieve it always motivate me.

저는 제 미래에 의해 동기부여됩니다. 저는 분명한 목표가 있습니다. 저는 패션산업에서 5년 내 최고의 디자이너가 될 것입니다. 커리어 목표와 그것을 성취하려는 열정이 늘 저에게 동기를 부여합니다.

Answer Sample 2

I am motivated by people who work with me. This comes from my experience of being the captain of a baseball team at college. Playing as part of a team or leading a team always motivates me.

저와 함께 일하는 사람들에 의해서 동기부여됩니다. 이는 대학야구부 주장을 했던 경험을 통해서입니다. 팀의 일부 혹은 팀을 이끄는 것은 늘 저에게 동기를 부여합니다.

Answer Sample 3

Achieving goals which others are hesitant to try is my biggest motivator. Through my college projects of developing new devices, I found it exciting to implement new ideas and to see them benefit people. This is why I am applying for product development.

다른 사람이 시도하기 주저하는 목표를 성취하는 것이 저에게 가장 큰 동기부여입니다. 새로운 장치를 개발하는 대학 프로젝트를 통해, 저는 새로운 생각을 실행하고 그것들이 사람들에게 도움이 되는 것을 보는 것이 흥미롭다는 것을 알게 되었습니다. 이것이 제가 상품개발팀에 지원하는 이유입니다.

* implement: 실행하다

Answer Sample 4

Competition and taking on challenges always motivate me. It encourages me to overcome my limits. I am also motivated by the success stories of ordinary people who overcome their hurdles and make great achievements.

경쟁과 도전이 저에게 동기를 부여합니다. 이는 저의 한계를 극복하도록 합니다. 또한 자신의 장애물을 극복하고 위대한 업적을 이룬 보통 사람들의 성공사례에 의해 동기부여됩니다.

Answer Sample 5

I was responsible for several projects that developed education software. My team achieved 100% on-time delivery of the software products under customer pressure*. I am always motivated by the desire to do a great job at work.

저는 교육용 소프트웨어를 개발하는 몇 개의 프로젝트를 책임지고 있었습니다. 저의 팀은 고객의 압박 속에서 그 소프트웨어들을 기일 안에 100% 모두 완수했습니다. 제가 맡은 업무를 훌륭하게 완수하려는 의욕에 저는 항상 동기가 부여됩니다.

* customer pressure: 고객의 시일 안에 끝내달라는 요구 등 고객으로부터 받는 압력

Chapter 31

I Beg Your Pardon?

다시 말씀해주시겠습니까?

"
실수는 그 자체로 중요하지 않다.
실수에 관한 침착한 대처가 중요하다.
"

31 I Beg Your Pardon?
다시 말씀해주시겠습니까?

🔘 MP3_077

못 알아들었을 때

I beg your pardon?

다시 말씀해주시겠습니까?

I'm not sure if I understand your question clearly. Could you repeat it, please?

제가 질문을 정확히 이해했는지 모르겠습니다. 다시 말씀해주시겠습니까?

Would you say that once again?

다시 말씀해주시겠습니까?

질문내용이 복잡해서 의미를 재확인할 때

I just couldn't understand your question well. Could you be more specific?

제가 질문을 정확하게 이해하지 못했습니다. 좀 더 명확하게 해주시겠습니까?

Before I answer your question, I would like to confirm that I understand it correctly. My understanding is that ~

답변을 하기 전, 제가 질문을 정확하게 이해했는지 먼저 확인하고 싶습니다. 제가 이해한 질문내용은 ~입니다만.

답변이 떠오르지 않을 때

Would you give me a little time to think about it?

잠시 생각할 시간을 주시겠습니까?

인터뷰에서 질문하지 않았지만 강조하고 싶은 것이 있을 때

I wanted to have the opportunity to tell you about ~. Do you mind if I take a few minutes to do that?

저는 ~에 대해 언급하고 싶었습니다. 제가 잠시 ~에 대해 말할 수 있을까요?

경험이 없는 내용을 물을 때

I'm afraid that's outside of my experience but I am interested in having the experience someday.

유감스럽게도 그것은 제 경험 밖의 질문이지만 언제가 그와 같은 경험을 하는 것에 관심이 있습니다.

I am afraid I need more time to think about that question to answer it thoroughly. What I can say at the moment is that ~.

죄송하지만 그 질문에 제대로 답을 하기 위해서는 생각할 시간이 필요합니다. 현재로서 제가 말씀드릴 수 있는 것은 ~입니다.

4

English
Interview

영어 5분 스피치

1. 과거 자신의 실수에 대해

   Tell me about your mistakes and what you learned from them.

2. 지원자의 창의성에 관해

   Tell me the experience when you showed your creativity.

3. 상황대처에 관한 면접, 만일 ~한다면?

   How would you deal with the situation, if you faced ~?

4. 공무원 지원동기와 관심분야

   Tell us why you want to be a civil servant and what department you are interested in.

5. 사회문제에 대한 의견, 원인과 해결책(독거노인, 아동학대, 청년실업 등)

   What are your opinions on the social issues?

공무원
영어면접 전략

5분 스피치
자기의 생각을 5분 동안 말해보세요.

5분 스피치, 기억하자. 절대 4가지 이상을 말하지 않는다. 잘 하려는 욕심으로 자칫 이야기가 길어지고 자기도 모르게 이야기가 산으로 갈 수 있다. 과욕은 근물. 짧고 간결하게. 면접관도 자기 업무를 미루고 나와서 피곤하다. 가장 중요한 첫 번째 규칙, 5분이라는 시간을 지킨다. 그러므로 기억하자. 절대 4가지 이상을 말하지 않는다.

둘째는 5분 안에서 말의 틀을 갖추는 것이 필요하다. 시민을 고객으로 하는 업무는 오히려 일반 기업보다 예상되는 질문이 정해져 있다. 미리 그 주제에 대해 기-승-전-결을 어떻게 말할지 '말의 틀'을 정하고, 그 틀에 준비된 내용을 담는다.

셋째는 시민과 관련 있는 현안에 대해 미리 조사하고 정리한다. 나의 열정은 자료조사의 구체적 데이터로 면접관에게 보여줄 수 있다. 미세먼지, 독거노인, 아동학대 등 그해 큰 뉴스였거나 지금 중국의 수입금지로 문제가 되었던 플라스틱, 비닐 처리 등의 환경 문제에 대해 영어기사나 뉴스 등을 관심 있게 본다. 예를 들면, 백세시대로 앞으로도 계속 발생할 독거노인의 문제에 대해서는, 올해 사회관리사 한 명당 독거노인 담당하는 인원, 독거노인의 증가량 등 수치나 데이터를 미리 조사해서 5분 스피치 면접에서 적극 활용하도록 한다.

Tell me about your mistakes and
what you learned from them.

Chapter 01

Tell me about your mistakes and what you learned from them.

실수했던 경험과 그로부터 배운 것을 말해보세요.

01 Tell me about your mistakes and what you learned from them.

당신이 실수했던 경험과 그로부터 배운 것을 말해보세요.

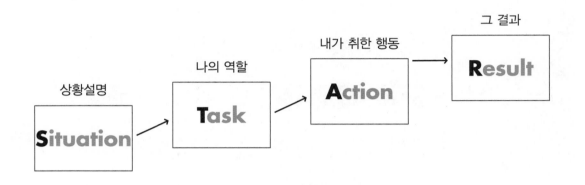

Situation 상황설명하기

🔘 MP3_078

그 일은 제가 ~할 때였습니다.

It was when 주어+동사.

예문 It was when **I was working part time at a restaurant chain.**

제가 체인 음식점에서 아르바이트로 일할 때였습니다.

It was when **I was working part time at an online shopping mall.**

제가 온라인 쇼핑몰에서 아르바이트로 일할 때였습니다.

* work part time: 아르바이트로 일하다.

It was when **I was working at an insurance company.**

제가 보험회사에서 근무하고 있을 때였습니다.

It was when **I was working at an electronics store.**

제가 전자제품가게에서 일할 때였습니다.

당시, 저는 근무하는 _____에서 _____일을 했었습니다.

At that time, I was –ing at the 일한 회사 I worked for.

> **예문** At that time, I was selling a smartphone to a customer at an agency I worked for.
>
> 당시, 저는 근무하고 있는 대리점에서 고객에게 스마트폰을 판매했습니다.
>
> At that time, I was selling an electronic device to a customer at the company I worked for.
>
> 당시, 저는 근무하고 있는 회사에서 전자제품을 고객에게 판매했었습니다.
>
> At that time, I was selling insurance to a client at an agency I worked for.
>
> 당시, 저는 근무하고 있는 회사에서 보험상품을 고객에게 판매했었습니다.

고객은 ~(상황)을 불만을 표했습니다.

The client complained that 주어+동사.

> **예문** The client complained that he found the policy term was only for 10 years.
>
> 고객은 보험기간이 10년밖에 안 된다는 걸 알고 불만을 표했습니다.
>
> The client complained that he had bought a defective product at the agency I worked for.
>
> 고객은 제가 일하는 대리점에서 불량품을 샀다고 불만을 표했습니다.
>
> The client complained that she had ordered a dress but received something completely different.
>
> 그 손님은 원피스를 주문했는데, 완전히 다른 상품을 받았다고 불만을 표했습니다.

그 손님은 매우 화가 나서 ~했습니다.

The customer was so angry that 주어+동사(상황).

예문 He was so angry that he wanted to talk with my manager to complain about it.

그는 너무 화가 나서 나의 매니저와 이야기하고 싶다고 했습니다.

The customer was so angry that he wanted me to pay for the damage.

고객이 너무 화가 나서 제게 피해를 보상하라고 하셨습니다.

The customer was so angry that he wanted to cancel his orders.

고객이 너무 화가 나서 자신의 주문을 취소하기를 원했습니다.

~라고 생각한 상대방(고객)은 매우 화를 냈습니다.

The customer was so angry because 주어+동사(이유).

예문 The customer was so angry because he thought that I had lied to him just to sell the product.

그 손님은 제가 상품을 팔기 위해서 거짓말을 했다고 생각하고 매우 화를 냈습니다.

He was so angry because he thought that I had messed things up.

그는 제가 일을 망쳤다고 생각하고 매우 화를 냈습니다.

She was so angry because she thought that I had made a mistake on purpose.

그녀는 내가 고의로 실수를 했다라고 여기고 매우 화를 냈습니다.

Task 나의 역할

제 역할(일)은 ~이었습니다.
My role was 명사형(-ing 혹은 to 동사).

> 예문 My role was **taking orders and serving food.**
> 제 일은 주문을 받고 음식을 서빙하는 일이었습니다.
>
> My role was **designing new products.**
> 제 일은 상품기획이었습니다.
>
> My role was **to promote and sell new products.**
> 제 일은 상품홍보와 판매였습니다.

제 역할(일)은 ~이었습니다.
My job was 명사형(-ing 혹은 to 동사).

> 예문 My job was to **promote travel products at a travel agency.**
> 제 일은 여행사에서 여행상품을 홍보하는 것이었습니다.
>
> My job was to **ship the ordered goods to the customers.**
> 제 일은 주문받은 상품을 고객에게 발송하는 일이었습니다.

Action 내가 취한 행동

제가 했던 첫 번째 행동은 _____이었습니다.
The first thing I did was 원형부정사(to 생략).

예문 The first thing I did was listen to the client's complaints.
제가 했던 첫 번째 행동은 고객의 불만에 경청하는 것이었습니다.

The first thing I did was figure out what's going on.
제가 했던 첫 번째 행동은 상황을 파악하는 것이었습니다.

The first thing I did was understand the customer's anger.
제가 했던 첫 번째 행동은 고객의 불만을 이해하는 것이었습니다.

저는 ～한 점에 대해 진심으로 사과했습니다.
I sincerely apologized that 주어+동사(실수한 내용).

예문 I sincerely apologized for not clarifying what I should have.
내 설명이 명확하지 않았던 점에 대해 사과드렸습니다.

I sincerely apologized for making a mistake in shipping the products.
물건 발송에 실수가 있었던 것에 대해 진심으로 사과했습니다.

I sincerely apologized for making him confused.
손님에게 혼란을 준 것에 대해 진심으로 사과했습니다.

그 뒤, 저는 (일하는 방식 등)을 바꾸기로 결정했습니다.
After that, I decided to change the way 주어+동사(일하는 방식).

예문 After that, I decided to change the way I took orders.
그 뒤, 저는 주문받는 방식을 바꾸기로 결정했습니다.

So, I decided to change the way I deal with difficult people.
그래서 저는 까다로운 사람을 대하는 방식을 바꾸기로 결정했습니다.

So, I decided to change the way I work.
그래서 저는 일하는 방식을 바꾸기로 결정했습니다.

그래서 저는 ~하기 시작했습니다.
So, I started -ing 혹은 to 동사.

예문 So, I started putting a small reminder, a small sticker with a picture of an umbrella.
그래서 제가 작은 스티커 조각, 우산 그림이 있는 메모를 엘리베이터 버튼에 붙여놓기 시작했습니다.

So, I started practicing it a lot from that moment.
그래서 그 순간부터 많은 연습을 시작했습니다.

So, I studied the buying habits of online consumers.
그래서 온라인 소비자들의 구매패턴에 대해 공부를 시작했습니다.

Result 그 결과

그 결과로서, 고객은_____했습니다.

As a result, the client understood that 주어+동사(오해 내용).

예문 As a result, the client understood that it was never my intention to overcharge her.

그 결과로서, 손님은 제가 과잉부담을 하려는 의도가 전혀 아니었다는 점을 이해했습니다.

Finally, she understood that it was never my intention to deceive her.

마침내, 손님은 제가 그를 속이려는 의도가 전혀 아니었다라는 점을 이해했습니다.

Finally, he understood that I didn't lie to him after all but there was just a misunderstanding in communication.

마침내, 손님은 내가 거짓말을 했던 것이 아니라, 단지 의사소통에서 오해가 있었다는 점을 이해하였습니다.

~에서의 작은 변경(변화)으로, 저는 ~할 수 있었습니다.

With just that small change in 명사형, I could 동사+목적어(결과).

예문 With just that small change in preparation, I could serve all the ordered food correctly.

준비 단계에서 약간의 변경으로, 저는 주문된 음식을 정확하게 서빙할 수 있었습니다.

With just the small change in the work procedure, I could reduce mistakes at work.

일 절차에서 약간의 변경으로, 저는 일에서 실수를 줄일 수 있었어요.

With the small change in my mindset, I could put more attention in work.

마음가짐에서의 약간의 변화로, 저는 일에 더 관심을 가질 수 있었어요.

때로는 제 실수로 인한 손실에 대해 _____(배상)해야 할 때도 있었습니다.
I sometimes had to 동사원형(손실보상) the loss that I caused.

예문 I sometimes had to **pay for** the loss that I caused.
때로는 저는 제가 만든 손실에 대해 지불해야 할 때가 있었습니다.

I sometimes had to **compensate people for** the losses that I caused.
때로는 저는 제가 만든 손실에 대해 사람들에게 보상을 해야 할 때가 있었습니다.

I sometimes had to **pay for** the damage that I caused.
때로는 저는 제가 만든 피해에 대해 지불을 해야 할 때가 있었습니다.

그러나 그 경험으로부터 저는 ~(교훈)을 깨달았습니다.
However, from my experience I realized (learned) that 주어+동사(교훈).

예문 However, from my experience I realized that I should put things in an effective way, rather than following the existing way of doing things.
그러나 그 경험으로부터 기존 방식을 그대로 따르기보다는, 효율적으로 일을 처리해야만 한다는 점을 깨달았습니다.

However, from my experience I realized that crises hide opportunities.
그러나 그 경험으로부터 저는 위기가 기회라는 것을 깨달았습니다.

However, from my experience I learned that I can seize more opportunities depending on how to deal with difficulties.
그러나 그 경험으로부터 제가 어떻게 어려운 상황들을 대처하는가에 따라 더 많은 기회를 얻을 수 있다는 점을 깨달았습니다.

However, from my experience I learned a valuable lesson that a complaining client gives me more opportunities than clients who don't complain.
그러나 그 경험으로부터 불평을 하는 고객이, 불평하지 않는 고객보다 나에게 더 많은 기회를 준다는 소중한 교훈을 배웠습니다.

Example 1

과거 아르바이트 경험에서의 실수

Situation ---,
Task

It was when I was working part time at a restaurant chain. My role was taking orders and serving food. The restaurant was very busy and I had to deal with all the orders. During the peak hours, it was so crowded that I couldn't hear customers' orders clearly. I often misheard their orders. They had ordered one thing and had received something completely different. The customers complained when they got their orders messed up.

Action ---,

Actually, I had been told to "show the receipts to the customers when I serve the food." But I decided to change the way I took orders. I showed the receipts to the customers first before I brought the receipts to the kitchen staff.

Result ---,

As a result, before the food was cooked, I would confirm orders with customers on the table. With just that small change in preparation, all the orders I took were served correctly. As the old saying goes, 'don't put the cart before the horse.' From that experience, I realized that I should put things in an effective way rather than following the existing way of doing things.

┌----- 상황   ┌----- 역할

제가 체인식당에서 아르바이트를 할 때였어요. 제 역할은 주문을 받고 음식을 서빙하는 일이었어요. 그 식당은 매우 분주하고, 제가 모든 주문들을 처리했어야 했어요. 가장 손님이 많은 시간에는, 식당이 너무 분주해서 손님들의 주문을 정확하게 들을 수 없었어요. 저는 종종 주문을 잘못 들었습니다. 그래서 손님이 메뉴를 주문했지만, 완전히 다른 음식이 나왔습니다. 손님들은 자신들의 주문과 달랐을 때, 불만을 표했습니다.

┌----- 취한 행동

사실, 저는 "음식이 나왔을 때 손님에게 영수증을 보여주라"고 업무를 배웠습니다. 그러나 저는 주문받는 순서를 바꾸기로 했습니다. 저는 영수증을 주방에 가져가기 전 손님에게 먼저 보여줬습니다.

┌----- 결과

그 결과 음식이 조리되기 전, 저는 손님과 테이블 상에서 주문을 확인할 수 있었어요. 주문을 받을 때 약간의 변화로, 모든 주문들은 정확하게 나왔습니다. 속담에서 '일의 순서를 거꾸로 하지 말라.'라고 말합니다. 제 경험으로, 기존 일하는 방식을 따라하기보다는 효율적인 방법을 생각해야만 한다는 점을 깨달았습니다.

Example 2

이전 직장경험에서의 실수

Situation ···┐   Task

I was selling insurance to a client at an agency I worked for. I thought that I had explained the insurance coverage well to him, but the explanation wasn't as good as I had thought it was. The client complained a week later that he found the policy term was only for 10 years, not until he turned 100 years old. The client was so angry because he thought that I had lied to him in order just to sell the product. I felt very embarrassed. The insurance policy can be extended every ten years until he is 100 years old.

* the policy term: 보험계약기간

Action ···┐

The first thing I did was listen to the client's complaints. Although he misunderstood what I had said, I didn't say "You misunderstood what I said, Let me explain it again." Instead, I showed empathy towards him saying, 'You are right to be angry.' Then, I sincerely apologized for not clarifying what I should have.

Result ···┐

As a result, I could help him understand that I didn't lie to him after all but there was just a misunderstanding in communication. After that, he became my regular client and introduced many of his acquaintances to me. From that experience, I learned a valuable lesson that a complaining client actually gives me more opportunities than clients who don't complain.

제가 일하던 대리점에서 고객에게 보험상품을 팔았을 때입니다. 저는 충분히 상품에 대해 잘 설명했다고 생각했는데, 생각했던 것만큼 충분하지 않았습니다. 일주일 뒤, 고객은 그 보험이 100세까지가 아니라 10년밖에 안 된다면서 불만을 표시했습니다. 그는 제가 상품을 팔기 위해서 거짓말을 했다고 생각하고 엄청 화를 내셨습니다. 매우 당황스러웠습니다. 그 보험상품은 10년마다 갱신해서 100세까지 보장되는 상품이었습니다.

취한 행동

가장 먼저 한 일은 고객불만을 경청하는 것이었습니다. 설령 고객이 제가 말한 내용을 오해하고 있다 하더라도, 바로 '고객의 오해입니다. 다시 설명할게요.'라고 하지 않았습니다. 대신 '당신은 화를 낼 만하다'라는 점을 공감했습니다. 그러고 나서, 설명이 충분하지 않았던 점을 사과했습니다.

결과

그 결과, 고객은 제가 거짓말을 한 게 아니라 단지 오해가 있었음을 이해했습니다. 그 뒤, 오랜 기간 동안 단골고객이 되었고 많은 지인들을 제게 소개해주었습니다. 제 경험으로부터, 불만을 표시하는 고객이 표시하지 않는 고객보다 저에게 더 기회가 된다는 것을 깨닫게 되었습니다.

Example 3

직장경험에서의 실수2

Situation ---¦   **Task**

I was working at an **online shopping mall.** My job was to **ship the ordered goods to the customers.** One day, I made a mistake at work. A customer ordered a formal dress for her friend's wedding ceremony, but instead she got a shirt. To exchange the wrongly delivered shirt, it would have taken another few days, which meant that she would not have been able to wear the dress on that day. She was so angry that she wanted to talk with my manager to complain about it.

Action ---¦

I **apologized to her** over the phone. But I thought I should help her get to wear the ordered dress on the day. So, I decided to **send the dress immediately.** I sent the dress to her by express delivery out of my own pocket.

Result ---¦

The customer got the dress on time and got to wear the dress to her friend's wedding. She was very happy about that. She wrote that she had had a special experience with our company. After that, I was able to put more attention in my work. I sometimes had to **compensate people** for any losses that I caused. From that experience, I learned a valuable lesson that **doing the right thing is the most important thing, no matter the cost.**

제가 온라인 쇼핑몰에서 배송 일을 할 때입니다. 저는 주문된 물건의 고객에게 발송하는 일을 맡았습니다. 한번은 제가 물건을 잘못 배송했습니다. 손님은 친구 결혼식에 입을 옷을 주문했는데, 배송된 물건은 셔츠였습니다. 잘못 배송된 셔츠를 교환하려면, 시간이 걸리기 때문에 주말결혼식에는 손님이 주문한 옷을 입을 수 없었습니다. 고객은 너무 화가 나서 매니저를 바꿔달라고 불만을 표했습니다.

취한 행동

저는 전화상 사과했지만, 진정한 사과는 그분이 결혼식에 주문한 옷을 입고 가도록 도와드리는 일이라고 생각했습니다. 그래서 저는 그 옷을 즉시 보내드리기로 결정했습니다. 저는 개인사비로 그 옷을 퀵서비스로 보내드렸습니다.

결과

손님은 옷을 시간 내에 받았고, 결혼식에 주문한 옷을 입게 되었습니다. 손님은 매우 만족했습니다. 고객게시판에도 특별한 경험이었다고 글을 남겨 주었습니다. 물론, 그 뒤로는 업무에 더 신중했습니다. 저 때문에 일어난 손실에 대해서 돈을 배상해야 할 때도 있었습니다. 그 경험으로부터, 올바른 일을 하는 것이 무엇보다 중요하다는 소중한 교훈을 얻었습니다.

Tell me the experience when you showed your creativity

Chapter 02

Tell me the experience when you showed your creativity.

창의성을 발휘했던 경험이 있으면 말해보세요

02 Tell me the experience when you showed your creativity.

창의성을 발휘했던 경험이 있으면 말해보세요

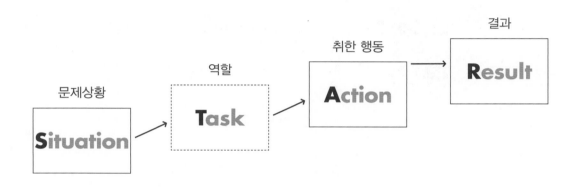

창의성 질문이 지원자들이 어려워하는 질문 중의 하나이다. 면접관이 지원자의 창의성을 물을 때는 예술가 수준의 창의적인 발상을 묻는 게 아니다. 이 질문은 '업무에서 생기는 문제를 창의적으로 해결할 수 있는가'를 확인하기 위해서이다.

우리들은 각자 자기의 일을 기간 안에 효율적으로 마무리하기 위한 나만의 한두 가지 습관이 있다. 직장경험이 있다면, '시간이 부족하고 어려운 상황에서 업무를 나의 방식으로 어떻게 완수했는가'를 이야기한다. 직장경험이 없다면, 민원해결이나 시의 정책을 기획하는 업무는 사실상 '시민들의 일상의 문제'를 해결하는 일이다. 대학생 때 조별과제에서 있던 혹은 일상에서 문제를 해결했던 경험을 이야기한다.

Example 1

MP3_085

일상에서 창의적으로 문제를 해결

Situation

I can tell you the most recent experience. It was when I went to Jeju Island on holidays with my friends. My ex-colleague had left the city and gone back to farming on Jeju. We were good friends when working together. We spent two days together and had a great time. On the morning we left for Seoul, my ex-colleague wanted to give us a big bucket of eggs. He said that those were his first eggs from the hens he raised. He'd collected them for a few days to give to us. We were so happy to have fresh eggs. Since the egg contamination scandal of 2017, when eggs were infected with the fipronil pesticide, we have some hesitation about eggs. These eggs looked very special: fresh and organic! But how could we fly to Seoul with the fragile eggs?

Action

We were standing and thinking about how to do this. At that moment, I had an idea: "Why don't we boil them and eat them while flying back to Seoul?" Everyone laughed and agreed with my idea.

Result

When we arrived at the airport, it was crowded and we became hungry. We really enjoyed the boiled, organic eggs as a snack and were able to bring the rest of them home safely.

가장 최근에 있었던 경험을 말하겠습니다. 이전 동료들과 제주도에 휴가를 갔을 때였습니다. 제 전 직장동료가 제주도에서 귀농하고 있었습니다. 같은 회사에서 일할 때 좋은 친구였습니다. 이틀을 머물렀고, 무척 즐거웠습니다. 서울로 떠나는 날 아침, 전 동료가 계란을 한 바구니를 주고 싶어 했습니다. 그 달걀들은 그가 키운 닭이 낳은 첫 달걀이었습니다. 저희에게 주기 위해서 며칠을 모았습니다. 우리는 신선한 달걀을 받아서 기뻤습니다. 2017년 달걀이 피프로닐이라는 살충제에 오염되었던 사건 이후, 우리는 달걀에 대해 어떤 망설임이 있어 왔습니다. 이 달걀들은 매우 특별해 보였습니다. 신선하고 유기농이라니! 그러나 깨지기 쉬운 달걀을 들고 어떻게 서울까지 가지?

우리는 서서 방법을 생각해봤습니다. 그 순간 제게 아이디어가 떠올랐습니다. "달걀을 삶아서 서울 가는 길에 먹으면 어떨까?" 모두가 웃으며 제 생각에 동의했습니다.

공항에 도착했을 때, 공항은 분비였고, 우리는 배가 고파졌어요. 모두 즐겁게 삶은 유기농 달걀을 간식으로 먹었고, 나머지는 집으로 무사히 가져갔습니다.

Part 4

Example 2

가족, 자신 등 주변의 문제를 창의적으로 해결한 예

Situation ----,

This is my family's episode. We live on the top floor of the apartment building. My younger brother is a high school senior and is really hectic in the morning. The problem is that he is always late for school on rainy days. He goes down to the first floor to find that it's raining, and then takes the elevator to the top floor again to grab his umbrella. During rush hour, there is traffic congestion in apartment elevators, just like on the roads. My mother and I set the umbrella at the front door, to remind him to bring it. But he always forgets and has to come back from the first floor.

I go jogging early in the morning, regardless of the weather; I'm the first person in my family to notice that it's a rainy day. So, I started putting a small reminder, a small sticker with a picture of an umbrella, on the elevator button on a rainy day.

Action

He finds the sticker when pressing the button and returns to get his umbrella without going all the way down to the first floor. As a result, he is always on time, whatever the weather.

Result

상황

이것은 제 가족이야기입니다. 우리는 아파트 맨 위층에 살고 있습니다. 제 동생은 고3이라서 아침마다 매우 바쁩니다. 문제는, 동생은 비가 오는 날 매번 지각을 합니다. 1층까지 내려갔다가 비가 내리는 것을 발견하고 다시 맨 꼭대기 층까지 우산을 가지러 엘리베이터를 타고 올라옵니다. 출근시간에는 아파트에도 도로 위처럼 교통혼잡이 있습니다. 엄마와 나는 동생이 우산 가져가는 것을 기억하게 하려고, 현관문에 우산을 놓습니다. 그는 항상 잊어버려서 1층에서부터 다시 돌아옵니다.

취한 행동

저는 매일 아침 날씨와 관계없이 조깅을 합니다. 제가 우리 가족 중에 비 오는 것을 아는 첫 번째 사람입니다. 그래서 제가 작은 스티커 조각, 우산그림이 있는 메모를 엘리베이터 버튼에 붙여 놓기 시작했습니다.

결과

동생이 버튼을 누를 때 스티커를 발견하고 1층까지 내려갔다가 올라오는 일이 없이, 바로 집으로 우산을 가지러 옵니다. 그 결과 날씨에 상관없이 정각에 학교에 갑니다.

Example 3

업무에서 창의적으로 문제를 해결한 예

Situation ---⌐

It was when I worked at a former company. A colleague was moving to another company, which meant he left several days before a big project of his was due. I was asked to take it over, with only a few days to learn about the project.

Task ---⌐

Action ---⌐

I was embarrassed, but the first thing I did was try to understand the big picture of the project. So, I drew a large table showing attributes such as what the problem is, what the result is, what has been done, and what has not yet been completed. It was a simple, blank table showing the main points of the project. While filling it, I was fully able to understand the project.

⌐--- 창의적 아이디어를 주었던 책 소개

Under the tight deadlines, I used to become stressed because it was necessary to deal with many things at the same time. At that time, by chance I read a book called 'If the World Were a Village of 100 People.' The book helped me to obtain a big picture of the world, and to easily understand the complicated ideas in the world. For example, the book says 'If the World Were a Village of 100 People, 1 would be dying of starvation, and 22 would be overweight." The author shows that when we creatively simplify complicated things, we are able to focus on the main points by identifying issues more easily. The book gave me an opportunity to think "outside the box" and helped me to understand the project clearly within the very short period. In the end, I was able to successfully complete the assignment by the due date.

Result

상황

제가 이전 회사에서 근무할 때였습니다. 제 동료가 다른 회사로 이직을 하게 되었는데, 그의 큰 프로젝트의 마감을 며칠 앞두고 떠나게 되었습니다. 그 프로젝트에 대해 배울 시간이 겨우 며칠 밖에 안 되는 상황에서 프로젝트를 인수받도록 요청을 받았습니다.

역할

취한 행동

당황스러웠지만, 제가 처음 한 일은 그 프로젝트의 큰 그림을 이해하려는 것이었습니다. 그래서 저는 프로젝트의 문제점, 결과, 수행된 것과 아직 완수되지 않은 것을 나타내는 커다란 표를 하나 그렸습니다. 그것은 단순하고, 빈 표였는데 그 프로젝트의 주요 요점을 보여주는 것이었습니다. 그 표를 채워나가면서 저는 프로젝트를 완벽하고 효율적으로 이해할 수 있었습니다.

창의적 아이디어를 주었던 책 소개

긴박한 마감들 속에서, 저는 동시에 많은 일을 처리해야 했기 때문에 스트레스를 받곤 했습니다. 당시 저는 '만일 세계가 100명이 사는 마을이라면'이라는 책을 우연히 읽었습니다. 그 책은 세상의 큰 그림을 갖게 하고, 세상의 복잡한 문제들을 쉽게 이해하도록 했습니다. 예를 들면, '지구가 100명이 사는 마을이라면, 1명은 기아로 굶어 죽고, 22명은 비만이다."라고 책에 쓰여 있습니다. 작가는 우리가 사물을 창의적으로 단순화할 때, 문제를 더욱 쉽게 파악함으로써 우리는 주요 문제에 집중할 수 있다고 말합니다. 그 책은 새로운 관점에서 생각하도록 했고, 매우 짧은 시간 내에 프로젝트를 명료하게 이해하도록 도와주었습니다. 마침내 저는 기간 안에 모두 마칠 수 있었습니다.

결과

* think outside the box: 창의적으로 생각하다

How would you deal with the situation, if you faced ~?

만일 당신이 ~상황에 있다면,
그 상황을 어떻게 해결하겠습니까?

03 How would you deal with the situation, if you faced ~?

만일 당신이 ~상황에 있다면, 그 상황을 어떻게 해결하겠습니까?

Intro 짧은 소감

🔘 MP3_088

민원 업무에서는 _____ 상황이 있으리라고 예상합니다.

I would assume that _____.

예문 I would assume that I have to deal with such situations in civil service work.

민원 업무에서는 그러한 상황을 대하게 되리라고 예상합니다.

I would assume there are the cases I have to cope with carefully as a civil servant.

공무원으로서 주의 깊게 대처해야 할 상황이 있으리라고 생각합니다.

I would assume there are the cases I have to deal with wisely as a civil servant.

공무원으로서 지혜롭게 다뤄야 할 상황이 있으리라고 생각합니다.

English Interview

만일 그러한 경우가 발생한다면, 어떻게 제가 그 상황들을 처리할지 생각해보았습니다.

I have thought about how I should _____ if they happened to me.

예문 I have thought about how I should **handle these situations** if they happened to me.

만일 그러한 경우들이 발생한다면 어떻게 제가 그 상황들을 처리할지 생각해보았습니다.

I have thought about how I should **deal with such a situation** if it happened to me.

만일 그러한 경우들이 발생한다면 어떻게 제가 그 상황을 처리할지 생각해보았습니다.

I have thought about how I should **cope with such a situation** if it happened to me.

만일 그러한 경우들이 발생한다면 어떻게 그 상황을 처리할지 생각해보았습니다.

Action 취할 행동

● MP3_089

만일 그 상황에 처하면, 처음엔 당황스럽겠지만, 그러나 저는 _____ 하겠습니다.

If I were faced with that, I would be embarrassed at first but I would try to _____.

예문 If I were faced with that, I would be embarrassed at first but I would try to **keep focused on solving the situation.**

만일 그 상황에 처하면, 처음엔 당황스럽겠지만 상황해결에 집중하도록 하겠습니다.

If I were faced with that, I would be embarrassed at first but I would try to **put myself in that person's shoes.**

만일 그 상황에 처하면, 처음엔 당황스럽겠지만 상대방의 입장이 되도록 노력하겠습니다.

* put oneself in someone's shoes: 상대방의 입장이 되어보다.

If I were faced with that, I would be embarrassed at first but I would try to **listen to him.**

만일 그 상황에 처하면, 처음엔 난처하겠지만 그분의 이야기를 경청하도록 노력하겠습니다.

그러한 상황에 처한다면, 저는 먼저 _____ 하겠습니다.
If I were in such a situation, first I would _____.

예문 If I were in such a situation, first I would try **to understand why he is upset.**

그러한 상황에 처한다면, 저는 먼저 왜 그분이 화가 났는지를 이해하려고 하겠습니다.

If I were in such a situation, first I would try to **figure out why the problem occurred.** ↵

그러한 상황에 처한다면, 저는 먼저 왜 문제가 발생했는지를 확인하려고 하겠습니다.

If I were in such a situation, first I would try **to find if we have any alternative we could take.**

그러한 상황에 처한다면, 저는 먼저 우리가 취할 수 있는 대안이 있는지를 찾아보겠습니다.

저는 _____라는 점을 설명(설득)하겠습니다.
I would explain that _____.

예문 I would explain that **as a rule, his request is not allowed at present.**

저는 원칙으로 시민의 요구가 현재 허용되지 않는 점을 설명하겠습니다.

I would explain that **in principle, the person's request could not be granted at the present time.**

저는 원칙으로 시민의 요구가 아직 허용되지 않는 점을 설명하겠습니다.

I would provide **detailed information regarding the current rules for the citizens.**

저는 현행법규에 대해 상세한 내용을 설명하겠습니다.
* regarding: ∼에 관하여

I would persuade **him** to follow **the city government's rule.**

(persuade+사람+to부정사)

저는 시민이 현행법에 따르도록 설득하겠습니다.

Result 결과, 조치

만일 [향상할 부분]이 있다면, [업무절차]에 준수하여 조치를 취하겠습니다.

If I found _____, I would take an action by following _____.

예문 If I found **any improvements we should consider**, I would take an action by following **the city government's procedures**.

만일 그 부분이 조정이 필요한 사항이라면 서울시의 업무절차에 맞춰서 조치를 취하겠습니다.

If I could find **his opinions meaningful**, I would take an action by following **the city government's procedures**.

만일 그분 의견에서 중요한 점이 있으면, 서울시의 업무절차에 준수하여 후속조치를 취하겠습니다.

If I found **his suggestions valid**, I would take follow-up action by **following the city government's procedures**.

만일 그분 제안이 유효하다면, 서울시의 업무절차에 준수하여 후속조치를 취하겠습니다.

* **valid**: 유효한, 타당한

이 조치가 _____하는 데 도움이 될 것입니다.

This would help _____.

예문 This would help **the public** better understand **the civil government's policies**.

이 조치가 시민들이 시의 정책을 더 잘 이해하는 데 도움이 될 것입니다.

This would help **the person** feel treated fairly.

이 조치가 그분이 공정하게 처리되었다고 생각하는 데 도움이 될 것입니다.

This would help **the person** feel satisfied with **the result**.

이 조치가 그분이 결과에 만족하도록 도움이 될 것입니다.

This would help **the public** get involved in solving the issue.

이 조치가 시민들이 그 문제해결에 참여하는 데 도움이 될 것입니다.

This would help **the person** follow **the city government's regulations**.

이 조치가 시민이 시의 규칙을 따르는 데 도움이 될 것입니다.

Question 1

난감한 민원상황을 대처하는 예1

A resident insists on a certain service, which the regulations prohibit. He is very upset with the regulation. How would you deal with the situation?

Answer

Intro

I would assume I have to deal with these kinds of situations as a civil servant. I have thought about how I should deal with these situations if they happened to me.

Action

Some city residents might think that they satisfy the requirements for a particular regulation when indeed they do not. I would try to put myself in the other person's shoes first. This is because he may be so angry that he is not yet ready to communicate rationally. Before explaining the present regulations to him, I would listen to what he wants first. Anyone criticized by the words, 'You're wrong', would feel very offended even if they know they are wrong. I would have to empathize with that person, saying "You have indeed prepared all the documents, but your request can't be accepted. If I were you, I would feel upset, too."

Result

When he is ready to understand how the city government's policy processes his request, I'll explain the regulations. This will help the person better understand the city government's policies. I will persuade him to follow the rules because his request cannot be allowed at the present time. If I could find his opinions meaningful, I would take an action by following the city government's procedures.

만일 어떤 주민이 규정상 안 되는 민원을 해달라고 주장합니다. 그는 그 법규에 매우 화가 나있습니다. 그 상황을 어떤 방법으로 대처하겠습니까?

도입

공무원으로서 그러한 종류의 상황을 처리해야 할 경우가 있다고 예상합니다. 만일 발생한다면 어떻게 제가 그 상황들을 처리할지 생각해보았습니다.

취한 행동

어떤 시민들은 사실은 그렇지 않은데, 특정법규의 요건에 그들이 충족된다고 생각할 수 있습니다. 저는 먼저 시민의 입장에서 생각하도록 하겠습니다. 이것은 그분이 너무 화가 나서 이성적으로 대화를 할 준비가 되어 있지 않기 때문입니다. 현행규칙을 설명하기 전에, 그가 원하는 것을 먼저 경청하겠습니다. 누구라도 '당신이 틀렸어요.'라는 말을 듣는다면 본인이 틀렸다는 걸 알아도 매우 불쾌하다고 느낄 것입니다. "이 모든 서류를 준비해오셨는데, 민원이 승인이 안 된다니, 저라도 화가 나겠습니다."라는 표현으로 저는 그분에게 공감을 표현하겠습니다.

그가 어떻게 시가 그의 민원을 처리하는지를 이해할 준비가 되었을 때, 그 법규를 설명하겠습니다. 이는 그가 시의 정책을 이해하는 데 도움이 될 것입니다. 현재시점에서는 그의 민원이 허용되지 않기 때문에 규칙을 따르도록 권유하겠습니다. 만일 그분 의견에서 중요한 점이 있으면, 서울시의 업무절차에 준수하여 후속조치를 취하겠습니다.

결과

Question 2

난감한 민원상황을 대처하는 예2

An angry citizen comes to your counter and complains why it is taking so long to handle a certain issue. He is very angry and asks you to do his business first because he has an emergency. How would you deal with that situation?

Answer

Intro

I have thought about how I should handle these situations if they happened to me. I assume that he would be directing his great anger at me. I understand that it's not personal. So, I would try to keep a safe emotional distance away from him. It helps me keep calm and focused when dealing with a difficult situation.

창의적 아이디어를 주었던 책 소개

Action

Above all, I would show my empathy towards him. I read a book called "Communicate with Rhythm." The book was about how to effectively communicate with demanding people, such as angry customers. The author wrote that some people are so angry that they become easily annoyed by even small things. In dealing with those types of people, we need to show empathy first, rather than trying to show them how they are wrong. It will help to calm the person down and then we can have a rational conversation.

Result

I would then help the person make a choice, whether he can wait a little longer at the office, or could run some errands while leaving the paperwork with me and then get notified after his request is done. If he is able to make a choice for himself, he may end up feeling satisfied with the result and feeling treated fairly. If I found any issues that needed to be improved, I would take follow-up action by following the work procedures.

만일 어떤 주민이 창구에 와서 민원처리가 왜 이렇게 늦냐, 그는 화가 나있고, 매우 응급한 상황이 있으니 먼저 처리해달라고 한다면, 당신은 어떻게 그 상황에 대처하겠습니까?

┌----- 상황

만일 그러한 경우들이 발생한다면 어떻게 제가 그 상황들을 처리할지 생각해보았습니다. 그 시민은 제게 분노를 표현하리라 예상됩니다. 그러나 그 분노는 개인에 대한 것이 아니라는 점을 이해합니다. 그래서 그로부터 안전하게 감정의 거리를 지키려 고 하겠습니다. 어려운 상황을 해결할 때, 제가 침착함을 유지하고 집중하도록 도와줍니다.

┌----- 취한 행동   ┌----- 창의적 아이디어를 주었던 책 소개

무엇보다 먼저, 그에 대한 제 공감을 보여주겠습니다. 제가 '리듬으로 소통하라'라는 책을 읽은 적이 있습니다. 그 책은 까다로 운 사람들, 예를 들면, 화가 난 고객과 어떻게 효율적으로 의사소통을 하는가에 대한 내용이었습니다. 그 작가는 어떤 사람들 은 너무 화가 나서 작은 자극에도 쉽게 화를 낸다고 합니다. 이와 같은 사람들을 대할 때에는 그들이 얼마나 잘못 알고 있는 지를 설득하기보다는, 먼저 그에게 공감을 할 필요가 있습니다. 이 태도가 그 시민을 진정시키는 데 도움이 되고, 그러고 나서 는 이성적인 대화를 할 수 있게 되기 때문입니다.

┌----- 결과

저는 그러고 나서 그분이 사무실에서 좀더 기다릴 수 있는지, 아니면 서류업무를 두고 본인의 업무를 보러 가고 그의 민원이 처리되었을 때 연락을 받을 건지 그분이 선택하도록 하겠습니다. 그분이 선택할 수 있도록 제안해드리면, 결과에 만족하고 또 공정하게 대우를 받았다고 여길 것입니다. 만일 향상이 필요한 사항이라면 업무절차에 맞춰서 후속조치를 취하겠습니다.

Chapter 04

Tell us why you want to be a civil servant and what department you are interested in.

공무원 지원동기와 향후 관심 있는 업무에 대해 말해보세요.

04 Tell us why you want to be a civil servant and what department you are interested in.

공무원 지원동기와 향후 관심 있는 업무에 대해 말해보세요

나의 장점은 시가 원하는 인재상을 홈페이지 등에서 먼저 조사한다. 시가 원하는 인재상과 내가 가진 장점을 연결해서 말한다.

지원동기는 좋은 말만 나열하면, 면접관에게 추상적으로 들릴 수 있다. 공무원이 되기로 한 계기나 구체적 경험을 말하면 지원동기가 훨씬 구체적으로 들린다. 직장경험이 없다면 시민으로서 느낀 점, 지인들이 시 정책으로 받은 혜택에 대한 경험, 시 정책에 대한 자신의 관심 등 추상적인 답변이 아니라, 구체적으로 자신의 열정을 말한다. 경력직이라면, 자신의 모든 경력이 아니라 공무원의 인재상과 관련이 있는 계기나 경험을 말한다.

공무원직에 딱 맞는 나의 장점

제 [장점, 열정] 때문에 공무원으로서 일하고 싶습니다.

I would like to be a civil servant because **civil servant work will play to my strengths.**
공무원직에서 제 장점을 가장 잘 발휘할 수 있기 때문에 저는 공무원이 되고 싶습니다.

I would like to be a civil servant because **I am very passionate about improving civil life.**
저는 시민의 삶을 향상하는 데 열정을 갖고 있기 때문에 공무원이 되고 싶습니다.

I would like to work for the civil service, **where I can put forth my best efforts with enthusiasm.**
공무원직은 제가 열정을 가지고 최선을 다할 수 있기 때문에, 공무원으로 일하고 싶습니다.

I feel rewarded when my work benefits others. This is why I've decided to be a civil servant.
제 일이 다른 사람을 이롭게 할 때 보람을 느낍니다. 이것이 제가 공무원이 되기로 결심한 이유입니다.

My strengths include that **I am very detailed and energetic about helping others. I would like to put my strengths to work.** This is why I've decided to be a civil servant.
제 강점은 세부사항도 잘 챙기고 다른 사람을 돕는 일에 열정을 갖고 있습니다. 저는 제 장점을 살려서 일을 하고 싶습니다. 이것이 제가 공무원이 되고자 하는 이유입니다.

I would like to put my strengths and experience to work. This is why I've decided to be a civil servant.
저는 제 장점과 경험을 살려서 일을 하고 싶습니다. 이것이 제가 공무원이 되고자 하는 이유입니다.

공무원을 지원하게 된 나의 특별한 경험이나 계기

제 장점은 ~ 때문에 공무원으로서 일하고 싶습니다.

My experience as a volunteer **was another great motivator for my decision.**
자원봉사자로서의 제 경험이 (공무원이 되려는) 결정에 큰 동기가 되었습니다.

My experience of working in customer service **was a great motivator for my decision.**
고객센터에서 근무했던 제 경험이 결정에 큰 동기가 되었습니다.

Ever since I was a university student, I have been concerned about **environmental protection and human life.**
저는 대학생 이래로 환경문제와 인간생활에 대해 관심을 가져왔습니다.

I've engaged in volunteer work and club activities related to environmental issues and helping people in need.
저는 환경과 불우이웃을 돕는 자원봉사와 동아리 활동에 참여해왔습니다.

공무원이 되고서 일하고 싶은 나의 관심분야

제가 공무원으로 일할 수 있다면, 앞으로 _____을 하고 싶습니다.

If I am accepted as a civil servant, **helping seniors living alone** is the work I would like to do.

제가 공무원이 된다면, 독거노인 문제를 해결하는 일을 하고 싶습니다.

If I am accepted as a civil servant, **helping the underprivileged** is the work I would like to do.

제가 공무원이 된다면, 소외계층을 돕는 일을 하고 싶습니다.

If I am accepted, I would like to get involved in **solving environmental issues in the city.**

제가 합격한다면, 서울시 환경문제를 해결하는 일을 하고 싶습니다.

If I am accepted as a civil servant, I would like to work in **promoting Seoul and its outstanding cultural heritage.**

제가 공무원이 된다면, 서울과 그 빛나는 문화적 유산을 홍보하는 일을 하고 싶습니다.

Given the opportunity to work for citizens, I am very interested in **solving environmental issues such as fine dust and waste disposal problems.**

시민을 위해 일할 기회가 주어진다면, 저는 미세먼지와 쓰레기 처리와 같은 환경문제를 해결하는 데 관심이 있습니다.

Given the opportunity to work for citizens, I would like to be engaged in **helping the public, especially the ones who need it the most.**

시민을 위해 일할 기회가 주어진다면, 저는 도움이 가장 필요한 시민들을 돕는 업무를 하고 싶습니다.

It means a lot to me that my work can influence the lives of our families and the people around me. Given the opportunity to work for citizens, I would like to **develop programs and plans for social issues.**

내가 하는 일이 주변 가족과 같이 사는 이웃에 직접적인 영향을 줄 수 있다는 것은 저에게 매우 의미가 큽니다. 시민을 위해 일할 기회가 주어진다면, 저는 사회문제에 관한 프로그램과 계획을 기획하는 업무를 하고 싶습니다.

Example 1

향후 포부와 나의 강점을 연결한 지원동기의 예

┌--- My Strengths

I have two main reasons for applying to be a civil servant. **First,** my strengths include that **I am very detailed and energetic about helping others.** Civil servant work will play to my strengths.

My Experience ---┐

Second, I want to engage in improving civil life. Since living in Seoul, I have experienced how much the city can change in response to city policies. Last year, for example, I went to the Citizenship Festival. I watched civil servants listening to citizens' opinions or explaining the policies of Seoul. It was very impressive. In contrast to the past, the city is now communicating much more deeply with its citizens and enacting people-centered policies. I want to be one of those who can help improve civil life.

┌--- My Interest

Given the opportunity to work for citizens, I am very interested in **solving environmental issues such as fine dust and waste disposal.** It means a lot to me that my work can directly influence the lives of our families and the people around me. This is why I want to be **a public servant.**

Example 2

제가 공무원에 지원하게 된 가장 큰 이유는 두 가지입니다. 먼저, 제 장점은 작은 일도 자세히 살피고 남을 돕는 데 열정을 가지고 있습니다. 공무원으로서 일하는 것이 제 성격의 장점을 잘 살릴 수 있다고 생각합니다.

나의 강점

둘째, 시민의 생활을 향상시키는 일에 종사하고 싶습니다. 제가 서울에서 살면서, 서울시의 정책에 따라 시에 얼마나 영향을 미치는지 경험했습니다. 예를 들면, 지난해 몇 년 전 '서울시 시민 정책 박람회'에 갔습니다. 서울시 공무원들이 직접 정책을 설명하고 또 시민의 의견을 경청하는 모습을 보았습니다. 매우 인상적이었습니다. 과거와는 대조적으로 지금의 서울시가 훨씬 더 시민과 가까이 소통하고 시민을 위한 정책을 시행하고 있습니다. 저도 시민의 생활을 향상하는 사람들의 일원이 되길 원합니다.

관련 경험과 지원계기

앞으로 그런 기회가 있다면, 미세먼지, 쓰레기처리 문제 등 환경개선 관련 업무에 관심이 있습니다. 나의 일이 주변 가족과 이웃의 생활에 직접 영향을 줄 수 있다는 것은 저에게 매우 의미가 큽니다. 이것이 왜 공무원이 되고자 하는지, 그 이유입니다.

나의 관심분야

Example 2

이전 직장경험과 자신의 직업관을 연결한 지원동기의 예

My Strengths

I feel rewarded when my work benefits others. This is why I've decided to be a civil servant. I used to work at a cosmetics company. My role was designing new products. I learned a lot from my job, and my contribution at work was recognized. But I didn't feel especially rewarded from my work. Developing products for consumers is, of course, interesting work. But I've actually felt uncomfortable because our products do harm to the environment. I want to serve people in need while also protecting the environment.

My Experience

My experience as a volunteer was another great motivator for my decision. I distributed free meals to poor seniors every weekend. I thought I was there to give, but I received much more in return. I realized that I am very passionate about doing something worthwhile—serving and helping others in need. It's not easy for me to quit my job to prepare for the civil service exam. But I want to utilize my passion and work experience to serve citizens, especially the underprivileged. **My Interest**

* the underprivileged: 소외 받는 사람들

나의 강점

저는 제 업무가 남에게 이득이 되는 것에 의미와 보람을 느끼는 사람입니다. 이것이 공무원이 되기로 결정한 이유입니다. 전에는 화장품 기업에서 일했습니다. 제 역할은 상품기획담당이었습니다. 제 업무로부터 배운 점도 많았고, 업무에서 성과로서 인정을 받았습니다. 그러나 저는 업무의 결과에서 그다지 만족감을 느끼지는 못했습니다. 좋은 상품을 개발하는 것도 분명히 흥미로운 일입니다. 그러나 저희 상품은 환경을 해치기 때문에 마음이 편하지 않았습니다. 저는 환경을 또한 보호하면서, 도움이 필요한 국민에게 봉사하는 일을 하고 싶습니다.

지원계기

자원봉사자로서의 제 개인적인 경험이 공무원을 결정한 또다른 큰 계기가 되었습니다. 주말마다 지역 어르신에게 무료급식을 배급했습니다. 저는 베풀기 위해 그 장소에 있었던 것인데, 저는 보답으로 훨씬 더 많은 것을 받았습니다. 제가 가치 있는 일을 하는 것, 즉 도움이 필요한 사람들에게 봉사하고 돕는 것에 대해 매우 열정이 있다는 사실을 깨달았습니다. 제 열정과 직장경험이 시민들에게, 특히 사회에서 소외받는 계층을 위해서 사용되기를 바랍니다. 나의 관심분야

Example 3

서울시의 정책과 나의 관심부서를 연결한 지원동기

My Passion

I would like to work for the civil service, where I can put forth my best efforts with enthusiasm and commitment. Ever since I was a university student, I have been concerned about environmental protection and human life. I've engaged in volunteer work and club activities related to environmental issues and helping people in need.

My Experience

I was impressed by Seoul's motto: "Seoul, together we stand." About 10 years ago, the city's slogan was "Hi Seoul." I was a student at that time and often saw the slogan on the subway. I prefer the current slogan, because it represents the city government's vision and its willingness for a "people-centered Seoul." I think this is the right goal to pursue.

My Interest

We face many significant issues: air pollution, unemployment, and low income. I want to engage in solving these social issues. I would like to work closely with citizens to achieve the goal of "Seoul, together we stand," embracing the underprivileged in the city and protecting the environment.

공무원직은 저의 열정과 최선의 노력을 할 수 있는 일이기 때문에 공무원으로 일하고 싶습니다. 대학생시절 이래로, 저는 환경보호와 우리의 생활에 매우 관심을 갖고 있습니다. 환경과 불우이웃을 돕는 자원봉사와 동아리활동에 참여해왔습니다.

서울시 슬로건에 대한 나의 경험

서울의 슬로건인 '함께 서울'이 제게 매우 인상적이었습니다. 10여 년 전에는 서울시 슬로건이 'Hi서울'이었습니다. 당시 저는 학생이었고, 그 슬로건을 지하철에서 자주 보았습니다. '사람중심의 서울'이라는 서울시의 비전과 의지를 잘 나타내기 때문에 저는 지금의 슬로건을 더 좋아합니다. 우리가 추구해야 할 바른 목표라고 생각합니다.

우리는 공기오염, 실업 그리고 저임금과 같은 많은 중요한 문제에 직면하고 있습니다. 저는 이 사회문제들을 해결하는 데 참여하기를 원합니다. 저는 도시에 소외된 사람들을 돕고 환경을 보호하면서, '함께 서울'이라는 목표를 이루기 위해 시민과 가까이에서 일하고 싶습니다. 나의 관심분야

Tip. 현재 서울시 슬로건은 'Seoul, Together we stand', '함께 서울'입니다.(2018년 기준)

What are your opinions on the social issues?

Chapter 05

What are your opinions on the social issues?

사회문제에 대해 당신의 의견을 말해보세요.
(청년실업, 독거노인, 아동학대)

05 What are your opinions on the social issues?

사회문제에 대해 당신의 의견을 말해보세요.
(청년실업, 독거노인, 아동학대)

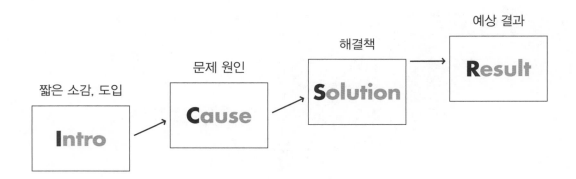

예상 결과

문제 원인

해결책

짧은 소감, 도입

Intro  짧은 소감

🔘 MP3_097

예문 Regarding your question, I would like to get right to the point.
질문에 대해 바로 핵심을 말씀드리겠습니다.

Actually, I'm pleased to have a chance to express my opinion about this issue.
실제, 이 사안에 대해 제 의견을 말씀드릴 기회를 갖게 되어 기쁩니다.

Regarding your question, I would especially like to talk about two points.
당신의 질문에 대해, 저는 두 가지를 말씀드리고 싶습니다.

There are many social reasons for youth unemployment.
청년실업에는 많은 사회적 원인들이 있습니다.

공무원 지원자로서 저는 _____문제에 대해 관심을 갖고 있었습니다.
As a civil servant applicant, I've been staying aware of [문제, 이슈].

> **예문** As a civil servant applicant, I've been staying aware of the environmental issues.
>
> 공무원 지원자로서, 저는 환경문제에 대해 관심을 갖고 있었습니다.
>
> As a civil servant applicant, I've been staying aware of the issue of youth unemployment.
>
> 공무원 지원자로서, 저는 청년실업에 대해 관심을 갖고 있었습니다.

공무원 지원자로서 저는 _____문제에 대해 관심을 갖고 있었습니다.
As a civil servant applicant, I've been concerned about [문제, 이슈].

> **예문** As a civil servant applicant, I've been concerned about preventing and solving child abuse.
>
> 공무원 지원자로서, 저는 아동학대 예방과 해결에 관심을 갖고 있었습니다.
>
> As a civil servant applicant, I've been concerned about the issue of seniors living alone.
>
> 공무원 지원자로서, 저는 독거노인에 대해 관심을 갖고 있었습니다.
>
> 〈유사표현〉
>
> As a civil servant applicant, I've been interested in this issue.
>
> 공무원 지원자로서 이 문제에는 평소 관심을 갖고 있었습니다.

그것은 _____하기 때문입니다.

It's because [주어+동사].

예문 It's because keeping children safe is the responsibility of every adult in the community.

그 이유는 이 사회의 모든 어른은 아이들을 안전하게 보호하는 책임이 있기 때문입니다.

It's because this problem has had a negative impact on our community.

그 이유는 이 문제가 우리 공동체에 계속 부정적인 영향을 끼쳐왔기 때문입니다.

It's because many people will face problems caused by living alone, and I could someday be one of them.

그 이유는 많은 사람들이 홀로 사는 것에 의한 문제에 직면하게 될 것이고, 또 저도 그들 중의 한 명이 될 수 있기 때문입니다.

It's because I think the issue of child abuse should no longer be overlooked.

그 이유는 저는 아동학대는 더 이상 간과되어서는 안 된다고 생각하기 때문입니다.

Cause 문제 원인

_____의 주요 원인(큰 원인)은 _____입니다.
The primary reason for (문제) is _____.
The biggest reason for (문제) is _____.

예문 The primary reason for **youth unemployment is the lack of high-quality jobs.**
청년실업의 주요 원인은 양질의 일자리 부족입니다.

The primary reason for **the issue of seniors living alone is disconnection within communities and people.**
독거노인 문제의 주요 원인은 공동체와 사람과의 단절입니다.

The biggest reason for **the issue is the imbalance between supply and demand in the job market.**
그 문제의 가장 큰 원인은 일자리 시장에서 수요와 공급의 불균형입니다.

The biggest reason for **the high rate of depression is the lack of public awareness on mental health.**
높은 우울증의 가장 큰 이유는 정신건강에 대한 시민들의 인지부족이라고 생각합니다.

Solution 해결책

MP3_099

_____하는 것이 _____(문제)를 해결하는 데 중요합니다.
(해결책) is the most important part of solving (문제점).

예문 Creating high-quality jobs is the most important part of solving youth unemployment.
양질의 일자리를 만들어내는 것이 청년실업을 해결하는 데 가장 중요하다고 생각합니다.

Developing and implementing active plans by the government is the most important part of solving the issue.
정부에 의한 활발한 계획을 설계하고 실행하는 것이 이 문제해결에 가장 중요하다고 생각합니다.

제 의견으로는, _____하는 것이_____(문제)를 해결하는 데 중요하다고 생각합니다.
In my opinion, _____ is key to (명사형).

예문 In my opinion, creating public awareness is key to solving waste disposal issues.
제 의견은, 시민의 인식을 형성하는 것이 쓰레기처리 문제를 해결하는 데 중요하다고 생각합니다.

In my opinion, identifying the root causes of fine dust pollution is key to reducing it in the city.
제 의견은 미세먼지 오염의 근본 원인을 알아내는 것이 서울시에서 미세먼지 감소에 중요하다고 생각합니다.

In my opinion, developing and encouraging innovative small businesses and fourth-dimension industries are keys to narrowing the gap.
제 의견으로는, 혁신적인 중소기업과 4차산업의 개발과 장려가 이 차이를 줄이는 데 핵심이라고 생각합니다.

328

English Interview

덧붙여, _____(은)는 _____하도록 해야 합니다.
In addition [주체나 기관] should [취할 조치].

예문 In addition, the government should develop more active plans to foster innovative small and mid-sized companies.
덧붙여, 정부는 중소기업을 장려하는 데 더 적극적인 정책들을 만들어야 합니다.

In addition, the government should encourage corporations to invest in fourth-dimension industries.
덧붙여, 정부는 4차산업에 기업들이 투자하도록 장려해야 합니다.

In addition, our education system should be reformed to nurture young talent for fourth-dimension industries.
덧붙여, 우리의 교육체계는 4차산업을 위해 젊은이들을 양성하도록 재구성되어야 합니다.

그 이슈를 해결하기 위해, 저는 _____해야 한다고 생각합니다.
To solve the issue, I believe _____.

예문 To solve the issue, I believe the pay gap between small and large corporations should be reduced.
이 문제를 해결하기 위해, 저는 중소기업과 대기업의 임금격차가 줄어들어야 한다고 생각합니다.

To solve the issue, I believe college education should be reformed to nurture the manpower that industry requires.
이 문제를 해결하기 위해, 저는 대학교 교육이 산업이 요구하는 인재를 양성하도록 재구성되어야 한다고 생각합니다.

To solve the issue, I believe we should develop people's awareness of the problem of being disconnected with neighbors.
이 문제를 해결하기 위해, 이웃과의 단절 문제에 대한 사람들의 인식을 형성해야 한다고 생각합니다.

Result 예상 결과

그 (조치, 행동)가 _____한 결과를 가져올 것입니다.
_____ will lead to 명사형 (to가 전치사)

예문 Providing the civil government's visions for the public will lead to their cooperation.

서울시 정부의 비전을 시민에게 제공하는 것이 그들의 협동으로 이어질 것입니다.

Working closely with the public will lead to better results.

시민과 가까이서 협업하는 것이 더 좋은 결과로 이어질 것입니다.

Listening to young people's opinions will lead to attracting more participation from them.

젊은이의 의견을 경청하는 것이 그 사안에 대한 그들로부터의 참여를 이끌어낼 것입니다.

Encouraging parents to participate in the program will lead to preventing child abuse.

부모님들이 그 프로그램에 참여하도록 장려하는 것이 아동학대를 예방되도록 할 것입니다.

그것은 _____ 하는 데 도움이 될 것입니다.
It will help _____ .

예문 It will help the public understand the city government's regulations.

그것이 시민으로 하여금 시의 규정을 이해하는 데 도움이 될 것입니다.
* help 사람＋동사: 사람이 ~하는 데 도움이 되다.

It will help in solving waste disposal problems.

그것이 쓰레기처리 문제를 해결하는 데 도움이 될 것입니다.
* help in solving: ~을 해결하는 데 도움이 되다.

Making efforts to involve older people will lead to making better attractive programs for them.

나이 드신 분들을 참여하도록 노력하는 것이, 그분들을 위해 더 매력 있는 프로그램을 만들도록 할 것입니다.

Recently, I read an article saying that 조사내용, [주어+동사].

> 예문 Recently, I read an article saying that those who have no regular income often rely on their parents even after they turn 30.
>
> 최근에 정기적 수입이 없는 사람들이 30세가 넘은 뒤에도 부모님에게 종종 의존한다라는 기사를 읽었습니다.

> Recently, I read an article saying that the number of single seniors who live alone is over 14 million in Korea.
>
> 최근에 저는 혼자 살고 있는 노인의 수치가 한국에서 1400만 명 이상의 독거노인이 있다라고 기사에서 읽었습니다.

According to [자료출처], 조사내용, [주어+동사].

> 예문 According to the OECD, Korea's jobless rate for young people worsened the most among OECD countries.
>
> OECD에 따르면, 한국의 청년실업은 OECD 국가 중 가장 악화된 것으로 나타났습니다.

> According to the OECD, the growth of Korea's youth unemployment rate was the highest among OECD countries this year.
>
> OECD에 따르면, 올해 우리나라 청년실업률이 OECD 국가 중 최고였던 것으로 나타났습니다.

From my research, I found that [자료출처], 조사내용, [주어+동사].

> 예문 From my research, I found that one social worker providing care service for seniors looks after 25 seniors.
>
> 제 조사에서 저는 한 명의 사회복지사가 평균 25명의 독거노인을 돌보고 있다는 것을 알았습니다.

Example 1

Tell us what the causes and solutions for youth unemployment are.
청년실업에 대한 원인과 해결책에 대해 말해보세요.

짧은 소감

Because I am one of those who face the problem, I've been concerned about youth unemployment. The primary reason for youth unemployment is the lack of high-quality jobs. A high-quality job means a secure job with high pay. Smaller and mid-sized companies suffer from manpower shortage. But many college graduates are looking for jobs in large or public corporations, where job opportunities are limited. As a result, only a limited percentage of them can be hired, leaving most of them jobless.

문제원인

Some people argue that college graduates should lower their expectations and adjust to reality. The gap in payment between small companies and large corporations, however, is more than double. Considering this big gap in work hours and other related conditions, it's not a practical solution to ask college graduates to lower their expectations.

전개

해결책

So, I think creating high-quality jobs is the most important part of solving youth unemployment. Creating sought-after jobs requires the reforming of the service industry. In addition, the government should develop active plans to foster innovative small and mid-sized companies including fourth-dimension industries. This will encourage corporations to invest in fourth-dimension industries. As a long-term plan, our education system should be reformed to nurture young talent for fourth-dimension industries.

* sought-after job: 수요가 많은 일자리

저도 그 문제에 당면하고 있는 사람 중의 한 명이기 때문에, 청년실업에 대해서 평소 관심을 갖고 있었습니다. 청년실업의 주요 원인은 양질의 일자리가 드물기 때문입니다. 양질의 일자리는 높은 임금의 안정된 일자리를 의미합니다. 중소기업에서는 인재 가 부족합니다. 그러나 많은 대학졸업생들은 대기업이나 공직에서 일자리를 찾고 있습니다만, 여기 일자리는 한정되어 있습니다. 그 결과 매우 제한된 퍼센트만 고용되고, 대부분은 실직자로 남게 됩니다.

어떤 사람들은 청년들이 눈높이를 낮춰서 현실에 맞춰야 한다라는 의견도 있습니다. 그러나 대기업과 중소기업의 임금차이가 2배 이상입니다. 근무시간과 다른 근무조건의 큰 차이를 고려할 때, 대학졸업자들에게 기대를 낮추라는 것은 현실적인 해결 책이 아닙니다.

그래서 양질의 많은 일자리를 만드는 것이 가장 중요한 해결책이라고 생각합니다. 양질의 일자리를 창출하는 것은 서비스 산 업의 재구성이 필요합니다. 덧붙여, 정부는 4차산업을 포함하여 혁신적인 중소기업을 양성하는 적극적인 계획을 만들어야 합 니다. 이것이 4차산업에 기업들이 투자하도록 장려할 것입니다. 장기적으로는 우리 교육정책이 4차산업에 필요한 젊은 인재 를 양성하도록 바뀌어야 한다고 생각합니다.

Example 2

How would you solve the issue of youth unemployment?
청년실업 문제를 어떻게 해결하겠습니까?

도입

There are many reasons for youth unemployment, but I'll talk about **two of the main reasons.**

The biggest reason is the imbalance between supply and demand in the job market. Many college graduates are looking for high-paying jobs, but these are decreasing, and low-paid employment has increased.

원인

The second reason is the education system's focus on academic research rather than on nurturing the practical, competitive manpower that industries request. After graduating from college, then, the young people look for jobs in large corporations or public enterprises because these jobs are relevant to their educational background. In addition, there is a certain barrier between jobs. It means they have difficulty transferring into high-quality jobs later once they start working in smaller enterprises. Thus, although it takes long, they will wait until they can find jobs in large corporations. This raises unemployment numbers.

해결책

To solve the issue, I believe the pay gap between small and large corporations should be **reduced.** Government and industries should collaborate to develop plans to achieve this goal—including tax incentives, deductions, and education policies. Developing and encouraging innovative small businesses and fourth-dimension industries are keys to **narrowing the gap.** Also, our education system should consider the major changes in our society, and be reformed to meet these requirements.

청년실업에는 많은 원인이 있습니다만, 저는 두 가지 주요 원인만 말씀 드리고자 합니다.

가장 큰 원인은 노동시장에서 공급과 수요의 불균형이라고 생각합니다. 대졸청년은 양질의 일자리를 찾고 있지만, 이 일자리는 줄어들고 있고, 저임금의 고용이 증가하고 있습니다.

두 번째 이유는, 산업이 요구하는 실용적이고 경쟁력 있는 인력양성보다는, 연구직 중심의 교육제도입니다. 대학을 졸업한 뒤에 젊은이들은 대기업이나 공기업에서 일자리를 구합니다. 왜냐하면 이 일자리들이 그들의 교육배경과 관련이 있기 때문입니다. 덧붙여 직업 간에는 어떤 장벽도 있습니다. 일단 첫 직장이 중소기업이면, 향후 대기업으로 이직하기가 쉽지 않습니다. 그래서 구직기간이 아무리 장기화되더라도, 대기업에 취직될 때까지 기다리게 됩니다. 이것은 실업자수를 증가시키게 됩니다.

이 문제를 해결하기 위해서, 저는 중소기업의 임금격차가 줄어야 한다고 생각합니다. 정부와 기업이 이 목표를 향해서 계획을 만들고 실행하도록 협업해야 합니다. 예를 들면, 세제장려, 공제 그리고 교육정책들입니다. 혁신적인 중소기업들과 4차산업을 개발하고 장려하는 것이 이 격차를 줄이는 데 핵심이 될 것입니다. 또한 우리 교육체계도 사회에서의 주요 변화들을 고려하고, 이러한 요구사항에 맞게 재구성되어야 합니다.

Example 3

Tell us what the causes and solutions for child abuse are.
아동학대 원인과 해결책에 대해 말해보세요.

도입

As a civil servant applicant, I've been staying aware of the issue of child abuse. Lately, there was a related case near me. Through that experience, I've given a lot of thought to how to prevent and deal with child abuse.

문제원인

Compared to other social issues, child abuse or neglect has a longer-term impact on our society. The problem, however, is that we tend to consider child abuse to be the family's business, not a community problem. We hesitate to interfere in child abuse within other families.

* stay aware of~: ~에 대해 의식을 갖고 관심을 갖다

해결책 1

We should develop a shared awareness that keeping children safe is the responsibility of every adult in the community. This is the first step to take action. We ought to encourage people to get involved. Establishing parenting groups in our communities, for example, is a good solution. And we can ask libraries or schools to develop services to meet the needs of healthy families. I'm sure that by promoting programs in schools and teaching children and parents, we can help keep children safe.

해결책 2

The second action point is to encourage people to report suspected abuse or neglect. People should be informed who to call and what kinds of actions should be taken when reporting. The government also needs to cultivate more trained professionals and implement offices for child abuse.

* implement offices: 사무실을 설치하다

공무원지원자로서, 저는 아동학대 문제에 대해 관심을 갖고 있었습니다. 최근에 제 주변에서 이와 관련된 사례가 발생했었습니다. 그 경험을 통해서, 저는 어떻게 아동학대를 예방하고 해결해야 하는가에 많은 생각을 했습니다.

다른 사회문제들과 비교했을 때, 아동학대 혹은 방치는 우리 사회에 더 장시간의 영향을 끼칩니다. 그러나 문제점은 우리가 아동학대를 공동체의 문제가 아니라 한 집의 가정사로 간주한다는 점입니다. 우리는 다른 가정 내에서의 아동학대에 관여하는 것을 망설입니다.

우리는 아이들을 안전하게 지키는 것은 이 공동체의 모든 어른의 책임이라는 공유된 인식을 형성해야 합니다. 이것이 취해야 할 첫 번째 조치입니다. 우리는 사람들이 참여하도록 장려해야 합니다. 우리 공동체에서 육아 그룹을 세우는 것은, 예를 들면 좋은 해결책입니다. 그리고 우리는 도서관이나 학교에 건강한 가족들의 요구를 만족시킬 서비스를 만들 수도 있습니다. 학교에 프로그램을 홍보하고 아동과 부모님을 교육하는 것에 의해 어린이들을 안전하게 지킬 수 있다고 저는 확신합니다.

두 번째 취할 조치는 의심이 가는 학대나 방치를 신고하도록 장려하는 것입니다. 사람들은 누구를 신고하고, 보고할 때는 어떤 행동들을 취해야 할지 정보가 알려져야 합니다. 또한 정부는 더욱 훈련된 전문가들을 양성하고 아동학대를 위한 사무소를 설치해야 합니다.

Example 4

How would you solve the issue of seniors living alone?
독거노인 문제의 해결책에 대해 말해보세요.

도입

I'm pleased to have a chance to express my opinion about seniors living alone. As a civil servant applicant, I've been staying aware of this issue. Recently, I read an article saying that the number of single seniors who live alone is over 14 million in Korea. On average, one senior who lives alone dies every five hours. This number of deaths includes suicides.

해결책 1

To solve this problem, the government should promote and enhance the social welfare system. The government does provide care service for these seniors, but it's limited to checking up on their safety. This is still a lack of care. From my research, I found that one social worker providing care service for seniors looks after 25 seniors. I think this is too heavy a workload for one social manager. Under these working conditions, it's hard for them to provide good care for the seniors in need.

해결책 2

In short, the quality of services must be improved and the scope of services extended. This is the most important part of solving the issue. The government should invest more resources in helping seniors living alone. Second, we should develop people's awareness of the problem of dying alone. By promoting social programs, for example, we can motivate civil communities and volunteer groups to get involved. The issue is a matter of disconnection within communities and people. Thus, it is time to revive the spirit of the neighborhood in our community. Documentary programs, campaigns, and social education will be helpful in developing that spirit.

독거노인 문제에 대한 저의 의견을 말할 수 있어서 기쁩니다. 공무원 지원자로서, 저는 독거노인에 대해 평소 관심을 갖고 있었습니다. 최근에 저는 혼자 살고 있는 노인의 수치가 한국에서 140만 명 이상의 독거노인이 있다라고 기사에서 읽었습니다. 평균적으로 매 5시간마다 한 명씩 돌아가시는데, 이 사망수치에는 자살도 포함되어 있습니다.

이 문제를 해결하기 위해서, 정부는 사회적 복지체계를 홍보하고 강화해야 합니다. 물론 정부가 이러한 노인들을 대상으로 돌봄 서비스를 제공하고 있습니다만, 그것은 그들의 안전을 확인하는 정도에 제한되어 있습니다. 이는 여전히 부족한 서비스입니다. 조사에서 저는 한 명의 사회복지사가 평균 25명의 독거노인을 돌보고 있다는 걸 알게 되었습니다. 한 명에게 너무 많은 업무량이라고 생각합니다. 이러한 근무조건에서 복지사들이 도움이 절실한 노인들에게 양질의 돌봄 서비스를 제공하기는 어렵다고 생각합니다.

요약하면, 서비스의 질이 개선되어야 하며, 서비스의 범위는 확장되어야만 합니다. 이것이 이 문제를 해결하는 데 가장 중요합니다. 정부는 독거노인을 돌보는 데 더 많은 자원을 투자해야 합니다. 둘째로, 우리는 혼자 죽음을 맞이하는 것에 대한 사람들의 인식을 높여야 합니다. 예를 들면, 사회 복지 프로그램들을 홍보하는 것에 의해서, 우리는 시민단체나 자원봉사단체가 참여하도록 동기부여할 수 있습니다. 이 문제는 공동체와 사람으로부터의 단절에서 발생합니다. 따라서 공동체 안에서 이웃의 정신을 되살릴 때입니다. 다큐멘터리 프로그램, 캠페인 그리고 사회적 교육이 이 정신을 살리는 데 도움이 되리라고 생각합니다.

English
Interview

100대 기업이 원하는 인재상, 한눈에 파악하기

나의 핵심 역량, 영어로 말하기

1. 창의성 Creativity
2. 프로페셔널 의식 Professionalism
3. 도전정신 The Spirit of Challenge
4. 팀워크 Teamwork
5. 도덕성 Work Ethic
6. 글로벌 역량 Global Capabilities

Part 5

산업별 면접전략

영어만 중요한 것이 아니다.
영어로 전하는 자기 생각이 더 중요하다.

100대 기업이 원하는 인재상, 한눈에 파악하기

100대 기업의 Industry별 인재상

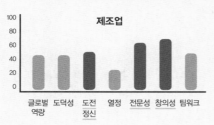

제조업

유통업

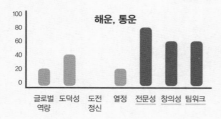

해운, 통운

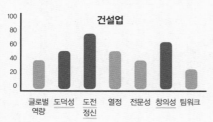

건설업

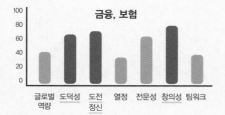

금융, 보험

100대 기업 인재상 순위

1위: 창의성(71%) 　5위: 팀워크(43.0%)

2위: 전문성(65.0%) 　6위: 글로벌 역량(41.0%)

3위: 도전정신(59.0%) 　7위: 열정(29.0%)

4위: 도덕성(52.0%)

자료출처: 대한상공회

100대 기업의 인사담당자들은 왜 '창의성'을 자신들이 원하는 인재상의 핵심 역량 1위로 뽑았을까? 기업이 경쟁사와 경쟁하지 않고 시장의 우위를 차지할 수 있는 비결은 바로 차별화이다. 차별화는 자사의 인재부터 나오는 '창의적인 사고'에 의해 이루어진다. 애플사처럼 창의적인 상품 하나가 얼마나 큰 기업가치를 만들었는지 생각해보면, 이 조사결과가 쉽게 이해된다. 경쟁사와의 차별화, 반대로 상품이 일반화되어 가격경쟁에 휘말리지 않는 것, 이것이 기업들의 가장 큰 고민이며, 창의적 사고를 할 수 있는 인재의 가치는 수치로도 계산되지 않는다.

이 조사가 모든 기업에 적용된다고 할 수는 없다. 그러나 그들이 뽑은 7가지의 핵심 역량은 면접에서 지원자를 판단하는 기준이 된다는 점은 분명하다. 타 조사기관에는 외국계 기업은 도전정신과 창의성이 월등히 높은 점수를 얻었다는 점과 전체적으로는 글로벌 역량과 도전정신이 최상위를 차지했다는 점을 참고로 언급한다.

Focus 지원하는 기업이 무엇을 원하는지 파악한다.

Think 내가 어떤 역량과 story를 말할지 생각하라.

기업인재상에 대한 나의 역량 말하기

"How to Prove My Competence In English"

Rule 1. 중요한 이야기는 쉽게 말한다.

면접에서 자신이 왜 회사가 찾는 인재인지를 말하는 대목이 가장 결정적인 부분이다. 이 장의 목적은 '중요한 것을 쉽게 말하라'이다. 쉽게 말하라는 것은 두 가지 뜻이 있다. 쉬운 문법으로, 자신의 경험으로 이야기한다.

Rule 2. 추상적인 능력을 말하지 마라.
자기 생각과 구체적인 경험을 말하라.

'당신은 도전정신이 있습니까?'라고 대놓고 묻는 면접관은 드물다. 대신 이 회사에 지원한 이유를 묻는다. 내가 믿을 만한 contents로 증명해야 한다. 이 '믿을 만한 contents'란 나의 생각과 경험이다. 이것이 나를 다른 지원자와 차별화하고 매력을 전하는 법이다.

나를 가장 차별화하는 것은
자기 생각을 말하기 3 STEPS

STEP 01
나의 역량을 표현할 기본 문형 확인

STEP 02
나의 역량을 증명할 강점, 기술, 특기 등 Contents를 정리한다.

STEP 03
기본 문형에 Contents를 담아 완성된 표현을 만든다.

Chapter 1

Creativity
창의성

기업면접에서 지원자에게 바라는 '창의성'이란 거창한 게 아니다. 어제 세상에 없었던 것을 오늘 만들어내는 능력이 아니라, 더 나은 것을 만들고자 하는 의지와 열정을 확인한다. 전문적으로 창작하는 업무가 아니라면, 창의적인 문제해결능력에 더 초점을 둔다. 남들보다 한 번 더 생각해서 문제를 보는 능력, 그리고 새로운 시각으로 해결하려는 노력과 열정이 있다면 나는 창의적인 사람이다.

애플사가 만들어낸 혁신적인 product를 보면 완전한 無에서 만들어진 것이 아니라, 기존의 컴퓨터가 가진 장점과 휴대전화의 장점을 새로운 방식으로 조합한 아이디어가 그 출발점이다. 따라서 '나는 창의적이다'라고 말하는 것을 두려워하지 마라. 전지전능한 창의성이 아니라 끊임없이 새로운 방법을 찾고자 하는 나의 의지와 열정을 말하라.

> "
> Creativity comes from a conflict of ideas.
> 창의성은 서로 다른 아이디어의 충돌에서 나온다.
> —도나텔라 베르사체
> "

STEP 1.
창의성을 나타낼 기본 문형

I am a person who ~

저는 ~성격의 사람입니다.

I am interested in ~ing

저는 ~에 관심을 갖고 있습니다.

I have a strong passion for ~ing

저는 ~에 열정을 갖고 있습니다.

I like to ~

저는 ~하기를 좋아합니다.

I am good at ~ing

저는 ~을 잘합니다.

STEP 2.
창의성, 무엇을 말할지 Contents를 잡아라.

창의성을 나타내는 성격

a creative person who likes to think outside the box
고정관념을 깨고 새로운 사고방식에서 생각하기를 좋아하는 사람

a creative thinker who tries to see things from new perspectives
새로운 관점에서 사물을 보려고 노력하는 창의적으로 사고하는 사람

창의성을 보여줄 나의 관심

implementing new ideas
새로운 아이디어를 실현하는 것

developing innovative products that make people happy
사람을 행복하게 하는 혁신적인 상품을 만드는 것

창의성에 대한 나의 열정

taking a different view of traditional business
기존의 비즈니스를 새로운 시각으로 보는 것

creating value in our products
상품에 가치를 만드는 것

나의 창의적 능력

the ability to combine ideas in a unique way
아이디어를 새로운 방식으로 조합하는

the ability to make useful connections among ideas
아이디어를 유용하게 연결하는

using creative ways to solve problems
창의적 방법으로 문제해결하는 것

using creativity to solve problems
창의성을 문제해결에 사용하는 것

STEP 3.
기본 문형에 담아라. 완성된 핵심 문장

I am a person who ~

저는 ~한 성격의 사람입니다.

I am a creative **person who** likes to think outside the box*.

저는 고정관념을 깨고 사고하기를 좋아하는 창의적인 사람입니다.

* think outside the box: 새로운 사고를 하다

I am a creative thinker **who** tries to see things from new perspectives.

저는 새로운 관점에서 보려고 노력하는 창의적으로 사고하는 사람입니다.

* 만일 위 문장이 어렵다면 아래처럼 두 문장으로 나눠서 표현할 수 있다.

I am a creative thinker. I like to think outside the box.

저는 창의적으로 사고하는 사람입니다. 저는 새로운 관점에서 보기를 좋아합니다.

I am interested in ~ing

저는 ~에 관심을 갖고 있습니다.

I am interested in implementing new ideas.

저는 새로운 아이디어를 구현하는 것에 흥미가 있습니다.

I am interested in taking a different view of traditional business.

저는 기존 비즈니스를 새로운 시각으로 보는 것에 흥미가 있습니다.

I have a strong passion for ~ing

저는 ~에 열정을 갖고 있습니다.

I have a strong passion for creating value in products.

저는 상품에 가치를 만드는 것에 강한 열정을 갖고 있습니다.

I have a strong passion for developing innovative products that make people happy.

저는 사람을 행복하게 하는 혁신적 상품을 만드는 것에 강한 열정이 있습니다.

I like to ~
저는 ~하기를 좋아합니다.

I like to combine ideas in a unique way.
저는 아이디어를 새로운 방식으로 조합하는 것을 좋아합니다.

I like to make useful connections among ideas.
저는 아이디어들을 유용하게 서로 연결하는 것을 좋아합니다.

I am good at ~ing
저는 ~을 잘합니다.

I am good at using creative ways to solve problems.
저는 창의적인 방법으로 문제해결을 잘합니다.

I am good at using creativity to solve problems.
저는 창의적인 방법으로 문제해결을 잘합니다.
(저는 문제해결에 창의성을 잘 사용합니다.)

Creativity를 selling한 인터뷰 예

압박질문의 예: 왜 전공과 무관한 업무에 지원하나?

Q: How would you describe yourself in one sentence?

자신을 한 문장으로 표현해보시겠습니까?

A: I am a creative thinker who tries to see things from new perspectives.

저는 사물을 새로운 관점에서 보려는 창의적으로 사고하는 사람입니다.

Q: That's very interesting. Why do you think you are creative? There are many people who think differently from others. How can this contribute to our company?

재미있군요. 어떤 이유로 스스로를 창의적으로 사고하는 사람이라고 생각하십니까? 남과 다르게 사고하는 사람은 많습니다. 이 점이 어떻게 회사에 도움이 될지 말해보세요.

A: I think that creativity is not about inventing something totally new. It is about making new connections between ideas. One of the major reasons the company Apple has been successful is that they were able to connect mobile technology with new ideas. I enjoy combining ideas in unique ways, and I have a strong passion for creating value in new products. I believe this will contribute to the success of this organization.

저는 창의력이란 완전히 새로운 것을 발명해내는 것이 아니라 생각을 새로운 방식으로 연결하는 능력이라고 생각합니다. 애플사가 성공한 이유는 모바일 기술을 새로운 아이디어들과 연결할 수 있었기 때문입니다. 저는 아이디어를 독창적인 방법으로 연결하기를 즐겨 하고, 신상품에 가치를 만드는 것에 열정을 갖고 있습니다. 이 점이 회사의 성공에 기여하리라고 믿습니다.

좋은 답변의 이유
- 이 지원자는 '창의적이다'는 인재상을 한 문장에 쉽게, 명확하게 답했다.
- 두 가지 질문을 끝까지 듣고 답변했다. 많은 지원자들이 첫 질문만 듣고 답을 생각하기 시작하면서 질문을 끝까지 듣지 않는다. 그러나 면접관은 두 번째의 답변을 기다린다.
- 자기 생각을 말하고 있다. '창의적이다'의 개념이 어떤 의미인지 트렌드와 자신의 생각으로 답했다.

Chapter 2

Professionalism
프로페셔널 의식

흔히 듣는 '프로페셔널 정신'이란 무엇인가? 이를 실감나게 말하는 방법은 또 무엇인가? 다른 사람들이 이 정도면 괜찮다 포기하려 할 때, 일의 완성도를 위해 끝까지 하는 사람, 개발이나 연구직이라면 끊임없이 자신의 기술을 upgrade하는 사람 등, 자신이 생각하는 프로페셔널의 의미를 생각해 보시길.

나의 장점, 일에 관한 철학, 지원동기 등의 질문에 대해 자신이 생각한 프로페셔널 의식을 말할 수 있다면 훌륭한 면접이 될 것이다. 특히 '당신이 이 업무를 잘할 수 있을지 어떻게 확신하는가' 등의 압박면접에서도 유용하게 사용할 수 있다. 즉, 내가 지원업무의 경력이 없을지라도 더 중요한 프로페셔널 의식이 있음으로써 자신을 차별화하라.

> **The great ones play hurt.**
> 훌륭한 선수는 아파도 경기를 한다.

I am a person who ~

저는 (프로페셔널로서) ~한 성격의 사람입니다.

I am eager to ~

저는 (프로페셔널로서) ~를 열망합니다.

I think a professional is someone who ~

저는 프로페셔널이란 ~하는 사람이라고 생각합니다.

I know how to ~

저는 (프로페셔널로서) ~하는 법을 알고 있습니다.

I will ~

저는 (프로페셔널로서) ~하겠습니다.

STEP 2.
프로페셔널 의식, 무엇을 말할지 Contents를 잡아라.

프로페셔널로서 나의 성격

a person who delivers what I say I will
내가 하겠다고 말한 것은 해내는 사람

a self-starter who is eager to learn and to grow professionally
배우고 프로페셔널로 성장하기를 열망하는 스스로 행동하는 사람

a person who has high standards for the work I am responsible for
자신이 맡은 일에 높은 기준을 갖고 있는 사람

a self-motivated person
스스로 동기부여하는 사람

나의 (프로페셔널로서) 열망

to learn new things and become a true professional
새로운 것을 배우고 진정한 프로페셔널이 되는 것

to be a major player in this industry
이 산업에서 중요한 사원이 되는 것

to be a major player in this arena
이 산업(비즈니스)에서 중요한 사원이 되는 것

to become a major contributor to the success of this organization
회사의 성공에 중요하게 기여하는 직원이 되는 것

내가 생각하는 프로페셔널이란

someone who can identify and satisfy customer needs
고객의 요구를 발견하고 만족시키는 사람

someone who can do his or her best work when others don't feel like it
다른 사람이 하고 싶지 않을 때도 최선을 다하는 사람

someone who keeps his or her skills and knowledge up to date
기술과 지식을 최신의 것으로 유지하는 사람

someone who works hard to exceed expectations
기대치를 초과한 성과를 내기 위해 열심히 일하는 사람

(프로페셔널로서) 나의 실행력

work to the best of my abilities
항상 내가 가진 능력의 최선을 다하다

put customer satisfaction first
고객 만족을 최우선으로 하다

strive to complete my projects on time and under budget
프로젝트의 기간과 예산에 맞추기 위해 최선을 다하다

devote myself to learning from your best experiences
우수 사례(경험)를 배우는 것에 몰두하다

work hard to advance at my work
일에서 두각을 나타내기 위해 열심히 노력하다

do more than expected
기대 이상으로 하는 것

나의 프로페셔널로서 능력

to manage my time and work habits
나의 시간과 업무습관을 관리하는 것

to produce results
결과를 만들어내는 것

to work hard
노력하는 것

to do more than expected
기대 이상을 하는 것

STEP 3.
기본 문형에 담아라. 완성된 핵심 문장

MP3_107

I am a person who ~
저는 (프로페셔널로서) ~한 성격의 사람입니다.

I am a person who delivers what I say I will.
저는 제가 하겠다고 말한 것은 해내는 사람입니다.

I am a self-starter who is eager to learn and to grow professionally.
저는 프로페셔널로 성장하기를 열망하는 자발적으로 행동하는 사람입니다.

I am a hardworking and self motivated person.
저는 열심히 노력하고 스스로를 동기부여하는 사람입니다.

I am a professional who has high standards for my work.
저는 제 일에 높은 기준을 갖고 있는 프로페셔널입니다.

I am eager to ~
저는 (프로페셔널로서) ~를 열망합니다.

I am eager to learn new things and to become a true professional.
새로운 것을 배우고 진정한 프로페셔널이 되기를 바랍니다.

I am eager to be a major player in this industry.
이 산업에서 중요한 사원이 되기를 열망합니다.

I am eager to be a major contributor to the success of your company.
귀사의 성공에 중요하게 기여하는 직원이 되고자 합니다.

I think a professional is someone who ~
저는 프로페셔널이란 ~하는 사람이라고 생각합니다.

I think a professional is someone who does the best work when others don't feel like it.

프로페셔널이란 다른 사람이 하고 싶지 않을 때도 최선을 다하는 사람이라고 생각합니다.

I think a professional is someone who keeps up to date with skills at work.

프로페셔널이란 업무에 필요한 기술을 최신의 것으로 유지하는 사람이라고 생각합니다.

I think a professional is someone who works hard to exceed expectations.

프로페셔널이란 기대치를 초과한 성과를 내기 위해 열심히 일하는 사람이라고 생각합니다.

I know how to ~
저는 (프로페셔널로서) ~하는 법을 알고 있습니다.

I know how to manage my time and work habits.

나의 시간과 업무습관을 관리할 수 있습니다.

I know how to produce results.

저는 결과를 만들어내는 법을 알고 있습니다. (할 수 있습니다)

I know how to work hard.

저는 열심히 일할 수 있습니다. (그 방법을 알고 있습니다)

I know how to work with people.

저는 다른 사람과 함께 일하는 법을 알고 있습니다.

I know how to coordinate with people and use my time to work effectively.

저는 사람들과 협동하고 효율적인 업무수행을 위한 시간관리를 할 수 있습니다.

I will ~
저는 (프로페셔널로서) ~하겠습니다.

I will work to the best of my abilities.

저는 항상 내가 가진 능력의 최선을 다할 것입니다.

I will put customer satisfaction first.

고객의 만족을 최우선으로 하겠습니다.

I will strive to complete my projects on time and under budget.

프로젝트를 기간과 예산에 맞추기 위해 최선을 다하겠습니다.

I will devote myself to learning from your best experiences.

최선을 다해 우수 비즈니스 사례를 배우겠습니다.

I will work hard to advance at my work.

열심히 노력해서 일에서 두각을 나타낼 것입니다.

I will work hard to exceed expectations.

저는 기대를 넘어서는 성과를 내도록 열심히 일할 것입니다.

I will do more than expected.

저는 기대 이상의 성과를 내도록 할 것입니다.

Professionalism을 selling한 인터뷰 예

압박질문의 예: 저희 업무를 잘할 수 있겠습니까?

Q: What is your greatest strength?

당신의 최대 강점을 말해보세요.

A: I am a self motivated person. My greatest strength is that I have high standards of excellence at work, and I deliver what I say I will.

저는 스스로 동기를 부여하는 사람입니다. 저의 최대 강점은 일에 높은 기준을 갖고 있고 하겠다고 하는 것은 해내는 것입니다.

Q: Okay, that's great. However, this is a tough job. Our customers are very demanding. This could discourage your motivation. What do you think about that?

네, 좋습니다. 그런데 이 일은 어려운 업무입니다. 우리 고객들은 요구사항이 많아요. 당신의 동기를 저하할 수도 있습니다. 어떻게 생각하십니까?

A: I think a professional is someone who does the best work when others don't feel like it. My job is to make our customers happy. I will put customer satisfaction first.

프로페셔널이란 다른 사람이 하고 싶지 않을 때도 최선을 다하는 사람이라고 생각합니다. 저의 업무는 고객을 행복하게 하는 것입니다. 저는 고객만족을 최우선으로 할 것입니다.

자격증을 요구하는 예

Q: If you are hired, you need to achieve a couple of IT certifications necessary for your work within three years. The company will sponsor the education fees but you need to balance your work with preparing for the certifications. Are you willing to take on that responsibility?

만일 채용이 된다면, 당신은 업무에 필요한 자격증들을 3년 안에 취득해야 합니다. 회사가 비용을 지원하겠지만, 당신이 업무와 자격증 준비를 병행하셔야 합니다. 이것을 할 의향이 있습니까?

A: I am eager to learn new things and to become a true professional. I certainly will do my work as well as prepare for the certifications as required.

저는 새로운 것을 배우고 진정한 프로페셔널이 되기를 바랍니다. 당연히 저는 제 업무뿐만 아니라 요구되는 자격증 준비를 할 것입니다.

Chapter 3

The Spirit of Challenge

도전정신

자신의 가능성을 selling하는 데 도전정신만한 것이 없다. 새로운 지식과 기술을 끊임없이 배우려는 정신, 기존의 방식에서 스스로가 다른 방법으로 업무에 접근하려는 노력, 습관처럼 남이 하는 방식이 아니라 더 나은 방법을 찾으려는 노력 등이 도전정신을 의미할 것이다. 이 장에서 이를 영어로 표현하는 법을 확인한다.

> "
> I can accept failure, everyone fails at something.
> But I can't accept not trying.
> 나는 실패를 받아들일 수 있다, 누구나 실패를 한다.
> 그러나 나는 시도하지 않는 것은 용납할 수 없다.
> −마이클 조던
> "

STEP 1.
도전정신을 나타낼 기본 문형

I have a willingness to ~
(I am willing to ~)

저는 ~할 강한 의지가 있습니다.

I try to ~

저는 ~하려고 노력합니다.

I try not to ~

저는 ~하지 않으려고 합니다.

I think it's better to ~

저는 ~편이 더 나은 선택이라고 생각합니다.

When I face challenges, I actively seek ~

제가 도전에 당면했을 때, ~로 해결합니다.

STEP 2.
도전정신, 무엇을 말할지 Contents를 잡아라.

나의 도전에 대한 의지

a willingness to take on risks
리스크를 감수할 강한 의지

a willingness to give up a comfortable position and move towards the next challenge
편안함(익숙함)을 포기하고 새로운 도전을 향해 나갈 의지

a willingness to learn new skills for taking on new challenges
도전을 위해 새 기술을 배우려는 강한 의지

a willingness to challenge my own limits
자신의 한계에 도전하는 의지

도전을 위한 나의 노력

concentrate on the meaning of what I am doing
내가 하는 일의 의미에 집중하다

step outside of my daily routine and work habits in my job
일상의 반복과 업무습관에서 벗어나다

have a new viewpoint at work
업무에서 새로운 관점을 가지다

set more challenging goals and try harder
더 도전적인 목표를 세우고 노력하다

maximize opportunities for improvements
향상의 기회를 최대화하다

도전정신의 내가 포기하지 않는 것

not to limit myself
스스로의 가능성을 제한하지 않는 것

not to become tied to the past
과거 방식에 얽매이지 않는 것

not to limit myself but to maximize my potential
스스로를 제한하지 않고 잠재력을 최대화하는 것

not to stick only to what I know and what I have done
알고 있는 것과 이룬 것에 집착하지 않는 것

not to narrow my thoughts and skills to only English and my major
나의 사고와 기술이 단순히 영어와 전공으로 제한되지 않도록 하는 것

내가 생각하는 도전정신이란

The spirit of challenge is necessary to make change happen.
도전정신은 변화를 만드는 데 필수적이다.

Taking a risk has the chance of making things better.
위험을 감수하는 것은 개선할 기회를 갖는 것이다.

It's better to make things happen than to let things happen.
상황에 끌려다니는 것보다 스스로가 상황을 만드는 편이 낫다.

It's better to decide rather than to let the situation decide for me.
상황에 이끌려 결정하기보다는 스스로가 먼저 결정하는 편이 낫다.

도전이 앞에 있을 때

I don't avoid a challenge.
도전을 피하지 않는다.

I actively seek advice from others and gather information to find the best solutions.
최상의 해결책을 찾기 위해 적극적으로 다른 사람의 충고를 듣고 정보를 얻는다.

I assess risks first.
위험을 우선 판단한다.

I work harder and do not give up easily.
더 열심히 노력하고 쉽게 포기하지 않는다.

STEP 3.
기본 문형에 담아라. 완성된 핵심 문장

I have a willingness to ~
저는 ~할 강한 의지가 있습니다.

I have a willingness to take on risks. However, I seek advice from others and gather information to assess the risks first.
저는 위험을 감수할 강한 의지가 있습니다. 그러나 그 위험을 측정하기 위해 다른 사람들에게 조언과 정보를 얻습니다.

I have a willingness to give up a comfortable position and move towards the next challenge.
저는 편안함(익숙함)을 포기하고 새로운 도전을 향해 나갈 의지가 있습니다.

I have a willingness to learn new skills for taking on new challenges.
저는 새로운 도전을 위해 새 기술을 배울 강한 의지가 있습니다.

I try to ~
저는 ~하려고 노력합니다.

I try to concentrate on the meaning of my work.
제 업무가 갖는 의미에 집중하려고 노력합니다.

I try to step outside of my daily routine and work habits in my job.
저는 일상의 반복과 업무습관에서 벗어나려고 합니다.

I try to have a new viewpoint at work.
저는 업무에서 새로운 관점을 가지려고 노력합니다.

I try to maximize opportunities for improvement.
저는 향상의 기회를 최대화하려고 노력합니다.

I try to set more challenging goals and try harder.
저는 더 어려운 목표를 세우고 열심히 노력합니다.

I try not to ~
저는 ~하지 않으려고 합니다.

I try not to limit myself.
저는 스스로의 가능성을 제한하지 않으려고 합니다.

I try not to become tied to the past.
저는 과거의 방식에 얽매이지 않으려고 합니다.

I try not to limit myself but to maximize my potential.
자신을 제한하지 않고 가능성을 최대화하려고 노력합니다.

I try not to stick only to what I have done and what I know.
저는 이제까지 이룬 것과 알고 있는 것에 집착하지 않으려고 합니다.

I tried not to narrow my thoughts and skills to only the English language and my major.
저의 사고와 기술이 단순히 영어와 전공으로 제한되지 않도록 노력했습니다.

I think it's better to ~
저는 ~편이 더 나은 선택이라고 생각합니다.

I think the spirit of challenge is necessary to make change happen.
도전정신은 변화를 만드는 데 필수적이라고 생각합니다.

I think taking a risk has the chance of making things better. That's a chance I won't have if I don't act.
저는 위험감수를 통해 상황을 개선하는 기회를 얻는다고 생각합니다. 그것은 행동하지 않는다면 가질 수 없는 기회입니다.

I think it's better to make things happen than to let things happen.
상황에 끌려다니는 것보다 스스로가 상황을 만드는 편이 낫다고 생각합니다.

I think it's better to decide rather than to let the situation decide for me.
상황에 이끌려 결정하기보다는 스스로가 먼저 결정하는 편이 낫다고 생각합니다.

When I face challenges, I actively seek ~
제가 도전에 당면했을 때, ~로 해결합니다.

When I face a challenge, I don't avoid it. I enter the center of it and listen to it. I try to understand what it means to me.

도전 앞에서, 저는 그것을 피하지 않습니다. 그 문제의 중심으로 들어가 적극적으로 문제를 듣습니다. 그 도전이 저에게 어떤 의미인지 이해하려고 합니다.

When I face a challenge, I actively seek advice from others and gather information to find the best solutions.

제가 도전상황에 있을 때, 적극적으로 다른 사람의 충고를 듣고 정보를 얻습니다.

When I face a challenge, I work harder and do not give up easily.

제가 도전상황에 있을 때, 저는 더 노력하고 쉽게 포기하지 않습니다.

The Spirit of Challenge를 selling한 인터뷰 예

해외 파견업무를 묻는 예

Q: We are planning to expand our business in China. Are you willing to work overseas for our company?

저희는 중국에서 비즈니스를 확장할 계획을 갖고 있습니다. 해외 지사에서 근무할 의사가 있습니까?

A: Certainly, I will work overseas if my job requires me to do so. I have a willingness to give up the familiar and move towards the next challenge.

물론입니다. 업무에서 필요하다면 해외에서 근무하겠습니다. 저는 익숙함을 버리고 새 도전을 향해 나아갈 강한 의지가 있습니다.

직무습관을 묻는 예

Q: From your resume, I see that you achieved success in your previous work. How would you describe your work habits?

당신의 이력서를 보니 이전 직장에서 좋은 성과를 내셨네요. 당신의 업무 스타일을 설명해보시겠습니까?

A: One positive work habit is that I try to concentrate on the meaning of what I am doing. I rethink my job, without being tied to the past, and focus on improvement at work.

저의 좋은 직무습관은 하는 일의 의미에 집중하는 것입니다. 저의 업무에 대해 과거에 얽매이지 않고 (그 의미)를 다시 생각해보고 향상에 집중합니다.

왜 전공과 무관한 업무에 지원하나?

Q: Your educational background is not related to our business. Why didn't you try to find a job relevant to your major?

전공이 저희 비즈니스와 관련이 없군요. 왜 전공과 관련된 일을 찾지 않으십니까?

A: Although I majored in education at my college, I have a strong interest in the IT industry. I try not to limit myself but to maximize my potential. I am a fast learner. I will learn new things and become a true professional.

제가 비록 대학에서 교육학을 전공했지만, 저는 IT 분야에 강한 열정을 갖고 있습니다. 저는 스스로를 제한하지 않고 자신의 가능성을 최대화하려고 합니다. 저는 습득이 빠릅니다. 저는 새로운 것을 배울 것이며, 프로페셔널로서 성장하겠습니다.

Chapter 4

Teamwork
팀워크

면접에서 반드시 보는 항목이다. 팀워크를 이해하지 못한다면 누구도 조직에서 성공할 수 없다. 리더십이란 조직과 팀은 목적을 위해 존재한다는 점을 받아들이는 것. 자신이 맡은 책임감과 주인의식으로 팀의 목적을 성취하기 위해 최선을 다하는 것이다.

기억해내라. 어딘가에 숨어 있는 나의 팀워크 경험을. 그리고 무엇을 배웠는지 함께 이야기할 수 있어야 한다.

> No one can whistle a symphony.
> It takes an orchestra to play it.
> 누구도 교향곡을 혼자 연주할 수 없다.
> 교향곡을 연주하기 위해서는 오케스트라가 필요하다.
>
> —H. E. Luccock, 목사

STEP 1.
팀워크를 나타낼 기본 문형

I am ~

저는 (훌륭한 팀원)입니다.

I am equally good at ~

저는 ~에 모두 능숙합니다.

It is important to ~ in a team.

팀에서 ~것은 중요합니다.

As a team leader(a team member), I do ~

팀 리더/팀원으로서 저는 ~합니다.

I learned by experience that ~

저는 경험을 통해서 (팀워크)를 배웠습니다.

Teamwork is
a learned skill.

나는 막강한 팀플레이어

a good team player

훌륭한 팀원

* team player: 팀원들과 협동하고 어울려 업무수행을 잘하는 사람

a strong team player

강력한 팀 플레이어

be good at working as part of a team

팀으로서 일을 잘할 수 있는

like working together as part of a team

팀으로서 함께 일하기를 좋아하는

나는 팀원으로서, 리더로서 모두 능숙

working as a team and working independently

팀으로 일하는 것과 (개인으로서) 독립적으로 일하는 것

a good team player as well as an individual contributor

개인적으로도 기여도가 높을 뿐만 아니라 훌륭한 팀플레이어

the ability to work as an individual and in a group

개인으로서 또한 그룹으로서도 일할 수 있는 능력

the ability to work in harmony with coworkers

팀원들과 조화롭게 어울리면서 일하는 능력

내가 팀워크에서 배운 것

to communicate openly about ideas and concerns in a team

팀 내에서 아이디어와 우려 사항을 개방적으로(자유롭게) 커뮤니케이션하는 것

to assign work according to members' abilities
팀원들의 역량에 따라 일을 할당하는 것

to have a common understanding of goals in a team
팀 내에서 목적에 관한 공통된 이해를 하는 것

to have a common belief that we can make a difference as a team
기존과 다른 차이를 만들어낼 수 있다는 팀으로서 공통된 믿음을 갖는 것

나의 생각, 팀워크의 중요한 것

Quality teams produce quality outcomes
훌륭한 팀이 훌륭한 결과를 만든다.

to communicate openly about ideas and concerns in a team
팀에서 아이디어와 문제에 대해 개방적으로 이야기하는 것

to assign works according to members' abilities
팀원의 역량에 따라 업무를 맡기는 것

to have a common understanding of our team's goals
팀의 목표에 대해 같은 이해를 하는 것

(팀원/리더로서) 나의 역량

focus on striving for excellence in my work first
우선 나의 업무를 탁월하게 수행하는 것에 집중하다

make sure that the team goals are clear and completely accepted by each member
팀의 목적이 분명하고 각 팀원들이 전적으로 받아들인 것을 확실하게 하다

build trust between members by having open communication
개방적인 커뮤니케이션을 통해 팀원들과 신뢰를 쌓다

make sure that my members are kept fully informed
나의 팀원들이 전적으로 정보를 받는 것을 확실하게 하다

STEP 3.
기본 문형에 담아라. 완성된 핵심 문장

I am ~
저는 (훌륭한 팀원)입니다.

I am a good team player.
저는 훌륭한 팀플레이어입니다.

I am a strong team player.
저는 막강한 팀플레이어입니다.

I am good at working in a team.
저는 팀에서 일하는 것에 능숙합니다.

I am a team player who shares knowledge with colleagues.
저는 팀원들과 업무지식을 공유하는 팀플레이어입니다.

I am equally good at ~
저는 ~에 모두 능숙합니다.

I am equally good at working in a team and working independently.
저는 팀으로 일하는 것과 개인으로서 일하는 것 모두 능숙합니다.

I am a good team player as well as an individual contributor.
저는 개인적으로도 기여도가 높을 뿐만 아니라 훌륭한 팀원입니다.

I have the ability to work as an individual and in a group.
저는 개인으로서 또한 그룹으로서의 업무능력이 있습니다.

I have the ability to work in harmony with coworkers.
팀원들과 조화롭게 어울리면서 일할 수 있습니다.

It is important to ~ in a team.
팀에서 ~것은 중요합니다.

It is important to discuss ideas and concerns openly **in a team.**
팀 내에서 아이디어와 문제점을 자유롭게 토론하는 것은 중요합니다.

It is important to assign work according to members' abilities.
팀원들의 역량에 따라 일을 할당하는 것은 중요합니다.

It is important to have a common understanding of goals **in a team.**
팀 내에서 목표에 관한 공통된 이해를 갖는 것은 중요합니다.

It is important to have a common belief that we can make a difference **as a team.**
기존과 다른 차이를 만들어낼 수 있다는 팀으로서 공통된 믿음을 갖는 것은 중요합니다.

As a team leader(a team member), I do ~
팀 리더/팀원으로서 저는 ~합니다.

As a team member, I focus on creating a positive influence on my team.
팀원으로서 저는 팀에 긍정적인 영향을 주는 것에 집중합니다.

As a team member, I focus on striving for excellence in my work first.
팀원으로서 우선 나의 업무를 탁월하게 수행하는 것에 집중합니다.

As a club leader, I make sure that the team goals are clear and completely accepted by each member.
클럽 리더로서, 팀 목표가 분명하고 팀원에 의해 전적으로 받아들여진 것을 확실하게 합니다.

As a manager, I make sure that my members are kept fully informed.
매니저로서 저의 팀원들이 전적으로 정보를 알고 있는 것을 확실하게 합니다.

I learned by experience that ~

저는 경험을 통해서 (팀워크)을 배웠습니다.

I learned by experience that listening actively and asking the right questions are key to building a successful team.

경험을 통해서 저는 적극적으로 듣고 정확한 질문을 하는 것이 성공적인 팀을 만드는 데 핵심이라는 것을 배웠습니다.

I learned by experience that when there are problems or successes, a team has to communicate effectively about what went right and wrong.

경험을 통해서 저는 문제가 생기거나 성공했을 때, 팀은 무엇이 잘 되었고 잘못되었는지를 효과적으로 커뮤니케이션 해야 한다는 것을 배웠습니다.

I learned by experience the importance of working as a team.

이전 (직장)경험을 통해 저는 팀으로서 일하는 것의 중요성을 배웠습니다.

I learned by experience the importance of clear communication in a team.

이전 경험을 통해 저는 팀 내에서의 명확한 커뮤니케이션의 중요성을 배웠습니다.

I learned by experience that cooperation is achieving two objectives at once.

저는 협동이 두 개의 목적을 한 번에 이루도록 한다는 것을 배웠습니다.

Teamwork를 selling한 인터뷰 예

자주 묻는 팀워크 질문들

Q: Do you prefer to work independently or on a team?

독립적으로 일하는 것과 팀원으로 일하는 것 중 어느 쪽을 선호합니까?

A: I am equally comfortable with working in a team and working independently.

저는 팀으로 일하는 것과 개인으로서 독립적으로 일하는 것 동등하게 능숙합니다.

Q: Then, briefly give us an example of a time when you worked in a group.

그룹으로서 일했던 때의 예를 간략하게 말해보세요.

A: I often worked in a group on class projects. We were required to do a great amount of research as a team and to develop our opinions based on the research. Through the experience, I learned that it is important to have a common understanding of goals in a team.

저는 종종 학과 프로젝트들로 그룹으로서 일했습니다. 저희는 하나의 팀으로서 많은 조사를 하고 그 조사를 근거로 의견을 펼쳐야 했습니다. 그룹워크 경험을 통해서, 저는 팀 내 목표에 관한 공통된 이해를 갖는 것이 중요함을 배웠습니다.

대학생활을 통한 나의 팀워크 역량

Q: Tell me about your college experience.

대학생활에 대해 말해보세요.

A: I tried not to narrow my thoughts and skills to only English and my major. I actively participated in club activities at my college. I was a university soccer team player and a club leader for the reading club. Through my college experiences, I learned the importance of working as part of a team and how to organize my thoughts.

단순히 영어와 전공에만 저의 사고와 기술을 제한하지 않으려고 노력했습니다. 저는 적극적으로 대학에서 클럽활동에 참가했습니다. 대학축구팀 선수와 독서클럽의 리더 역할을 했습니다. 대학활동을 통해 팀으로서 일하는 것의 중요성과 제 사고를 체계적으로 정리하는 법을 배웠습니다.

실패했던 팀의 경험을 묻는다면?

Q: Have you been a member of a team that failed to achieve its goal? If so, what was the reason for the failure?

목적을 달성하는 데 실패한 팀의 일원이었던 적이 있습니까? 만일 그렇다면, 그 실패의 원인은 무엇이었습니까?

A: At that time, our team was planning a new product. We designed an event to survey customer response. However, we faced a lack of resources in the team and assigned duties to members based on their availabilities. Eventually, our plan was great but its result couldn't meet our expectations. Through the experience, I learned that it is important to assign work according to members' abilities.

당시 저희 팀은 신상품을 계획하고 있었습니다. 고객반응 조사를 위한 이벤트를 기획했습니다. 그러나 저희 팀은 인력이 부족했고, 당시 시간적 여유가 있는 팀원에게 일을 할당했습니다. 결국, 계획은 훌륭했지만 그 결과는 저희 기대에 미치지 못했습니다. 이 경험을 통해 팀원의 역량에 따라 일을 할당하는 것의 중요함을 배웠습니다.

Chapter 5

Work Ethic
도덕성

이 장에서는 도덕성을 자신의 일을 남에게 떠넘기지 않는 강한 책임감, 업무습관과 태도, 그리고 정직성으로 구성해서 표현해보도록 한다.

기업에서 도덕성이란 직업윤리(Work Ethics)를 의미한다. 구체적으로 정직(Honesty), 업무수행에서의 무결점(Integrity), 헌신(Dedication), 결단력(Determination), 강한 책임감(Commitment), 업무에서의 긍정적인 태도(Positive attitude at work) 등으로 이루어진다. 비즈니스에서는 무결점(Integrity)이라는 단어로 대신하기도 한다. Integrity는 외국계 기업에 입사하면 자주 듣는 용어이므로 면접에서 사용함에 주저하지 마시라.

직업윤리는 자신이 직업인으로서 어떤 자세를 갖고 있는가의 직업관을 의미함으로, 15분 일찍 출근하는 모습에서도 드러나며, 직장에서 전화를 받는 사소한 태도에서도 드러난다. 또한 내가 저지른 실수에 대처하는 자세, 자신이 맡은 일에 관한 책임감에서도 나타난다.

66

In looking for people to hire, you look for three qualities:
integrity, intelligence, and energy.
And if they don't have the first, the other two will kill you.

사람을 고용할 때는 세 가지를 봐라: 도덕성, 지성 그리고 에너지.
만일 그 사람에게 첫 번째 항목이 없다면,
나머지 두 가지가 당신을 파멸시킬 것이다.

-워런 버핏

99

STEP 1.
도덕성을 나타낼 기본 문형

I consider ~ as my golden rules.

저는 ~을 중요한 철칙으로 생각합니다.

I focus on ~ing / 명사형

저는 ~에 집중합니다.

This makes me~ / This leads me to + 동사원형

이는 제가 ~하도록 합니다. / ~하도록 이끌어줍니다.

I think 명사형 is crucial to ~ing

~가 ~하는데 아주 중요하다고 생각합니다.

STEP 2.
도덕성, 무엇을 말할지 Contents를 잡아라.

나의 책임감을 나타내는 표현

I am committed to my work.
저는 제 업무에 헌신합니다.

I am responsible.
저는 책임감이 강합니다.

I have a strong sense of responsibility for my work.
제가 맡은 일에 강한 책임감을 갖고 있습니다.

Regardless of my job position, I always take my responsibility seriously.
저는 어떤 직무를 맡든지, 항상 저의 임무를 진지하게 받아들입니다.

I have no problem to take on extra duties or responsibilities.
저는 추가업무나 직무를 하는 것에 전혀 이의가 없습니다.

나의 정직함을 나타내는 표현

I am honest and hard working.
저는 정직하고 근면합니다.

I am trustworthy and reliable.
저는 신용할 수 있고 믿을 만한 사람입니다.

I do my job with honesty.
저는 정직하게 제 업무를 수행합니다.

When I make a mistake, I accept responsibility and learn from the mistake.
실수했을 때, 저는 책임을 받아들이고 그 실수로부터 배웁니다.

I believe that my quality of work represents my honesty.
제가 수행한 일의 완성도 수준이 저의 정직함을 나타낸다고 생각합니다.

나의 좋은 업무태도를 나타내는 표현

I maintain good work habits while correcting bad habits.
저는 잘못된 습관을 고치고 좋은 습관은 유지합니다.

I respect myself and others.
저는 저 자신과 다른 사람들을 존중합니다.

I arrive at office 15 minutes early to start my work early.
저는 일찍 일을 시작하기 위해 15분 먼저 일찍 출근합니다. ←------------

> 회사에 일찍 출근하는 것이 별 것 아닌 것 같지만, 출근태도를 보면 그 사람이 자신의 직무를 어떤 마음가짐으로 대하는지가 보인다.

I come to work early.
저는 일찍 출근합니다.

I decide on the habits that I want to develop and practice them.
저는 제가 개발할 습관을 결정하고 그것을 훈련합니다.

I am punctual and always be on time.
저는 시간약속을 잘 지키고 항상 시간 안에 도착합니다.

저는 목표를 세우고, 확인하고 실행합니다.

I keep to-do lists.
저는 해야 할 일 리스트를 만듭니다.

I make my goal as specific as possible.
저는 목표를 가능한 구체적으로 합니다.

I believe creating a measurable action plan is necessary to achieve my goal.
저는 측정가능한 실천계획을 세우는 것이 제 목표를 이루는 데 필수라고 믿습니다.

I make sure that I am clear on the goal of my work.
저는 제 업무의 목적을 분명하게 이해하도록 합니다.

I regularly review what went well and what did not go well at my work.
저는 업무에서 잘하고 있는 것과 제대로 진행되지 않는 것을 정기적으로 검토합니다.

STEP 3.
기본 문형에 담아라. 완성된 핵심 문장

I consider ~ as my golden rules.
저는 ~을 중요한 철칙으로 생각합니다.

🔘 MP3_113

> I consider having honesty and integrity as my golden rules.
> 저는 정직함과 성실함을 저의 중요한 철칙(행동규범)으로 여깁니다.

> I consider keeping my word as my golden rule.
> 저는 약속을 지키는 것을 중요한 철칙으로 여깁니다.

> I consider doing my best and never giving up as my golden rules.
> 최선을 다하고 절대 포기하지 않는 것을 저의 중요한 철칙으로 여깁니다.

I focus on ~ing/명사형.
저는 ~에 집중합니다.

> I never say it's not my job. I focus on achieving the goals of my team.
> 저는 이것은 내 일이 아니라고 말하지 않습니다. 팀의 목적을 이루는 것에 집중합니다.

> I focus on accumulating experience at work. I don't avoid taking on more responsibilities and duties.
> 저는 업무에서 경험을 쌓는 것에 집중합니다. 저는 더 많은 책임과 업무를 받는 것을 피하지 않습니다.

> I focus on my responsibility and continual improvement at work.
> 제 임무와 지속적인 향상에 중점을 둡니다.

This makes me~ / This leads me to + 동사원형
이는 제가 ~하도록 합니다. / ~하도록 이끌어줍니다.

> I do my work with honesty even if it is inconvenient. This makes me confident carrying out my responsibilities.
> 설령 불편하더라도 저는 정직하게 일합니다. 이는 저의 임무를 수행하는 데 자신감을 갖도록 합니다.

I keep a positive attitude when I have problems at work. This makes me confident in doing my work.

문제가 생겼을 때 긍정적인 자세를 유지합니다. 이는 제 일을 하는 데 자신감을 갖도록 합니다.

I am open to others' feedback and advice. This leads me to make better decisions.

저는 다른 사람의 피드백과 충고에 개방적입니다. 이는 제가 더 나은 결정을 하는 데 도움을 줍니다.

I think 명사형 is crucial to ~ing.
~가 ~하는 데 아주 중요하다고 생각합니다.

I think honesty is crucial to building a strong relationship with customers.

저는 정직함이 고객과의 강한 신뢰관계를 쌓는 데 매우 중요하다고 생각합니다.

I think a strong sense of responsibility is crucial to making the best outcomes.

저는 강한 책임감이 최상의 결과를 이루어내는 데 매우 중요하다고 생각합니다.

I think working as a team is crucial to getting good results at work.

저는 팀으로서 일하는 것이 좋은 결과를 얻는 데 매우 중요하다고 생각합니다.

I think respecting others and unselfishness are crucial to building strong teamwork.

저는 정직함이 고객과의 강한 신뢰관계를 쌓는 데 매우 중요하다고 생각합니다.

Work Ethic을 selling한 인터뷰 예

나에게 직무에 대한 윤리란?

Q: What do you consider to be your most important work ethic?

가장 중요한 업무윤리를 무엇이라고 생각하십니까?

A: I consider self responsibility and hard work are the most important ethics.

저는 책임감과 열심히 일하는 것을 가장 중요한 윤리라고 생각합니다.

Q: Okay, then tell me about a time when you were working hard to complete a task.

그렇다면 어떤 임무를 완수하기 위해서 열심히 일했던 때를 말해보세요.

A: As part of the coursework for management class, I had to research CEO's stories and make a presentation in class. I decided to conduct real research instead of doing it only through the internet. I actively contacted entrepreneurs and listened to their real stories. Although it took more effort and time, I completed the task with excellence. My professor and classmates were impressed by my work and it was a rewarding experience for me.

경영학수업 중, 저는 CEO에 관한 조사 후 수업에서 발표했어야 했습니다. 저는 단순히 인터넷 조사 대신 실제 조사를 하기로 했습니다. 적극적으로 기업가들을 섭외하였고, 그들의 진실된 이야기를 들었습니다. 비록 이 작업은 더 많은 노력과 시간이 들었습니다만, 저는 탁월하게 과제를 수행했습니다. 교수님과 동료들이 감동을 받았고, 저에게도 매우 값진 경험이었습니다.

Q: Tell me about your philosophy of work.

당신의 일에 관한 철학을 말해보세요.

A: My philosophy of work is that my quality of work represents my personal integrity and honesty. I take my responsibility seriously and I do my work with honesty even if it is inconvenient. This makes me confident in carrying out my responsibilities.

저의 일에 대한 철학은 '업무의 완성도가 저의 성실함과 정직함을 말해준다' 입니다. 저는 항상 저의 임무를 진지하게 받아들이고, 설령 불편하더라도 정직함으로 일합니다. 이는 업무수행에 자신감을 갖도록 합니다.

Chapter 6

Global Capabilities
글로벌 역량

기업들이 자사가 해외시장 진출을 위한 글로벌 역량을 가진 인재가 필요하기도 하지만, 다른 중요한 이유가 있다. 이 기업들의 고객들이 글로벌 환경의, 글로벌 제품을 원하기 때문에 고객의 needs를 더 잘 이해하도록 글로벌 역량을 요구한다.

해외 경험이 있다면, 단순히 무엇을 했는가의 사실을 나열하는 것보다, 그 경험을 통해서 무엇을 얻었는지를 말한다. 직접적인 경험이 없다면, Social Network를 통한 타문화 사람들과의 교류경험을 훌륭하게 활용할 수 있다.

"
I like thinking big.
If you're going to be thinking anything,
you might as well think big.
나는 크게 생각하는 것을 좋아한다.
당신이 무언가를 하려고 한다면, 크게 생각해라.

－도널드 트럼프
"

I had a chance/an opportunity to ~

저는 ~하는 기회가 있었습니다.

It was a valuable experience for me to ~

~은(는) 저에게 귀중한 경험이었습니다.

It is essential to ~

~는 필수적입니다.

I do something as ~ as possible.

저는 가능한 ~합니다.

I think ~ is a key problem in a global team.

글로벌 팀에서 ~가 핵심 문제라고 생각합니다.

STEP 2.
글로벌 역량, 무엇을 말할지 Contents를 잡아라.

나의 글로벌 기회

a chance to interact with people from different countries
다양한 나라의 사람과 교류하는 기회

a chance to work with people from different cultures
타문화의 사람들과 함께 일하는 기회

an opportunity to strengthen my communication skills in English
영어 의사소통능력을 강화하는 기회

a chance to interact with people with different viewpoints from other cultures
다른 문화의 다른 관점을 가진 사람들과 교류하는 기회

나의 소중한 글로벌 경험

to understand the uniqueness of cultures
각 문화의 독창성을 이해하는 것

to work with people with different viewpoints and cultures
다른 관점과 문화를 가진 사람들과 협조하는 것

to understand cultural diversity
각 문화의 다양성을 이해하는 것

글로벌 역량에 대해 중요한 것

to have a flexible attitude in working with a multicultural team
다양한 나라로 구성된 팀과 일하는 데 유연한 태도를 갖는 것

to understand the uniqueness of cultures in a country
한 나라의 문화적 독창성을 이해하는 것

to respect cultural diversity

문화의 다양성을 존중하는 것

I make my email communication in English as clear as possible.

저는 이메일 커뮤니케이션에서 메시지를 가능한 명확하게 합니다.

I make my telephone conversations with global teams as clear as possible.

저는 글로벌 팀과의 전화 커뮤니케이션에서 가능한 메시지를 명확하게 합니다.

I have to understand the direction of discussions with global teams as clearly as possible.

글로벌 팀들과의 논의 방향을 가능한 명확하게 이해해야 합니다.

I think miscommunication is a key problem in a multicultural team.

의사소통의 오해가 여러 나라로 구성된 팀에서의 핵심적인 문제라고 생각합니다.

I think an information gap is a key problem in a global team.

정보의 차이가 글로벌 팀에서의 핵심 문제라고 생각합니다.

I think a lack of understanding of cultural diversity is a key problem in a global team.

문화적 다양성에 관한 이해부족이 글로벌 팀에서의 핵심 문제라고 생각합니다.

STEP 3.
기본 문형에 담아라. 완성된 핵심 문장

I had a chance/an opportunity to ~
저는 ~하는 기회가 있었습니다.

MP3_115

Through overseas volunteer work, I had a chance to interact with people from different countries.

해외 자원봉사를 통해, 저는 다양한 나라의 사람들과 교류하는 기회를 갖게 되었습니다.

I had a chance to work with people from other cultures.

저는 다른 문화의 사람들과 일하는 기회가 있었습니다.

Through attending an exchange program, I had an opportunity to strengthen my communication skills in English.

교환학생 경험을 통해, 저는 영어 의사소통능력을 강화하는 기회가 있었습니다.

Through online social networks, I had a chance to interact with people with different viewpoints from other cultures.

소셜 네트워크를 통해, 타문화의 다른 관점을 가진 사람들과 교류하는 기회가 있었습니다.

It was a valuable experience for me to ~
~은(는) 저에게 귀중한 경험이었습니다.

It was a valuable experience for me to understand the uniqueness of cultures.

각 문화의 독창성을 이해하는 것은 저에게 값진 경험이었습니다.

It was a valuable experience for me to work with people with different viewpoints and cultures.

다른 관점과 문화를 가진 사람들과 협동하는 것은 저에게 값진 경험이었습니다.

It was a valuable experience for me to understand cultural diversity.

각 문화의 다양성을 이해하는 것은 저에게 값진 경험이었습니다.

It was a valuable experience for me to better understand a global corporation like yours.

귀사와 같은 글로벌 기업을 더욱 잘 이해할 수 있는 값진 경험이었습니다.

It is essential to ~
~는 필수적입니다.

It is essential to have a flexible attitude in working with a multicultural team.

다양한 나라로 구성된 팀과 일할 때 유연한 태도를 갖는 것이 필수적입니다.

It is essential to understand the uniqueness of cultures and belief in a country.

한 나라의 문화적 독창성과 믿음을 이해하는 것이 필수적입니다.

It is essential to strengthen communication skills in English.

영어로 하는 커뮤니케이션 기술을 강화하는 것이 필수적입니다.

It is essential to respect cultural diversity.

각 문화의 다양성을 존중하는 것이 필수적입니다.

I do something as ~ as possible.
저는 가능한 ~합니다.

I make my email communication in English as clear as possible.

저는 글로벌 팀과의 영어 이메일의 의사소통을 가능한 명확하게 합니다.

I make my telephone conversations with global teams as clear as possible.

저는 글로벌 팀과의 전화 커뮤니케이션에서 가능한 메시지를 명확하게 합니다.

I try to understand the direction of discussions with global teams as clear as possible.

저는 글로벌 팀들과의 논의의 방향을 가능한 명확하게 이해하려고 노력합니다.

I think ~ is a key problem in a global team.
글로벌 팀에서 ~가 핵심 문제라고 생각합니다.

I think miscommunication is a key problem in a multicultural team.
저는 언어적 오해가 여러 나라로 구성된 팀에서의 핵심 문제라고 생각합니다.

I think an information gap is a key problem in a global team.
저는 정보의 차이(부족)가 글로벌 팀에서의 핵심 문제라고 생각합니다.

I think a lack of respecting cultural diversity is a key problem in a global team.
저는 충분히 문화적 다양성을 존중하지 못하는 점이 글로벌 팀의 핵심 문제라고 생각합니다.

Global Capabilities을 selling한 인터뷰 예

해외영업 지원의 압박면접

Q: You applied for the overseas sales team. How did you prepare yourself to work well in our department?

당신은 해외영업부 지원을 했습니다. 우리 부서에서 업무를 잘할 수 있도록 어떻게 준비했나요?

A: I tried to travel overseas as often as possible while I was a student. I tried to learn from people from different cultures and to take a flexible attitude about the uniqueness of a culture. It was a valuable experience for me to understand better how to work with a global team.

학생 시절, 가능하면 많이 해외에 나가는 기회를 갖도록 노력했습니다. 다른 문화의 사람들로부터 배우고 문화의 독창성에 대해서 유연한 태도를 갖도록 노력했습니다. 이는 글로벌 팀과 일하는 것을 더욱 이해하는 중요한 경험이었습니다.

Q: Okay. If you are hired, you may work with cross-cultural teams in multiple countries. What is your opinion about working with cross-cultural teams?

좋습니다. 만일 채용이 되면, 다른 나라의 팀들과 업무를 수행해야 합니다. 여러 문화의 팀과 일하는 것에 대해서 어떻게 생각하십니까?

A: I think working with global team is a valuable experience as a product developer. Many large corporations have clients with whom they work across multiple countries. These clients look for integrated global solutions. Working as a cross-cultural team will help me understand the needs of our clients better.

저는 상품개발자로서 글로벌 팀과 일하는 것은 중요한 경험이라고 생각합니다. 많은 대기업들이 타국과 일하는 기업을 자신의 고객으로 갖고 있습니다. 이 고객들은 통합된 글로벌 솔루션을 찾습니다. 따라서 글로벌 팀으로서 일하는 것은 고객의 요구(needs)를 이해하는 데 도움이 될 것입니다.

당신에게 해외시장을 개척하라면?

Q: You are asked to set up a new office to market our products in Latin America. What challenges would you expect to face and how would you overcome them?

만일, 당신이 라틴 아메리카에 저희 상품시장 개척을 위한 새 지점을 만들라는 임무를 받았습니다. 어떤 도전들을 예상하고, 어떻게 당면한 상황을 극복하시겠습니까?

A: I think miscommunication is a key problem in a multi cultural team. Culture is very important in understanding customer or employee behavior. Before anything, I would try to learn their culture in my own organization. Through a good understanding of it, I would be confident in motivating each team member.

저는 의사소통상의 오해가 여러 나라로 구성된 팀에서의 핵심적인 문제라고 생각합니다. 문화는 고객, 직원의 행동을 이해하는 데 매우 중요합니다. 무엇보다도 나의 조직 안에서의 그들의 문화를 배우려고 노력하겠습니다. 충분한 문화의 이해를 통해, 제가 각 팀원에게 동기를 부여하는 데 자신감을 갖게 될 것입니다.

English
Interview

Part 6

업무별 면접전략

Different Jobs Require
Different Skills

업무별 요구되는 핵심 역량을 쉽게,
그리고 나의 경험으로 증명하라.

Chapter 1

Marketing, PR & Product Development

마케팅, 홍보 및 상품기획팀

직무

마케팅은 단어가 의미하듯 상품과 서비스를 시장에 내어놓는 일이다. 고객의 요구 파악, 시장조사 및 분석, 가격과 판로 경로(distribution channel) 결정, 상품과 서비스의 브랜드 이미지, promotion을 포함한 마케팅전략에 이르기까지 상품과 서비스의 전반적인 시장전략을 개발하고 실행하는 업무이다.

인재상

- 시장 트렌드 분석능력
- 마케팅, 홍보 기획력
- 다른 사람과 협업능력
- 대내외 의사소통능력
- 시장 데이터에 대한 통찰력
- Deadline에 대한 책임감
- 창의적 사고
- Analytical skill
- Planning skill
- Teamwork skill
- Communication skill
- Insightful thinking
- Work responsibility
- Creativity

Why Me?
내가 왜 마케팅, 홍보 및 상품기획팀의 인재인가 말하기

나는 창의적이며, 세심하고, 관찰력이 있습니다.　　　　　　　⏺ MP3_117

I am creative, persuasive and persistent.
저는 창의적이며 설득력이 있고 끈기가 있습니다.

I am a creative thinker who tries to approach problems in different ways.
저는 새로운 시각에서 문제에 접근하는 창의적으로 사고하는 사람입니다.

I am a careful observer who likes to understand people's behaviors.
저는 사람들의 행동을 이해하는 것을 좋아하는 주의 깊은 관찰자입니다.

I am a proactive person. If I don't know an answer to a question, I actively research the answer.
저는 사전대책을 강구하는 사람입니다. 모르는 질문이 있다면, 저는 적극적으로 답을 찾습니다.

I believe that a little difference makes a big difference.
저는 작은 차이가 큰 차이를 만든다고 생각합니다.

I am a detail oriented person.
저는 (업무처리가) 세심한 사람입니다.

지원업무의 Job Descriptions을 조사하고,
막연한 관심이 아니라 구체적인
'준비된 열정'을 보인다.

• 컨텐츠를 글로 표현하는 능력
• 저와 의견이 다른 사람을 설득하는 능력
• 프레젠테이션 기술

나는 (홍보, 마케팅 인재로서) 커뮤니케이션 기술이 있습니다.

I like writing and sharing ideas with people.

저는 생각을 쓰고 사람들과 공유하는 것을 좋아합니다.

I have developed good written communication skills as a reporter at college.

저는 학교신문기자로서 훌륭한 글쓰기 기술을 익혔습니다.

I am good at persuading colleagues to execute plans as a team.

저는 제안을 실행하기 위해 팀원을 설득하는 것에 능숙합니다.

I think the way I present an idea is just as important as the idea itself.

저는 아이디어를 표현하는 방식은 그 아이디어 자체만큼 중요하다고 생각합니다.

In written communication, I make sure that I send the right message, to the right people in the right form.

글로 하는 커뮤니케이션의 경우, 저는 정확한 메시지를, 정확한 사람에게, 적합한 형식으로 보내는 것을 확인합니다.

I understand that the advertising person must be able to make a professional presentation. **And I've developed presentation skills through my activities at college.**

광고 담당자는 전문적인 프레젠테이션의 역량이 필요함을 알고 있습니다. 그래서 저는 대학활동을 통해 발표력을 익혀왔습니다.

I learned that writing skills are crucial to a PR* professional's career. **And I've developed** writing skills through my blogging activities.

PR 업무는 글쓰기 능력이 중요함을 알게 되었습니다. 저는 블로그 활동을 통해 글쓰기 실력을 향상했습니다.

* PR(public relations): 홍보

Tip. 마케팅, PR 등의 직무면접에서 자신의 단점이 창의성이 부족하거나 글쓰기에 약하면 안 된다.

나는 소비자, 트렌드, 브랜드에 대해 관심이 있습니다.

I have a genuine interest in understanding consumers' purchasing behavior.

저는 소비자의 구매 행동을 이해하는 것에 진심으로 흥미를 갖고 있습니다.

I am interested in understanding how a brand can affect consumers' perceptions.

저는 브랜드가 어떻게 고객의 인식에 영향을 주는지에 관심을 갖고 있습니다.

I have a genuine interest in observing trends and consumers' buying behavior.

저는 트렌드와 소비자의 구매 행동을 관찰하는 데 진지한 관심을 갖고 있습니다.

I am interested in creating a brand identity in the market.

저는 시장에서 브랜드 인지도를 만드는 것에 흥미가 있습니다.

나는 소비자, 상품, 브랜드에 대한 열정이 있습니다.

I am passionate about positively influencing customers' perceptions through my work.

제 업무를 통해 소비자의 인식에 긍정적인 영향을 주는 것에 열정을 갖고 있습니다.

I have a strong passion for creating innovative products for our customers.

저는 고객을 위해 혁신적인 상품을 만드는 것에 강한 열정을 갖고 있습니다.

I am passionate about identifying customer needs and creating products for those needs.

고객의 요구를 알아내고 그 요구에 대해서 상품을 만드는 것에 열정을 갖고 있습니다.

I have a strong passion for delivering a better product to customers, and persuading them that they need one.

저는 고객에게 더 나은 상품을 전달하고 그 상품이 필요하다는 설득을 하는 것에 열정을 갖고 있습니다.

나는 정보를 구하고, 분석하는 통찰력이 있습니다.

I am comfortable with doing research and data analysis.

저는 리서치와 데이터 분석을 하는 것에 능숙합니다.

Through my micro blogging* activities, **I have learned** how to seek consumer feedback.

마이크로 블로그 활동을 통해, 저는 어떻게 소비자의 피드백을 얻는가를 알게 되었습니다.

* micro blogging의 대표로는 Facebook, twitter 등이 있다.

I am comfortable with analyzing consumers' feedback.

저는 고객의 피드백을 분석하는 것에 능숙합니다.

I am a skillful researcher **who** knows when and how to do research.

저는 어느 시점에, 어떻게 시장조사를 하는지 알고 있는 숙련된 조사자입니다.

나는 (블로그와 SNS를 통해) 사람들과 소통합니다. ←- - - - - - - - -

블로그, Twitter, Facebook 등의 소셜네트워킹은 Online Marketing 및 소비자 성향을 알아보는 중요한 tool이 되고 있다. 경력이 부족하다고 생각하지 말고, 자신의 활동을 직무와 연결하고 selling하라.

I am good at utilizing social networking tools.

저는 소셜 네트워킹 툴을 잘 사용합니다.

I've created a distinct impression of "who I am" through my blogging.

저는 블로그를 통해서 '나의 정체성'에 관한 차별화를 만들었습니다.

I can reach out to hundreds of people with a single tweet or Facebook post.

저는 1회의 트위터, 페이스북 포스트로써 몇백 명의 사람들과 쉽게 연결될 수 있습니다.

I think that twitter and SNS are great ways to interact with people.

저는 트위터와 SNS가 사람들과 교류할 수 있는 훌륭한 방법이라고 생각합니다.

I have created a successful blog regarding this industry.

저는 이 산업분야에 대해서 성공적인 블로그를 만들어냈습니다.

I learned that SNS offers a new way to listen to the voice of the customer.

저는 SNS가 고객의 소리를 들을 수 있는 새로운 방식을 제공한다고 생각합니다.

이 직무에 대한 나의 생각입니다.

I think the key to success is learning from customers.
저는 성공의 핵심 요소는 고객으로부터 배우는 것으로 생각합니다.

I think the key to all businesses is product differentiation.
저는 모든 비즈니스의 성공은 상품 차별화라고 생각합니다.

I think brand is a perception that occurs in customers' minds.
브랜드는 고객의 마음에서 생기는 인식이라고 생각합니다.

I think successful marketing starts with listening to customers.
저는 성공적인 마케팅은 고객의 소리를 듣는 것에서 시작한다고 생각합니다.

I will visit places where consumers utilize our products, and listen to them.
저는 소비자들이 저희 상품을 경험하는 곳에 찾아가 그들에게 듣겠습니다.

I think that a brand plays a major role in maintaining relationships with customers.
저는 브랜드가 고객과의 관계를 유지하는 데 중요한 역할을 한다고 생각합니다.

I will test a new product on people who don't know what we sell and listen to their responses.
저는 우리가 판매자임을 모르는 사람을 대상으로 신상품을 시험하고 그들의 반응을 듣겠습니다.

마케팅, 홍보 및 상품기획팀 인터뷰의 예

지원동기 1: 상품 기획팀

Q: Why are you applying for this department?

왜 저희 부서에 지원하셨습니까?

A: I am passionate about creating innovative products for our customers. I am a big fan of innovative products like yours. I am eager to learn and to improve the lives of others through my work. This is why I am applying for this job.

고객을 위해 혁신적인 상품을 개발하는 것에 열정을 갖고 있습니다. 저는 귀사의 상품처럼 혁신적인 상품의 열렬한 팬입니다. 저는 배우고, 제 일을 통해 사람들의 생활을 향상시키고 싶습니다. 이것이 제가 지원한 이유입니다.

지원동기 2: 마케팅팀

Q: Why do you think you are the right person for a marketing position?

왜 당신이 마케팅업무에 적합하다고 생각하십니까?

A: I am creative and detail-oriented. I am a careful observer who likes to understand people's behaviors. I am also most interested in understanding how a brand can affect consumers' perceptions. I believe these are the key traits to being a successful marketer.

저는 창의적이고 일 처리가 세심합니다. 사람들의 행동을 이해하는 것을 좋아하는 세심한 관찰자입니다. 저는 브랜드가 어떻게 고객의 인식에 영향을 주는지 이해하는 것에 관심을 갖고 있습니다. 이것들은 성공적인 마케팅 전문가(marketer)가 되는 주요 자질이라고 생각합니다.

Part 6

409

경험이 없는 나에게 역량을 묻는다면?

Q: Do you like writing? How would you assess your writing skills?

글쓰기를 좋아하십니까? 자신의 글쓰기 실력을 어떻게 평가합니까?

A: I like writing and sharing ideas with people. I've posted* my ideas and opinions for several years, and I've created a distinct impression of "who I am" through my blogging.

저는 글쓰기와 사람들과 정보를 공유하는 것을 좋아합니다. 몇 년간 저의 생각과 의견을 블로그에 올렸고 나에 대한 차별화된 이미지를 만들 수 있었습니다. * post: 게시하다

Tip. 내가 하는 일상의 사소한 행동들이 실제 사소하지 않다. 어떻게 present하는가에 따라 다르다.

업무수행능력을 묻는다면?

Q: Our work is all about understanding customers. If you are hired, what is your plan to understand our customers?

저희 업무는 전적으로 고객을 이해하는 일입니다. 만일 채용이 된다면, 고객을 이해하기 위해 무엇을 하시겠습니까?

A: I think successful marketing starts with listening to customers. I will visit places where our products are utilized and listen to them. Regarding a new product, I will test it on people who don't really know what we sell. I will watch their facial expressions and listen to their responses.

성공적 마케팅은 고객에게 듣는 것에서 시작한다고 생각합니다. 고객이 저희 상품을 경험하는 곳을 방문하고 그들에게 듣겠습니다. 신상품은 우리 회사가 그 상품을 팔고 있는 것을 모르는 사람들에게 시험하겠습니다. 그들의 표정을 보고 반응을 듣겠습니다.

Tip. 지원업무가 무슨 일을 하는지 사전조사가 없으면, 이 질문은 답하기 어렵다. 지원자의 준비성을 묻는 말이다.

Chapter 2

Management & Planning

경영기획, 인사, 총무, 재무팀

직무

'Management'란 라틴어 'manu agere'에서 유래된 '손으로 사람을 이끄는 것(to lead by the hand)'이라는 뜻이다. Manager의 직책에 지원하든, management가 붙는 경영기획, 인사, 총무, 구매, 재무관리부 등의 직무에 지원한다면 '사람을 이끄는 자'로서의 자질이 필요하다.

인재상

- 조직목표를 정하는 기획력
- 팀을 설득하는 대화기술
- 사람을 다루는 기술
- 일의 우선순위를 두는 능력
- 임무와 책임을 정하는 능력
- 스케줄 관리와 실행력
- 여러 가지 일의 동시수행능력
- Planning skill
- Communication skill
- Interpersonal skill
- Ability to set priority
- Ability to assume duties and responsibility

Why Me?
내가 왜 경영기획, 인사, 총무, 재무팀의 인재인가 말하기

나는 기획력과 조직력이 있습니다.　　　　　　　　　　　　　　　○ MP3_119

I have good planning skills.
저는 기획력이 있습니다.

My role is to help employees focus on what's important rather than what's urgent.
제 일은 팀이 급한 것보다는 중요한 것에 중점을 두도록 리드하는 것입니다.

I define the expectation of results early and clearly so that we are effective as a team.
일의 결과를 사전에 분명하게 정해서 팀으로서 효율적이게 합니다.

In planning projects, I clearly specify who is responsible for achieving each result.
프로젝트를 계획하는데, 저는 각 단계의 결과를 누가 담당할지 분명하게 정합니다.

I have a genuine interest in dealing with people's issues at an organization.
저는 조직에서의 직원들 이슈를 해결하는 것에 관심을 갖고 있습니다.

나는 동시에 여러 일을 완수할 수 있습니다.

I have the ability to work on multiple tasks at the same time.
저는 동시에 여러 업무를 수행하는 능력이 있습니다.

I am an organized person who can do several tasks at the same time.
저는 동시에 여러 업무를 수행할 수 있는 체계적인 사람입니다.

I was able to balance my studies with a part-time job.
저는 아르바이트와 공부를 잘 병행하였습니다.

I am able to deal with a number of different tasks at one time.
저는 서로 다른 많은 업무를 한 번에 처리할 수 있습니다.

나는 업무에 우선순위가 있습니다.

I set my priorities at work.
저는 업무에서 우선순위를 정합니다.

I do first things first.
저는 중요한 일을 먼저 합니다.

My philosophy towards work is "first things first."
저의 일 철학은 '중요한 일을 먼저 하라'입니다.

I prioritize my works and maintain the priority.
저는 일의 우선순위를 정하고, 그 순위에 따라 일을 합니다.

I take the time to understand the real priorities at work.
업무에서 가장 중요한 우선순위가 무엇인지 생각하는 시간을 갖습니다.

나는 의사소통능력이 있습니다. ←- - - - - - - - - - - - - - -

추상적 생각을 쉽게 전할 수 있습니다.
주의 깊게 듣고 정확한 질문을 합니다.
사람들에게 신뢰를 갖고 이야기합니다.

I am persuasive. **I have the ability to** transform ideas into words and actions.
저는 설득력이 있습니다. 저는 아이디어를 말과 행동으로 옮겨서 전달하는 능력이 있습니다.

I communicate actively with team members as well as people outside my team.
저는 팀원들뿐만 아니라 팀 이외의 사람들과도 적극적으로 의사소통을 합니다.

I have the ability to resolve conflicts among members and reach an agreement.
저는 팀원들 사이의 갈등을 해결하고 동의에 이르도록 하는 능력이 있습니다.

I try to communicate with employees through trust.
저는 직원들과 신뢰를 통해 커뮤니케이션 하려고 노력합니다.

It is important that a manager is a good communicator as well as a good listener.
매니저는 의사소통능력뿐만 아니라 경청하는 사람이어야 하는 점은 매우 중요합니다.

나는 관리능력이 있습니다.

I try to understand members' strengths, and motivate them based on their strengths.

저는 팀원의 강점을 이해하고, 그것을 근거로 동기를 부여하려 합니다.

My work will contribute to employees' productivity as well as the organization's productivity.

제 일은 직원들의 생산성뿐만 아니라 조직의 생산성에도 기여할 것입니다.

I regularly review operations, maintain performance standards and make improvements.

저는 정기적으로 운영상황을 검토하고, 성과기준을 지키고, 향상하도록 합니다.

I will promote a collaborative way of working together towards a common objective.

저는 공통된 목적을 향해서 함께 일하는 협조적인 방식을 촉진할 것입니다.

I have the ability to manage resources and time effectively.

저는 리소스와 시간을 효율적으로 관리하는 능력이 있습니다.

이 직무에 대한 나의 생각입니다.

In planning work, it is important to connect members' goals with the team's goals.

일을 기획할 때는, 팀원의 목적과 조직의 목적과 연결하는 것이 중요합니다.

My role as a manager is to bring people together to achieve a common goal.

매니저로서 나의 역할은 공통의 목적을 위해 사람들이 협동하도록 하는 것입니다.

An HR employee should understand that organizational success depends on employees.

HR 직원은 조직의 성공이 직원에게 달려 있다는 것을 이해해야 합니다.

My work is important for the success of the organization. **This is because** employees at the company rely on my services.

제 일은 조직의 성공에 매우 중요합니다. 저의 서비스에 직원들이 의존하기 때문입니다.

I try to understand what my organization wants from me and my team.

회사가 저와 제 팀으로부터 무엇을 원하는지 이해하려고 합니다.

경영기획, 인사, 총무, 재무팀 인터뷰의 예

나의 장점, 무엇을 말할 것인가?

Q: What is your greatest strength?

당신의 최대 강점은 무엇입니까?

A: I consider my planning skills and leadership as my greatest strengths. My college experiences greatly enhanced my strengths. As a leader of the acting club, I planned many performances and successfully led the members to perform with excellence.

저의 기획능력과 리더십을 최대 강점으로 생각합니다. 대학생활을 통해 저의 강점을 더욱 강화할 수 있었습니다. 연극부 리더로서 많은 공연을 기획했고, 팀원들이 훌륭하게 공연을 완수하도록 성공적으로 이끌었습니다.

Q: Those sound like great experiences. So, based on your experience, what do you think the most important thing is in planning a project?

훌륭한 경험을 하셨군요. 당신의 경험으로부터 프로젝트를 기획하는 데 가장 중요한 것은 무엇이라고 생각합니까?

A: In planning a project, I think it is important to connect members' goals with the team's goals. It is also important to specify clearly who is responsible for achieving each result. This helps the member be actively involved in the work.

프로젝트를 기획할 때, 팀원의 목표와 팀의 목표를 연결하는 것이 중요하다고 생각합니다. 또한 각 결과를 이루기 위해 누가 책임을 질 것인가를 분명하게 하는 것도 중요합니다. 이것이 팀원이 일에 적극적으로 개입하는 데 도움이 됩니다.

Tip. 장점은 지원업무에서 가장 중요하게 요구되는 장점을 말한다. 특히 실무경험이 없는 신입사원은 그 예를 준비하고, 이 답과 연결되는 다음 질문도 준비한다.

Part 6

415

당신이 지원한 일에 대해 무엇을 아는가?

Q: What do you know about our department? How would you define your work as an employee at the Department of Management and Planning?

우리 부서에 대해서 무엇을 알고 있습니까? 경영기획팀의 직원으로서 당신의 업무를 무엇이라고 정의하겠습니까?

A: I think my work is about presenting the big picture of our goals to employees. Most people tend to focus on the day-to-day events. They mistakenly focus on what's urgent. I think my work will help employees focus on what's important rather than dealing with daily events.

제 일은 직원들에게 조직목표의 큰 그림을 제시하는 것으로 생각합니다. 대부분 사람들은 그날그날의 일에 집중하는 경향이 있습니다. 사람들은 급한 일에만 집중하게 됩니다. 저의 업무는 직원들이 매일 일어나는 일 처리보다는 중요한 일에 집중하도록 도울 것으로 생각합니다.

왜 당신이 적임자입니까? : 인사부

Q: Why do you feel you can be successful in our HR organization?

왜 당신이 인사부 업무를 성공적으로 할 수 있다고 생각합니까?

A: I have the traits and passion necessary to succeed in this position. I am persuasive. I have the ability to transform ideas into words and actions. This will help get the best out of the employees. Also, I have a strong interest in dealing with people's issues at an organization. This is why I can be successful in this position.

저는 이 일에 필요한 적성과 열정을 갖고 있습니다. 저는 설득력이 있습니다. 추상적인 아이디어를 말과 행동으로 바꿀 수 있습니다. 이는 직원들에게서 최대한의 역량을 얻도록 할 것입니다. 또한 조직에서의 직원문제를 해결하는 것에 매우 관심을 갖고 있습니다. 따라서 저는 이 업무를 성공적으로 수행하리라고 생각합니다.

IT professional, Engineer, R&D

IT전문가, 엔지니어, 연구개발팀

직무

전자, 기계, IT에 대한 전문지식과 기술을 가지고 시스템에 대한 검토, 설계, 관리, 확장 등의 전반적인 업무를 담당한다. IT 엔지니어는 고객의 비즈니스 요구사항을 검토하고 시스템 개발에 대한 방향과 전략을 제시, 최적화된 시스템을 구축한다. 기업에서의 R&D는 새로운 과학기술, 서비스와 제품을 말 그대로 연구하고 개발하는 업무이다. 따라서 이 직종에 지원하는 경우, 불합리한 요소들을 찾아내고 창의적인 방법으로 해결, 새로운 정보와 신기술을 지속적으로 탐색하고 배우려는 자세가 본인의 적성과 맞아야 한다.

인재상

- 전문지식과 분석력
- 세심한 주의력
- 조직의 큰 그림을 보는 능력
- 지식을 공유하는 능력
- 프로젝트 관리능력
- 새로운 것을 빠르게 습득
- 전문지식을 쉽게 전달능력
- 신기술을 익히는 열정
- Analytical skill
- Detail-oriented
- Ability to share knowledge with others
- Project management skill
- Ability to learn new things
- Communication skill
- Passion for learning

Why Me?
내가 왜 IT전문가, 엔지니어, 연구개발팀의 인재인가 말하기

저는 업무처리가 세심합니다.　　　　　　　　　　　　　　　　　● MP3_121

I pay attention to details in my work.

저는 세심한 부분까지 주의를 기울입니다.

I always double-check my work.

저는 항상 제 업무를 다시 점검합니다.

I understand that the slightest error can cause an entire structure to fail.

저는 사소한 오류가 전체를 실패로 만들 수 있다는 것을 알고 있습니다.

I make sure that every detail is reviewed thoroughly during the course of the works.

저는 일의 과정에서 모든 상세한 부분을 철저하게 확인합니다.

저는 끊임없이 신기술을 배우겠습니다.

I will constantly upgrade my skills.

저는 끊임없이 제 기술을 향상시키겠습니다.

I am a quick learner who enjoys learning new things.

저는 새로운 것을 배우는 것을 즐기며 빠르게 습득하는 사람입니다.

I will remain up to date with knowledge and skills at my work.

제 업무에서 최신 지식과 기술을 유지하도록 할 것입니다.

I will constantly learn to become an expert at my work.

저는 끊임없이 배워서 제 분야에서 전문가가 될 것입니다.

I am passionate about learning more about the services I offer.

제가 제공하는 서비스에 대해서 더 배우는 것에 열정을 갖고 있습니다.

저는 대화능력이 있습니다.

I have good communication skills.
저는 훌륭한 대화능력을 갖추고 있습니다.

I am able to translate complex technical terms into easy words.
저는 기술적인 용어들을 쉬운 용어로 설명할 수 있습니다.

I am able to explain technical terms in a user-friendly manner to my clients.
저는 기술적인 전문용어들을 고객에게 쉽게 설명할 수 있습니다.

I communicate actively with clients and other engineers working together on a project.
저는 고객과 함께 일하는 다른 엔지니어들과 활발하게 커뮤니케이션을 합니다.

I will communicate with the people concerned to find out what they want from my work.
제 업무에서 어떤 것을 원하는지 담당자들과 이야기하겠습니다.

저는 문제해결능력이 있습니다.

I have the ability to identify problems, set priorities and find solutions.
저는 문제를 발견하고, 우선순위를 정하고 해결책을 찾아내는 능력이 있습니다.

I consider problems as opportunities to improve things.
저는 문제를, 상황을 개선할 수 있는 기회라고 생각합니다.

I have a positive attitude about problems.
저는 문제에 대해 긍정적인 자세를 갖고 있습니다.

I can see the difference between what I have and what I want through a problem.
저는 문제를 통해서 제가 가진 것과 제가 원하는 것 사이의 차이를 볼 수 있습니다.

I am good at recognizing problem areas and implementing solutions.
저는 문제를 파악하고 해결책을 적용하는 것에 능숙합니다.

I stay focused on the problem at hand and write down solutions as they come to mind.
지금 해결해야 하는 문제에 집중하고, 머리에 떠오르는 해결책을 적습니다.

저는 실행능력이 있습니다.

I am a person of action.
저는 실행력이 있는 사람입니다.

I constantly think about the means by which I can accomplish my results.
제가 결과를 이루어내는 방법에 대해서 끊임없이 생각합니다.

I regularly review the status of the plan and maintain its priority.
저는 정기적으로 계획 상태를 확인하고 우선순위를 유지합니다.

I have the ability to work under deadline pressure.
저는 시일의 압박상황에서도 업무를 수행할 수 있습니다.

I understand that this role isn't a 9-to-6 job. I have a willingness to work overtime.
이 업무가 9시에서 6시까지의 일이 아닌 것을 알고 있습니다. 저는 야근할 의지가 있습니다.

저는 분석적이며, 논리적입니다.

I try to understand how things work and how problems arise.
저는 어떻게 일이 진행되고 문제가 발생하는지를 이해하려고 노력합니다.

I have a strong analytical attitude.
저는 강한 분석적 태도를 갖고 있습니다.

I have excellent analytical skills.
저는 훌륭한 분석기술을 갖고 있습니다.

I will group similar items together and get started early on difficult, time consuming projects.
저는 비슷한 항목을 그룹화하고 어렵고 시간이 소요되는 프로젝트는 일찍 시작하겠습니다.

I will gather as much relevant information as possible and assess the details of the project.
저는 관련된 정보를 가능한 한 많이 모으고 프로젝트의 상세한 부분을 측정하겠습니다.

IT전문가, 엔지니어, 연구개발팀 인터뷰의 예

왜 당신이 적임자입니까? : IT 직무

Q: Why do you think you are the right person for this role?

왜 당신이 이 직무에 적합하다고 생각하십니까?

A: I have the traits and skills necessary to succeed in this position. I am good at recognizing problem areas and implementing solutions. Also, I think continuous learning is the key to success in the IT industry. I will remain up to date with my skills in the industry.

저는 이 직무에 필요한 자질과 기술을 가지고 있습니다. 저는 문제를 파악하고 솔루션을 실행하는 것에 능숙합니다. 또한 끊임없이 배우는 것이 IT에서 성공하는 핵심이라고 생각합니다. 저는 이 산업에서 최신의 기술을 배워서 유지할 것입니다.

Q: What are your greatest strengths?

당신의 가장 큰 강점은 무엇입니까?

A: My greatest strength is that I am a quick learner who enjoys learning new things. I am passionate about learning more about the services I offer. I am also detail oriented. I always double-check my work.

저의 최대 강점은 저는 새로운 것을 배우기를 좋아하고 빠르게 익히는 사람입니다. 제가 제공하는 서비스에 대해서 더 배우기를 열망합니다. 저는 또한 일 처리가 세심합니다. 저는 항상 제 일을 다시 점검합니다.

업무수행능력: Multi-Tasking

Q: How will you handle multiple projects with short deadlines that require precise analysis? What is your approach?

기한이 짧고 정확한 분석이 필요한 여러 프로젝트를 동시에 수행해야 한다면, 당신은 어떻게 하겠습니까?

A: I will gather as much relevant information as possible and assess the details of the project. Then, I will group similar items together and get started early on difficult, time consuming projects. In this way, I will effectively manage multiple projects and meet the deadlines.

저는 먼저 관련 정보를 가능한 한 많이 얻고 그 프로젝트의 상세 부분을 확인하겠습니다. 그 다음, 비슷한 업무는 그룹으로 묶고, 어렵고 시간이 필요한 프로젝트는 좀 일찍 시작을 할 것입니다. 이런 방식을 통해 다수 프로젝트를 효율적으로 관리하고 기한에 맞춰서 완수하겠습니다.

업무수행능력: Problem solving skill

Q: If you were given a task to deal with a problem, but you were not clear of how to proceed, how would you deal with this situation?

어떤 문제를 해결하는 임무를 받았는데, 그것에 어떻게 접근할지 분명하지 않을 때 당신은 이 상황을 어떻게 하겠습니까?

A: I would talk to the people concerned to find out what they want from my work and what I can do to help them. Then, based on the communication with them, I would identify problems, set priorities and find solutions.

저의 업무에서 어떤 것을 원하는지와 제가 어떻게 그들을 도울 수 있을지 담당자들과 이야기하겠습니다. 그리고 그들과의 커뮤니케이션을 근거로, 문제를 파악하고, 우선순위를 정하고, 해결책을 찾겠습니다.

Chapter 4

Sales, Customer Service

영업, 고객지원팀

직무

"영업전문가는 인종부터가 다르다. 첫째, 그들은 넘치는 공감능력, 고객의 말에 공감한다. 고객의 필요가 무엇인지 어떤 압력을 받는지를 진심으로 이해하며, 비즈니스의 도전 과제를 여기에서 찾는다. 그들은 회사를 대표하고 수익을 남기고 갈망하면서도 고객과 회사의 이익을 조절하는데 천재적인 소질을 가지고 있다. 둘째, 그들의 말은 진실하며 그들의 악수에는 어떤 의미가 느껴진다. 셋째, 영업 사원의 내면에는 추진력, 용기, 자기확신이 강력하게 혼재되어 있다. 그들은 불가피한 거절을 받지 않기 위한 내적인 힘을 지니고 있다."

(미국 대통령, 트럼프)

인재상

- 의사소통능력
- 고객의 문제를 해결하는 능력
- 사람과 친밀함을 만드는 능력
- 타인의 말을 주의 깊게 듣는 사람
- 인내심과 끈기
- Communication skill
- Interpersonal skill
- Conflict resolution skill
- A good listener
- Patient and persistent

Why Me?
내가 왜 영업, 고객지원팀의 인재인가 말하기

나는 신뢰와 사회성을 갖고 있습니다.　　　　　　　　　　　　　　🔘 MP3_123

I have the ability to network outside the organization as well as work in a team.
팀 내부뿐만 아니라 조직 밖에서도 인간관계를 구축하는 능력을 갖고 있습니다.

People around me describe me as reliable and self motivated.
제 주변 사람들은 제가 신뢰할 수 있고 스스로 동기부여한다고 평합니다.

Previous employers would describe me as trustworthy and result oriented.
전 고용주들은 제가 신뢰할 수 있고 성과중심적인 사람이라고 평할 것입니다.

My experience in customer service has taught me how to treat everyone with respect.
고객서비스팀에서의 경험은 모두를 존중하는 마음으로 대하는 법을 알게 했습니다.

나는 고객에게 신뢰를 줄 수 있는 사람입니다.

I keep my promise.
저는 약속을 지킵니다.

I believe my word is one of my most important assets. **Thus, I keep** my word.
저의 말은 중요한 제 자산이라고 생각합니다. 따라서 저는 약속을 지킵니다.

I think if I am genuine with customers, **I am able to** develop trust with them.
고객을 진심으로 대하면, 고객과의 신뢰를 쌓을 수 있다고 생각합니다.

I am reliable, honest and trustworthy in carrying out my responsibilities.
저는 일을 수행하면서 믿을 수 있고, 정직하고 신뢰할 수 있는 사람입니다.

I will build trust with our customers through hard work.
저는 일에 최선을 다함으로써 고객과 신뢰를 쌓을 것입니다.

나는 고객의 일을 중요하게 생각합니다.

I think my work is a reflection of who I am.

내가 수행하는 일은 자신의 가치를 나타낸다고 생각합니다.

I think that this position plays an important role in building trust with customers.

저는 이 일이 고객과의 신뢰를 쌓는 중요한 업무라고 생각합니다.

I take my work seriously and don't give up easily.

저는 제 업무를 진지하게 대하고 쉽게 포기하지 않습니다.

I think customers will return to our services only when I meet their expectations.

제가 고객을 만족시키는 경우에만 고객은 우리의 서비스를 다시 구매할 것입니다.

나는 고객과의 대화를 프로페셔널답게 합니다.

I use careful language when communicating with customers.

저는 고객과 대화할 때 조심스러운 언어를 사용합니다.

I'll keep in mind that I present the company's values through my services.

저는 저의 서비스를 통해 회사의 가치를 보여줄 수 있다는 것을 명심할 것입니다.

I focus on what the customer is saying.

저는 고객이 이야기하는 것에 초점을 둡니다.

There is nothing worse than asking a customer to repeat what they have just said.

고객이 방금 한 말을 다시 반복하도록 묻는 것만큼 잘못된 일은 없습니다.

By listening to the customer, I can send a powerful message that I care about the customer's problem.

고객의 말을 경청함으로써, 제가 고객의 문제에 관심을 갖고 있다는 강한 메시지를 보낼 수 있습니다.

I believe that if I have a genuine conversation with my customer, I will discover what they want.

제가 고객과 진지한 대화를 한다면, 그들이 원하는 것을 발견할 수 있다고 생각합니다.

나는 화가 난 고객을 프로페셔널답게 처리할 수 있습니다.

No matter what, I respect the customer.

어떤 상황이든지, 저는 고객을 존중합니다.

I **actively listen to** and act on a customer's concerns.

저는 적극적으로 고객의 문제를 듣고 행동합니다.

I **pay close attention to** what the customer is saying.

저는 고객의 이야기에 매우 주의를 기울입니다.

I **think** listening carefully shows respect for my client.

경청하는 것은 고객에게 존중을 표현하는 것으로 생각합니다.

I **keep in mind that** I am a professional who solves the customer's problems.

저는 고객문제를 해결하는 프로페셔널이라는 사실을 명심합니다.

I **am able to** manage my emotions in difficult customer situations.

고객과의 난처한 상황에서도 제 감정을 잘 다스릴 수 있습니다.

저는 프로페셔널답게 도전적인 상황을 받아들이겠습니다.

I **will** challenge myself as a professional.

저는 전문가로서 스스로에게 도전하겠습니다.

I **will take my work as** an opportunity to grow professionally.

저는 프로페셔널답게 성장하기 위한 기회로 제 일을 받아들이겠습니다.

While anyone can work with easy customers, **it needs** real professional skills to work with difficult customers.

누구나 편안한 고객과는 쉽게 일할 수 있지만, 까다로운 고객과의 업무는 전문적 기술이 필요합니다.

If I handle difficult customers successfully, **I will** feel much more confident in my abilities.

까다로운 고객을 성공적으로 처리하면, 저의 역량에 대해 더 큰 자신감을 갖게 될 것입니다.

영업, 고객지원팀 인터뷰의 예

○ MP3_124

업무수행능력: Problem solving skill

Q: How would people around you describe you?

주변 사람들은 당신을 어떻게 표현하나요?

A: People around me describe me as reliable and self motivated. I believe my word is one of my important assets. If I make a promise, I keep it. Also, I have clear career goals and passion to achieve the goal.

주변 사람들은 제가 믿을 수 있고 스스로 동기를 부여하는 사람이라고 평합니다. 내가 하는 말은 나의 중요한 자산 중의 하나라고 생각합니다. 저는 약속을 하면 반드시 지킵니다. 또한 저는 분명한 커리어 목표가 있고 그 목표를 이룰 열정을 갖고 있습니다.

Q: What is your plan to succeed as a sales professional?

영업전문가로서 성공하기 위한 당신의 계획은 무엇입니까?

A: I will continuously challenge myself as a sales professional. I think customers will return to our products or services only when I meet their expectations. Eventually, I can build trust with customers and be able to succeed at my job.

저는 끊임없이 영업전문가로서의 저 자신에게 도전할 것입니다. 저는 고객은 제가 그들의 기대수준을 만족시킬 때만 저희의 상품과 서비스로 다시 돌아온 다고 생각합니다. 결과적으로 저는 고객과 신뢰를 쌓을 수 있고, 제 분야에서 성공할 수 있을 것입니다.

불만고객에 대한 당신의 수행능력은?

Q: If you are hired, what do you think would be your challenges for this position and how would you solve them?

만일 채용이 된다면, 본인이 생각하는 가장 큰 도전은 무엇이고 이를 어떻게 해결하겠습니까?

A: I think dealing with complaining customers would be a challenge for me. While anyone can work with easy customers, it needs real professional skills to work with difficult customers. I'll keep in mind that I am a professional who solves the customer's problems.

저는 불만을 가진 고객을 대하는 것이 큰 도전이라고 생각합니다. 쉬운 고객과는 누구나 쉽게 일할 수 있습니다만, 까다로운 고객은 진정한 프로페셔널로서의 기술이 필요합니다. 저는 제가 고객의 어려움을 해결해주는 프로페셔널이라는 사실을 명심할 것입니다.

Q: Actually, dealing with customers who are unhappy with our products is a daily part of the job. How well can you handle this situation? This is a tough job.

실제 우리 회사의 상품이나 서비스에 불만을 가진 고객을 상대하는 것이 저희 일의 다반사입니다. 이 상황을 잘 처리할 수 있겠습니까? 이것은 쉽지 않은 일입니다.

A: I think we have clear business reasons to be active in handling complaining customers. I learned from research that complaining customers are more likely to return to the products if they were treated properly. If I handle difficult customers successfully, I will feel much more confident in my abilities. Therefore, I will take the challenges as opportunities to grow professionally.

불만이 있는 고객을 적극적으로 대처하는 것에는 분명한 비즈니스 이유가 있다고 생각합니다. 화난 고객들은 자신의 불만사항이 제대로 처리된다면, 그 고객들은 다음에 그 회사의 상품을 재구매한다는 리서치를 읽었습니다. 만약 제가 어려운 고객들을 성공적으로 해결한다면 저는 제 능력에 더욱 자신감을 느끼게 될 것입니다. 그러므로 저는 이러한 도전들을 프로페셔널로서 성장하는 기회로 생각하겠습니다.

English Interview

7

English
Interview

기업의 영어면접, 전체 판 읽기

나의 핵심 역량, 영어로 말하기

Part 7

영어면접
기출문제 분석

기업의 영어면접, 전체 판 읽기

국내 기업의 영어면접질문

국내 기업의 영어면접질문은 크게 아래 3가지 유형이다. 첫째, '당신은 정말로 영어회화가 됩니까?'를 확인하는 간단한 Small Talk형, 둘째, 예상되는 면접질문을 영어로 묻는 유형, 셋째는 의외의 당황 질문들로 영어실력뿐만 아니라 지원자의 종합적 대처능력, 순발력과 논리를 동시에 평가하는 유형이다.

Type 1. Ice Breaking과 Small Talk
"당신은 영어회화가 됩니까?"

- 지금 기분이 어떻습니까?
- 회사건물은 찾기 어려웠습니까?
- 지난주 무엇을 하셨습니까?
- 여가시간은 주로 무엇을 합니까?

Type 2. 영어업무수행능력
본격적인 예상면접질문 묻기

- 자기소개/지원동기
- 앞으로 10년 뒤 장래목표는 무엇입니까?
- 우리 회사에 대해 무엇을 알고 있습니까?
- ~했던 경험을 말해보세요.

Type 3. 종합적 상황대처능력
당황 질문들

- 이 그림/고사성어를 영어로 설명해보세요
- 초능력자가 되면 어떤 능력을 갖겠습니까?
- 미국지사 직원에게 한국과 미국의 차이를 어떻게 설명하겠습니까?
- 로또 10억에 당첨된다면 어떻게 하시겠습니까?

국내 기업의 영어면접질문

외국계 기업의 영어면접은 영어로 업무 수행할 수 있는 수준으로 구사해야 한다. 지원업무에 초점을 맞춰서 어떻게 자신의 역량을 보여줄지 준비한다. 외국계 기업은 입사하면 직속상사 혹은 그 위의 상사, 본사, 해외지사의 외국직원들과 영어로 업무를 수행하게 된다. 역설적으로 외국계 기업의 면접은 오히려 난해하지 않다. 지원자를 당황하게 하기 위한 면접이라기보다는, 영어로 업무수행이 가능한지 실력을 측정하는 정석의 영어면접이라고 할 수 있다. 따라서 준비하는 만큼 승산이 있다.

1) Type 1, 2, 3 유형 중 두 개의 질문유형이 혼재한 경우가 많다. 따라서 각 유형별로 질문들을 예상하고 연습한다.

2) 간결해라. 완벽하고 유창해야 한다는 생각이 말을 장황하게 만든다. 말하려는 핵심을 한두 가지 정리해서 말할 수 있도록 structure를 가져라. 영어가 유창하지만 횡설수설하기보다는 서투르더라도 간략하고 전하려는 의미가 정확한 논리적인 영어가 훨씬 유리하다.

3) 당황 질문들, Type 3은 인사담당자가 일부러 지원자가 당황하도록 의도된 질문을 한다. 침착한 모습만으로도 유리하다. 상황대처능력과 순발력을 연습하라.

4) 답변 중 단어나 말이 생각나지 않을 경우, 한국어를 사용하지 마라. 바디랭귀지를 쓰거나 '그 영어단어는 지금 기억이 나지 않지만, 우리가 식사할 때 사용하는 물건이다'는 식으로 아는 단어로 풀어서 마무리해라.

Type 1.
Ice Breaking과 Small Talk

"당신은 영어회화가 됩니까?"

Ice Breaking + Small Talk

말 그대로 영어회화가 가능한가의 여부를 확인한다. 일반적 회화의 질문을 묻는다. 예를 들면, 지난 주 무엇을 했는가, 취미, 여행경험 등 일상적인 질문을 묻는다.

주로 원어민 강사들이 면접관으로 참여한 영어면접유형이다.

대화를 시작하는 단계에서 이 유형의 질문을 몇 가지 묻고, 본격적으로 면접질문을 하는 경우가 많다. 따라서 Type 1만 준비하면 안 된다.

기업들의 실제 질문들

한진해운

- 지금의 기분을 설명해보십시오.
- 면접장까지 온 과정을 설명해보십시오.
- 최근에 본 영화가 있습니까?

호남석유화학

- 자기소개/자기소개에 대한 follow-up 질문
- 존경하는 위인은 누구입니까?
- 면접이 끝나고 무엇을 할 계획입니까?
- 당신의 성격은 어떻습니까?

> Tip. 면접관은 결국 '나'에 대해서 묻는다. 나의 일상과 경험에 대해 정리하라.
> 나에게 영향을 준 사람, 만들 줄 아는 음식, 최근에 본 영화, 책 등을 정리해본다.

우리 회사를 찾는 데 어려웠습니까?

Q: Did you have a hard time finding the building?

A1: Not at all. I found its location from your website. I had no trouble finding the building.

전혀 아닙니다. 저는 귀사의 웹사이트에서 정확한 위치를 확인할 수 있었습니다. 회사건물을 찾는 데 전혀 문제없었습니다.

A2: Not at all. Your company gave me very precise directions. I had no trouble finding the building.

전혀 아닙니다. 저는 귀사에서 매우 정확하게 알려주셨습니다. 회사건물을 찾는 데 전혀 문제없었습니다.

Tip. 길이 어려웠어도 미리 위치를 확인해서 수월했다는 센스!

지금 기분이 어떻습니까?

Q: How do you feel now?

A1: I am a little nervous but actually, I am excited as much as I am nervous.

조금 긴장됩니다만, 사실 긴장한 만큼 흥분됩니다.

A2: I am a little nervous but it is a big day for me. I am excited about this opportunity.

조금 긴장됩니다만, 오늘은 제게 중요한 날입니다. 이 기회에 대해 흥분됩니다.

Tip. 솔직하게 긴장된다고 말해도 된다.

집에서 면접장까지 어떻게 왔습니까?

Q: How did you come to this place?

A1: I came here by bus. There is an express city bus from my home to your company.

저는 버스를 타고 왔습니다. 저희 집에서 회사까지 좌석 버스가 있습니다.

A2: I came here by subway to avoid traffic. It took only 30 minutes to arrive at the company.

저는 교통정체를 피해서 지하철을 타고 왔습니다. 도착하는 데 단지 30분 정도 걸렸습니다.

Tip. Ice Breaking은 초면인 사람들끼리 어색함을 깨는 대화. Yes or No의 단답식으로 답하는 것은 피한다.

당신의 취미는 무엇입니까?
Q: What is your hobby?

A1: My hobby is traveling and taking pictures. I've posted the pictures on my blog and I have about 500 regular visitors.
제 취미는 여행과 사진을 찍는 것입니다. 제 블로그에 사진들을 게시해왔습니다. 지금은 500명 정도의 정기적인 방문자가 있습니다.

당신은 여가시간을 어떻게 보냅니까?
Q: How do you spend your leisure time?

A1: I like hanging out with friends. If I have free time, I meet my friends from high school. As a member of an acting club, I often go to the university to practice.
저는 친구들과 어울리는 것을 좋아합니다. 여가시간이 있을 때 고등학교 동기들을 만납니다. 그리고 연극클럽 멤버로서 대학교에 연습하러 갑니다.

건강을 위해서 무엇을 합니까?
Q: How do you keep fit?

A1: I recently came to decide that I would lead a healthy life. I try not to eat too much, and work out at the gym three times per week.
최근에 건강한 인생을 살기로 했습니다. 저는 과식하지 않고 매주 3회씩 헬스클럽에 갑니다.

A2: I play tennis once a week and try not to drink too much. This helps a lot in every aspect of my life.
저는 일주일에 한 번 테니스를 치고 술을 적게 마시려고 합니다. 이것은 제 인생에서 많은 도움이 됩니다.

Type 2.
영어업무수행능력

"비슷하면 지는 거다."

흔히 우리가 생각하는 면접질문들을 영어로 묻는다. 지원자들이 면접예상질문의 답을 외워오는 점을 감수하면서도 인사담당자가 매번 묻는 이유가 있다. 첫째는 지원자의 지원동기, 장래목표가 채용을 결정하는 데 중요하기 때문이다. 둘째는 지원자의 면접에 대한 준비성을 볼 수 있다. 면접에의 초대는 이미 지원자에게 준비해서 오라는 무언(無言)의 임무를 준 것이다.

기업들의 실제 질문들

대우일렉트로닉스

- 자기소개를 해보십시오.
- 자기소개에 언급된 내용에서 직무 관련 경험을 다시 질문
- 자신의 인생철학을 말해보세요.
- 가장 영향을 끼친 사람은 누구입니까? 그 사람에게 어떤 영향을 받았습니까?
- 지원동기를 말해보세요.
- 장래포부, 입사 후 어떤 일을 하고 싶습니까?

현대자동차

- 지원동기는 무엇입니까?
- 전공을 선택한 이유는 무엇입니까?
- 입사 후 회사에서 어떤 업무를 하고 싶습니까?
- 대학생활경험에 대해 말해보세요.
- 장래목표는 무엇입니까?
- 미래 한국에서 유행할 자동차는 무엇이라고 생각합니까?

> **Tip.**
> - 스스로에 대한 평가, 미래에 대한 커리어 목표, 어떤 경험과 역량을 갖고 있는지에 대해 묻는다. 당황 질문에 비해서 어느 정도 구체적인 정답을 기대하는 질문이다.
> - 중요한 point는 수백 명의 지원자에게 비슷한 답을 듣는 인사담당자들에게 다른 지원자들과 차별화된 자신을 어필해야 한다.
> - 강조한다. 무엇을 말할지 선택하고, 자신의 경험과 생각으로 말하라.

I AM THE BEST CANDIDATE FOR THIS JOB!

I'm a Star!

나의 성격, 함께 일한 사람들, 재능, 잘하는 것,
나의 관심과 열정, 미래에 대한 포부, 지원업무에 대한 적성

나에 대한 Selling Point

아래의 Selling Point를 정한 다음, 이에 대한 구체적인 예와 경험을 정한다.
대학 동아리활동, 해외 배낭여행, 과대표로서의 리더십, 학과 프로젝트 등

1. 나는 창의적이며 긍정적입니다.
2. 나는 고객과 쉽게 교류할 수 있습니다.
3. 나는 훌륭한 팀워크 기술이 있습니다.
4. 나는 복잡한 문제를 해결하는 것을 잘합니다.
5. 더 나은 상품을 만드는 것에 흥미가 있습니다.
6. 나는 귀사에서 일하기를 열망합니다.
7. 나의 최대 강점은 하겠다고 말한 것은 해내는 것입니다.
8. 이전 직장경험을 통해 제 팀워크기술을 개발 했습니다.
9. 다른 사람들과 같이 일하는 것에 능숙합니다.
10. 모든 문제는 해결책이 있다고 믿는 긍정적인 사람입니다.
11. 나는 이 일에 필수적인 자질과 열정을 갖고 있 습니다.

1. I am creative and optimistic.
2. I have the ability to interact easily with customers.
3. I have good teamwork skills.
4. I am good at solving complex problems.
5. I am interested in making a better product.
6. I am passionate about working for your company.
7. My strength is that i do what i say i will.
8. I have developed my teamwork skills through previous work experience.
9. I am comfortable with working with others.
10. I am an optimistic person who believes that every problem has a solution.
11. I have the traits and passion necessary to succeed in this position.

"내가 인재입니다!"의 중요 문형정리

1. **I am** 성격을 나타내는 형용사.

2. **I have the ability to** 역량을 나타내는 동사.

3. **I have good** 기술(팀워크, 의사소통능력 등) **skills.**

4. **I am good at** 내가 잘하는 것(~ing형).

5. **I am interested in** 관심을 갖는 것(~ing형).

6. **I am passionate about** 열정을 갖는 것(~ing형).

7. **My strength is that** 나의 장점(S+V형).

8. **I have developed my skills through** 업무경험, 동아리, 학과 프로젝트 경험(~ing형).

9. **I am comfortable with** 내가 능숙한 것(~ing형).

10. **I am a** 형용사 **person who** 관계사절.

11. **I have** 열정, 기술, 역량, 경험 등(명사형) **necessary to succeed in this position.**

나의 경험 가운데,
그들이 원하는 것을 말하라

Type 3.
종합적 상황대처능력

주로 영어에 능통한 내국인(자사 실무진 등)이 면접관으로 참석해서 한국어로 질문하고 영어로 답을 하게 한다. 영어시험점수가 높은 사람이 아니라, 실제 영어회화가 가능한지와, 즉흥적으로 상황을 대처하는 순발력, 표현력과 논리력을 함께 확인한다.

기업들의 실제 질문들

LG전자

- 이 사진을 설명해보세요.
- 자신이 가진 휴대전화의 특성을 설명해보세요.
- 이 고사성어를 영어로 풀어서 설명해보세요.

> **Tip.**
> - 자신이 예측하지 못한 질문들, 특히 Open Questions에 대해 논리를 세워서 말할 수 있는 구조(structure)를 생각하라.
> - Type 3은 스터디 그룹으로 같이 훈련하기 좋은 유형이다. 이 유형의 기출문제 중심으로 예상문제를 만들어서 실전 분위기에서 순발력과 침착하게 대응하는 마인드를 훈련한다.

우리은행

- 고사성어와 속담카드를 뽑고 3분간 영어로 설명해보세요.
- 면접관이 제시한 단어를 설명해보세요.

대한항공

- 가장 만나고 싶은 사람과 그 이유는 무엇인지 설명해보세요.
- 오바마를 만난다면 어떤 질문을 하겠습니까?
- 초능력을 갖게 된다면 어떤 능력을 갖고 싶습니까?
- 당신의 친한 친구를 3가지 형용사로 표현해보세요.

국민은행

- 친구를 사귀는 방법을 소개해보세요.
- 자신이 아는 재미있는 이야기를 해보세요.

당황스러운 질문, 말의 순서를 가지다.

정해진 답, 바른 답이 없는 질문들이다. 대신 왜 이 답이 자신에게는 정답인지 이유와 논리를 보여주면 된다. 면접관이 당황스러운 상황을 의도적으로 만들기 때문에, 영어와 더불어 침착함, 자기 생각을 논리적으로 담을 수 있는 체계를 가져라.

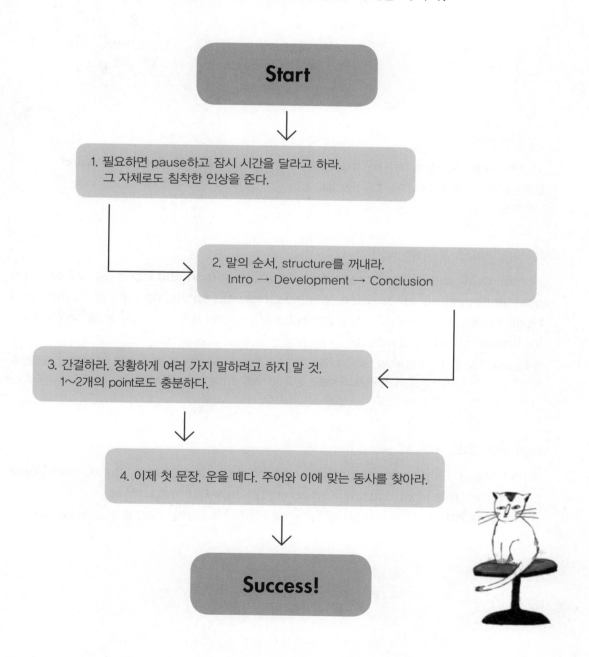

Start

1. 필요하면 pause하고 잠시 시간을 달라고 하라.
   그 자체로도 침착한 인상을 준다.

2. 말의 순서, structure를 꺼내라.
   Intro → Development → Conclusion

3. 간결하라. 장황하게 여러 가지 말하려고 하지 말 것,
   1~2개의 point로도 충분하다.

4. 이제 첫 문장, 운을 떼다. 주어와 이에 맞는 동사를 찾아라.

Success!

1
당황질문 유형 (사회현상, 개념 등)~을 설명해보세요.

MP3_127

질문) 한류(韓流)에 대해 설명해 보세요. (LG전자)

Intro, 개념 말하기

The Korean Wave refers to* the spread of Korean culture around the world.

한류란 한국문화가 세계로 전파되는 것을 말합니다.

* refers to: (~개념, 의미)를 일컫는다, 말하다

Development, 현상 설명(1~2가지)

Korean culture, such as Korean dramas, movies, food and video games became popular throughout other Asian countries. Now it is spreading out into Europe and North America. Eventually, Korean cultural exports will become a niche market* for Korean content providers.

한국드라마, 영화, 음식 그리고 비디오 게임들과 같은 한국문화가 아시아 국가들에서 인기가 있게 되었습니다. 지금은 유럽과 미국으로도 퍼지고 있습니다. 한국문화의 수출은 한국 콘텐츠를 만드는 사람들에게 틈새시장이 되고 있습니다.

* niche markets: 틈새시장 (마케팅 중에서도 스타마케팅, 스포츠 마케팅 등)

Conclusion, 짧은 의견

As a Korean, I am proud of this wave. At the same time, I hope the Korean Wave could play a role in introducing Korean culture to western countries.

한국인으로 저는 한류가 자랑스럽습니다. 동시에 한류가 해외에 한국문화를 소개하는 역할을 할 수 있기를 바랍니다.

2 당황질문 유형 (~에 대한) 당신의 취향을 이야기해보세요. 🔘 MP3_128

질문) 본인이 아는 맛집이 있습니까? 음식점을 추천해보세요. (롯데면세점)

Intro

My favorite food is dumpling stew. Let me introduce to you one of the best dumpling restaurants in Seoul.

제가 가장 좋아하는 음식은 만두전골입니다. 서울에서 최고의 만두 맛집을 소개해드리겠습니다.

Development, 좋은 이유(1~2가지)

The restaurant is located in <u>삼청동</u>. They have a 40 year history and have specialized in dumplings. The restaurant makes food like a mother makes. They use very fresh ingredients and don't add any seasoning. The price is reasonable. It costs about 35,000 won for three persons.

그 식당은 삼청동에 위치하고 있습니다. 40년의 역사가 있고 만두를 전문으로 합니다. 그 식당은 어머니가 만드는 것 같은 음식을 만듭니다. 매우 신선한 재료를 사용하고 조미료는 사용하지 않습니다. 가격도 세 사람에 3만 5천 원 정도 합니다.

Conclusion, 센스 있는 마무리

You can experience how a nicely prepared meal can refresh you.

정성이 가득한 음식이 얼마나 기분전환이 되는지 경험하실 겁니다.

당황질문 유형 3 만일 ~한다면 당신은 어떻게 하시겠습니까?

● MP3_129

질문) 로또 10억에 당첨된다면 어떻게 사용하겠습니까? (한진해운)

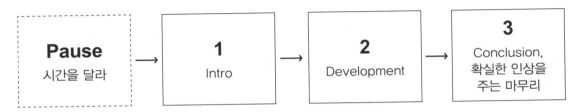

Pause
시간을 달라

→

1
Intro

→

2
Development

→

3
Conclusion,
확실한 인상을
주는 마무리

Pause도 답변, 필요하면 써라.

Would you give me a little time to think about it?

잠시 생각할 시간을 주시겠습니까?

Intro

If I could win a lottery, that would be one of the happiest things.

로또에 당첨된다면 가장 행복한 일 중의 하나일 것입니다.

혹은

It makes me happy just thinking about it.

그것은 생각만 해도 즐거운 일입니다.

Development

I would split 1 billion won into three parts. First, I would use 50% of the money for myself. I would buy a house near the company so that I can save time to commute. I would give 25% of it to my parents. And then, I would invest the last 25% in this company because it has a bright vision.

저는 10억을 세 등분으로 나누겠습니다. 먼저 그 돈의 50%는 자신을 위해 사용하겠습니다. 통근시간을 줄이기 위해서 회사 근처에 집을 사고 싶습니다. 25%는 부모님께 드리겠습니다. 그러고 나서 나머지 25%는 비전이 있기 때문에 이 회사에 투자하겠습니다.

However, even if I won a lottery, I would still work at a company. I don't want to be a worthless person because I am rich. I want to become an expert who enjoys doing work.

그러나 복권이 당첨되더라도 저는 회사에서 일할 것입니다. 자신이 부자이기 때문에 가치 없는 사람이 되고 싶지는 않습니다. 저는 일을 즐기는 전문가가 되고 싶습니다.

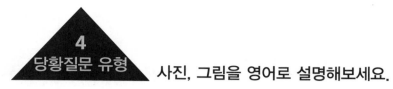

사진, 그림을 영어로 설명해보세요.

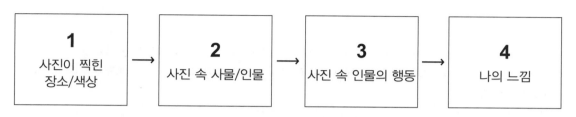

1	2	3	4
사진이 찍힌 장소/색상	사진 속 사물/인물	사진 속 인물의 행동	나의 느낌

사진 혹은 그림을 영어로 설명하라는 것은, 예상하지 못했던 내용의 스토리를 어떻게 표현하는가의 질문이다. 짧은 질문이지만 표현력과 이야기의 순서를 처리하는 논리력도 볼 수 있다.

사진이 찍힌 장소/색상

It's a black and white photo/a color photo.
이것은 흑백/컬러사진입니다.

It was taken in _____.
~에서 찍혔습니다.

사진에 있는 사물/인물

This picture shows _____.
이 사진은 ~을 보여줍니다.

In the foreground/background there is _____.
사진 전경/배경에 ~이 있습니다.

In the center there are _____.
중앙에 ~가 있습니다.

On the left/right there are _____.
사진의 왼/오른편에는 ~가 있습니다.

The child seems to _____.

어린이가 ～하는 것처럼 보입니다.

It seems as if _____.

마치 ～하는 것처럼 보입니다.

There are two persons who _____.

～하고 있는 두 사람이 보입니다.

사진 속 인물의 행동

They are playing a soccer game.

그들은 축구를 하고 있습니다.

They are smiling happily.

그들은 행복하게 웃고 있습니다.

나의 느낌

The atmosphere is peaceful.

사진 분위기가 평온합니다.

I like this picture because _____.

저는 ～때문에 이 사진이 좋습니다.

It makes me think of _____.

이 사진은 제게 ～을 연상시킵니다.

1. This picture was taken at **the graduation ceremony of a university.**
   이 사진은 대학 졸업식에서 찍혔습니다.

2. In the center there are **an old couple and a young woman. They seem like a family; parents and their daughter.**
   사진의 중앙에는 노부부와 젊은 여성이 있습니다. 그들은 부모님과 딸의 가족으로 보입니다.

3. They are smiling **happily.**
   그들은 행복감으로 웃고 있습니다.

4. It makes me think of **my elder sister's graduation ceremony, which was held last winter.**
   이 사진은 작년 겨울 제 누나의 졸업식을 생각나게 합니다.

영어면접
기출질문 리스트

회사이름	실제 물었던 질문들
LG이노텍	자기소개를 해보세요.
	지원동기는 무엇입니까?
	우리 회사에 대해 무엇을 알고 있습니까?
	만일 채용이 된다면 어떻게 회사에 기여하겠습니까?
	CEO가 커피를 같이 한잔 하자고 하면, 당신의 첫마디 답은 무엇입니까?
	상사가 계속 밤늦게까지 일을 시킨다면 어떻게 하겠습니까?
	당신의 건강을 위해 하고 있는 것을 말해보세요.
	오늘 여기에 면접 보러 어떻게 왔습니까?
	신문을 볼 때 무엇을 먼저 봅니까?
LG전자	자기소개를 해보세요.
	방금 여행을 많이 했다고 했는데 인상 깊은 나라와 이유를 말해보세요.
	지원동기는 무엇입니까?
	자신의 취미에 대해 말해보세요.
	좋아하는 음식에 대해 말해보세요.
	태어난 곳과 날짜를 말해보세요.
	자신을 1~2문장으로 짧게 표현해보세요.
	이 사진을 설명해보십시오.
	자신이 갖고 있는 휴대전화의 특성을 설명해보세요.
	오비이락. 조삼모사, 역지사지 등을 영어로 풀어서 설명해보세요.
	한류(韓流) 열풍에 대해 외국인에게 영어로 설명해보세요.
LG화학	이 사진을 보고 설명해보세요.
	예) 풍경, 엄마와 아들의 클로즈업사진, 졸업식 사진 등
	하루 동안만 유명한 사람이 된다면 무엇이 되고 싶습니까?
	지난 주 한 일 중 가장 생각나는 일은 무엇입니까?
	다음 주 계획에 대해 말해보십시오.
	대학 강의 중에서 싫어했던 과목은 무엇입니까?
SK네트웍스	어제 무엇을 했는지 말해보세요.
	대가족의 장단점은 무엇이라고 생각합니까?
국민은행	친구를 사귀는 방법을 소개해보세요.
	자신이 아는 재미있는 이야기를 해보세요.
	당신에 대한 부모님의 평가는 어떻습니까?
	인생에서 제일 기뻤던 순간은 언제입니까?
기아자동차	면접장까지 온 과정을 설명해보십시오.
	지금 당신의 기분을 설명해보십시오.
	최근에 본 영화가 있습니까? 영화의 스토리를 말해보십시오.

회사이름	실제 물었던 질문들
대우건설	상자 안에서 질문지를 뽑고 사진과 특정상황을 적은 내용을 보고 영어로 말하기 1. 공사장 사진 상황: 당신이 상당한 보수의 승진을 제안받았는데, 그 업무가 많은 해외출장이 요구된다. 그런데 당신은 비행기 타는 데 두려움이 있다. 당신이라면 어떻게 할 것인가? (3분 동안 생각한 후, 그 카드를 들고 면접실로 들어가서 면접관에게 설명하는 형식) 2. 개인 질문: 자신이 실패했던 경험에 대해 설명
대우일렉트로닉스	자기소개를 해보세요. * 자기소개에 언급된 내용에서 직무 관련 경험을 다시 질문 자신의 인생철학을 말해보세요. 가장 영향을 끼친 사람은 누구입니까? 그 사람에게 어떤 영향을 받았습니까? 지원동기는 무엇입니까? 장래목표, 입사 후 어떤 일을 하고 싶습니까?
대한항공	자기소개를 해보세요. 지원동기는 무엇입니까? 전공을 선택한 이유는? 해외여행한 나라는 어디인가? 그 중 한 나라를 묘사해보시오. 자신의 습관에 대해 말해보시오. 대학교 때 클럽활동은 무엇을 했습니까? 대학시절 경험에 대해 말해보세요. 외국인이 한국에 많이 오게 하려면 어떻게 해야 하는지 제안해보세요. 가장 만나고 싶은 사람과 그 이유는 무엇인지 설명해보세요. 오바마를 만난다면 어떤 질문을 하겠습니까? 초능력을 갖게 된다면 어떤 능력을 갖고 싶습니까? 당신의 친한 친구를 3가지 형용사로 표현해보세요.
롯데면세점	자기소개를 해보세요. 여가시간을 어떻게 보내십니까? 해외여행 경험이 있으십니까? 지원동기는 무엇입니까? 본인이 아는 맛집이 있습니까? 음식점을 추천해주세요. 앞으로의 계획은 무엇입니까? 스트레스 해소하는 방법은 무엇입니까?
우리은행	고사성어와 속담카드를 뽑고 3분간 영어로 설명해보세요. 면접관이 제시한 단어를 설명하십시오.
코오롱 유화	전공을 소개해보세요. 자신의 취미에 대해 말해보세요.

회사이름	실제 물었던 질문들
코오롱 유화	자기소개를 해보세요. 대학생활 (어학연수 경험)에 대해 설명해보세요. 조직생활에서 가장 중요한 것은 무엇입니까?
한진해운	전공에 대해 말해보세요. 해외 가본 나라에 대해 말해보세요. 좋아하는 음식에 대해 말해보세요. 여가시간에 무엇을 합니까? 로또 10억에 당첨된다면 어떻게 쓰시겠습니까? 인생을 바꿀 수 있다면 누구와 바꾸겠습니까? 사람을 볼 때 가장 먼저 보는 부위는 어디입니까? 운동경기를 보는 것과 하는 것 중에 선호하는 쪽은? 공부할 때 혼자 혹은 친구들과 함께하는 것 중 어느 쪽이 더 효율적인가?
한진중공업	어릴 때 가장 기억에 남는 일이 있습니까? 인생철학에 대해 말해보세요.
현대 글로비스	지원동기는 무엇입니까? 최근 읽은 책을 말해보세요. 자신의 취미에 대해 말해보세요. 당신의 성격은? 10년 후 당신은 어떠한가? 대학생활에 대해 말해보세요.
현대자동차	지원동기는 무엇입니까? 전공을 선택한 이유 입사 후 회사에서 어떤 업무를 하고 싶습니까? 대학생활에 대해 말해보세요. 장래목표는 무엇입니까? 인생에서 행복을 느꼈던 3가지 경험을 말해보세요. 미래 한국에서 유행할 자동차는 무엇이라고 생각합니까? 이 세상에서 가장 하기 싫은 일은 무엇입니까? 리더십이 무엇이라고 생각합니까?
호남석유화학	자기소개를 해보세요. 인생철학 존경하는 위인은 누구입니까? 면접 끝나고 무엇을 할 예정입니까? 일의 철학, 일하는 데 가장 중요하게 생각하는 것은 무엇입니까?

1. 공무원에 지원하는 계기와 지원동기

2. 시민의 생활과 밀접한 최근 시사문제의 원인과 해결방안

   (청년실업, 미세먼지, 독거노인, 비닐쓰레기 문제 등 올해 시사 이슈들)

3. 특정한 가상상황에서 지원자가 어떻게 대처할 것인가?

4. 창의성을 발휘했거나 문제를 해결한 경험

   (민원이나 현재 시가 처한 문제를 창의적으로 해결하는 능력)

5. 인생에서 가장 어려웠던 일과 해결한 경험

6. 향후 공무원으로 하고 싶은 업무

7. 과거 실수나 일이 잘못되었을 때 신속하게 처리한 경험

Upgrade!

영어면접, You're Hired!

증보 1판 1쇄 발행 2018년 7월 27일
증보 1판 4쇄 발행 2022년 10월 4일

지은이 김아란

발행인 양원석
펴낸 곳 ㈜알에이치코리아
주소 서울시 금천구 가산디지털2로 53, 20층 (가산동, 한라시그마밸리)
편집문의 02-6443-8842   **구입문의** 02-6443-8800
홈페이지 http://rhk.co.kr
등록 2004년 1월 15일 제2-3726호

ISBN 978-89-255-6431-9 (13740)